教练与领导领域经典之作
· 全新修订版 ·

COACHING for PERFORMANCE

The principles and practice of coaching and leadership

高绩效教练

[英] 约翰·惠特默（John Whitmore） ◎著

绩效咨询（国际）有限公司

徐中 姜瑞 佛影 ◎译

吴刚 ◎审校

原书
第5版

机械工业出版社
China Machine Press

图书在版编目（CIP）数据

高绩效教练（原书第 5 版）/（英）约翰·惠特默（John Whitmore）著；徐中，
姜瑞，佛影译 . —北京：机械工业出版社，2019.1（2023.1 重印）
书名原文：Coaching for Performance：The Principles and Practice of Coaching
and Leadership

ISBN 978-7-111-61441-8

I. 高… II.① 约… ② 徐… ③ 姜… ④ 佛… III. 企业领导学 IV. F272.91

中国版本图书馆 CIP 数据核字（2018）第 263899 号

北京市版权局著作权合同登记 图字：01-2018-3810 号。

John Whitmore. Coaching for Performance：The Principles and Practice of Coaching and
Leadership, 5th Edition.

Copyright © 2017 by The Estate of Sir John Whitmore and Performance Consultants International.

Simplified Chinese Translation Copyright © 2019 by China Machine Press.

Simplified Chinese translation rights arranged with The Estate of Sir John Whitmore and
Performance Consultants International through Andrew Nurnberg Associates International Ltd.
This edition is authorized for sale in the Chinese mainland(excluding Hong Kong SAR, Macao
SAR and Taiwan).

高绩效教练

出版发行：机械工业出版社（北京市西城区百万庄大街 22 号 邮政编码：100037）
责任编辑：黄姗姗 责任校对：李秋荣
印 刷：三河市国英印务有限公司 版 次：2023 年 1 月第 1 版第 14 次印刷
开 本：170mm×242mm 1/16 印 张：18.75
书 号：ISBN 978-7-111-61441-8 定 价：79.00 元

客服电话：（010）88361066 68326294

| COACHING For PERFORMANCE | 目　录

"教练"的概念来自体育界。"真正的对手不是比赛中的对手，而是自己头脑中的对手"。教练帮助选手消除内心的障碍，选手就能释放惊人的潜能，创造前所未有的奇迹。《高绩效教练》以GROW模型为教练逻辑，清晰阐述了教练的理念和技巧。管理者可以使用教练方式激发团队潜能，甚至对于学校的教师和孩子的家长而言都十分有益。新版增加的案例部分，能够帮助你更快获取这一方法。

——樊登，樊登读书会创始人

《高绩效教练》这本经典的教练领域案头书一直伴随我走过了过去的15年，也同我一起见证了所任职过的世界500强外企和民企，从对教练技术将信将疑，到坚定地运用教练方法技术和流程的渐进发展过程。我愿将此书推荐给所有致力于用系统的方法，以走心的方式，不断提升团队成员绩效和敬业度的教练型领导者。

——尹薇，美的集团美的学院院长

在西方，建立组织内部的学习型文化和有效的跨部门协作是企业保持较高市场敏感度、实现创新驱动的必要条件。在中国，这种市场敏感度则更多地体现在企业领导者个人的高瞻远瞩和对市场的敏锐洞察上，而领导者对于组织的强有力的领导和控制则保证了企业应对外部变化时在行动和执行方面的高绩效。《高绩效教练》能够启发更多的中国企业领导者运用教练方式开启组织潜能从而提升企业绩效。

——刘寅，清华大学五道口金融学院金融 EMBA 与高管教育中心副主任

真诚祝贺吴刚担任审校者的心血之作《高绩效教练》（原书第 5 版）隆重发布。书如其人，吴刚为人谦逊热情，有深度，有影响力！无论在他免费组织的为期两天的公开课上，还是在他逐字逐句审阅过的这本书中，我都能体会到他的深度思考，我能深深感受到他不只是在用心打造一本书，而是在思考如何让每一个人都成为自主的高绩效教练，让每一个生命都更好，让这个世界更好！感谢美铝亚太区人力资源总监让我有幸与吴刚相识，并走进高绩效教练的课程。

——李迎春，麦格理投资银行人力资源负责人

《高绩效教练》是已经被验证的宝贵资源，对于所有教练和面向未来的教练开拓者都十分有益。

——玛格达莱娜 N. 穆克，国际教练联合会（ICF）执行总裁和 CEO

《高绩效教练》第 5 版是约翰·惠特默爵士对人们应对生活中的真实变革做出的重大贡献，将为所有行业领导者带来宝贵价值。

——蒂莫西·高威，国际畅销书《内心博弈》系列的作者

高绩效教练提升了教练的标准。

——豪尔赫·保罗·雷曼，3G 资本联合创始人，卡夫 - 亨氏公司董事

与传统的管理系统相比，教练文化带来的绩效表现更佳、更公平、更可持续。《高绩效教练》是为那些追求卓越的领导者而写的。

——Ludo Van der Heyden，欧洲工商管理学院（INSEAD）公司治理教授

这本书不仅仅是一本教练指南，它无疑是一个极富价值的 21 世纪战略性的组织发展资源。它所提供的洞见、框架和资源可以帮助组织通过教练来确保其投资回报。

——维拉·罗林斯，伦敦商学院领导力学院高级总监

对于任何对教练感兴趣的人来说，这是最好的一本书，也是值得学习的第一本书。本书超越了教练技能，阐释了教练本质，对于领导者以及新的或有经验的教练来说，都是非常有用的。

——卡罗尔·考夫曼博士，哈佛医学院助理教授

《高绩效教练》第 5 版是约翰·惠特默爵士的开创性著作的升级版，是教练文献的重要组成部分。

——利兹·霍尔，*Coaching at Work* 编著者

《高绩效教练》已成为教练艺术、流程和认知的"圣经"。

——戴维·赫梅里，奥运金牌得主，21st Century Legacy 创始人

这本书是领导者和组织发展实践者的必读之书，教练是一种影响领导者、团队和组织文化的高绩效活动。

——索斯藤·克莱因，eBay 全球人才培养总监

对于那些实施精益生产方式的人来说，高绩效教练将同理心、内心和目的置于中心，为从业者提高绩效提供了加速器和增强力。

——卡罗琳·希利，美敦力高级人力经理

《高绩效教练》直接影响到我们公司的工作方式。它为教练和领导者做好人才发展提供了一个非常强大的工具。

——简 – 路易斯·阿莱格那斯，沃尔沃集团大学教练项目经理

《高绩效教练》真是让人大开眼界，它将改变你的组织愿景，提升教练的能

力。一个组织的成功依赖于它的人力资本。教练可以释放人员的巨大潜能，建立高绩效的团队，并带来非凡的成果。

——Mark Hoijtink，孩之宝 EMEA 区总裁

本书概述的原则为企业变革提供了动力，有助于提高员工的工作满意度，并改善企业的绩效。

——帕特里克·墨菲，瑞安航空前总裁

约翰爵士是创造卓越的人。《高绩效教练》完善了我们的企业文化，大大改善了我们的合作方式和合作质量，从而对我们的企业产生了重大的影响。

——帕特·罗奇，Moog Inc. 总裁

以可持续发展原则改变我们的制度系统是我们这个时代的重大挑战之一。约翰爵士和 PCI 清楚地表明，这种全系统的转型也取决于个人的转型。教练是实现这一目标的基础。这是一本生动而新颖的书，我强烈推荐。

——科赫·勒迪克，Generation Investment Management 联合创始人

《高绩效教练》第 5 版恰当地包括了安全绩效教练。我们与 PCI 建立了伙伴关系，并基于《高绩效教练》，促成了一个成功的安全领导力发展项目的大规模推广。

——詹姆斯·蒂姆，林德公司工程部全球 HSE 经理

教练是个神奇的东西

我在 2018 年 3 月决定接受绩效咨询（国际）有限公司（PCI）首席执行官大卫·布朗（David Brown）的邀请成为 PCI 中国的董事总经理前，还没有和大卫本人真正见过面，只是过去几年以来一直参加 PCI 课程的学习，不断地与大卫还有其他教练导师有接触。显然这已经足够让一家"保守"的英国公司甚至在都没见过本尊的情况下就将惠特默爵士和 PCI 35 年以来建立的品牌声誉交到了公司外人的手上。而我，从来只敢说自己是教练方式的忠实拥趸和虔诚学生，从来不敢称自己为教练，因为我并没有获得专业教练认证。从专业而言，25 年前大学毕业的我是一个学习软件工程的 IT 男，并没有在互联网浪潮里摸爬滚打的运气，后来机缘巧合成为别人口中的内部审计和风控专家，和教练专业其实没有太多沾边，直到 2018 年 3 月。

加入 PCI，让我这个培训甚至教练行业的门外汉不得不经常去面对一个问题：教练引入中国已经多年，《高绩效教练》（原书第 4 版）在中国也已经出版，反响颇好。为什么中国现在还需要惠特默爵士和 PCI 的绩效教练？为什么还需要第 5 版？要回答这个问题，就需要我们真正深入思考以下问题：到底什么样的领导力和企业文化是我们的本土企业所需要的?

恰好本人在过去15年来,在企业内外都处于一个较为独立的位置,能够以一个相对客观的观察者的视角来搜集、分析和印证对这个问题的观点和看法,在这里做些简单分享,希望能够有助于读者在本书中发掘属于自己的答案。

中国需要绩效教练的第一个原因是,绩效教练之路是一条真正能够激活员工、实现低投入高产出且无公害的道路。

最近几年,"激活员工"已经成为管理专家和企业家每日必念的金句。但就整体而言,目前普遍使用的激活方式仍然是通过胡萝卜加大棒、威逼利诱员工来燃烧生命。工作时间从996到716[⊖],企业动辄高薪挖角,然后短时间内得不到想要的业绩就随时换人。企业家和经理人面临的压力都很大,工作生活平衡早就被破坏殆尽,甚至极端的情况下猝死的报道都时有看到。这种靠过度压榨人的极限来推动发展的模式不管对企业还是对身处其中的个人都是不可持续的。然而大部分企业决策层并不知道除了用胡萝卜加大棒来逼迫员工"拼命"外,他们还能做些什么,恐惧未知让他们觉得只能继续在老路上走下去,尽管越走越窄,但是感觉别无选择。更残酷的是所有企业都想像互联网明星企业那样能够有足够多的胡萝卜去"激励"员工(因为单纯用大棒就更无法实现可持续经营发展了),所以寻求替代之路是必然的选择。

针对这种企业,本书提倡的绩效教练之路可供之参考,因为教练方式和相互依赖的企业绩效文化能够挖掘出企业已有员工的内在潜能、实现自主责任感,形成一种业绩、员工和地球环境三赢的可持续高绩效发展之路。

中国需要PCI绩效教练的第二个原因是,这本书里给出了一条使本土企业家可以通过学习、练习和身体力行教练方式来提升自身的领导力的道路。绩效教

⊖ "996"和"716"都是指工作时间。"996"是指工作日早9点上班,晚9点下班,一周工作6天;"716"是指每周工作7天,每天16个小时。——编者注

练方式能够使那些有使命感、有学习欲望的企业家，开始真正有能力去激励和赋能给新的专业领导团队，同时确保企业持续保持创业进取的心态和文化，并且管理好企业的重大生存风险。而一个企业家的觉醒能够带动整个企业文化的良性变革，越来越多的企业觉醒能够带领我们的社会进一步走向良性可持续发展的未来。

丹尼尔·平克在《驱动力》中提到，胡萝卜加大棒的驱动模式早已被社会科学研究证明是过时的，而且效果有限，自主、专精和目的才是科学实践证明真正有效的、面向未来的企业激励员工的方向。但是，让一个企业向全新的运作方式转型从来都不像书里写得那么轻松美好，这也是导致非常多企业尽管知道更好的方式是什么，却无法行动的原因。绩效教练方式的出现可能就是答案。通过学习践行教练方式，企业家和领导层能够首先从自己内心的觉察开始转变，有意识地协同努力，根据自己对企业的经验和认知，真正按照自己感到安全的方式来由内而外地改造企业的文化和追求发展的方式，而不是依赖于某种外部理论和专家理念。

教练方式就是如此神奇，是时候大家一起来尝试了。

吴　刚

绩效咨询（国际）有限公司中国董事总经理

每当人们提到"教练"这一神奇的方式时，总会说起滑雪教练居然培养出网球高手的例子，这个例子来自哈佛大学的教育学家兼网球专家蒂莫西·高威。

为什么会出现这样的情况？

原因恰恰是滑雪教练"不懂"网球，他们对于网球选手的击球动作没有特别规定，也并没有任何指导和介入，相反，他们会询问选手自己的感觉，让选手体会自己的现状，根据球飞来的方向自行调整动作。由于选手自主抉择、身心放松、注意力集中，反而学习得更好，打出了更好的球。

教练方式是如此博大精深，可以帮助人们迈入他们自我发展的下一个阶段，也可以帮助他们所在的组织向更高的阶段进化。

面向未来的成功领导者将更多地选择以教练方式引领而不是通过指挥和控制来推动个人乃至整个组织的发展。人们对于被对待的方式的期望正在快速提升。指挥、命令、专制和等级正在失去吸引力和可接受性。优秀的人需要在生活和工作中拥有更多的自主选择、更多的责任和更多的乐趣。现在我们明白了这个道理，但是碰到现实问题的时候，我们还是会因为不懂"how"而不知所措。

我们或许会想到向不懂网球的滑雪教练学习，通过向对方提出有效的问题，启发对方自己思索，以此点燃对方的潜力和智慧。

但是——什么样的问题才是有效的问题？

本书作者约翰·惠特默爵士，提出了GROW模型，即目标（Goal）、现状（Reality）、选择（Option）、意愿（Will），从GROW的四个维度进行提问，就能够有效地引导对方思索，直至找到答案。

又一个问题出现了——仅仅通过引导，对方就能找到答案吗？

高绩效教练重要的前提就是相信对方的潜能，教练对象自身需要有意愿获得改变和提升。惠特默爵士在书中告诉我们："唯一能够限制你的是目光短浅和自我设限！"

从GROW模型，到绩效曲线，再到教练的特定应用，这本书具有权威性、系统性和实践性，是全球销量排名第一的教练书籍，长期被国际教练界誉为"教练领域的圣经"和金牌标准，给我们呈现了关于运用高绩效教练的一系列方法和工具，我把这本书推荐给你，希望它能帮你应对工作和生活中的众多问题，获得更丰盛的人生！

张西娟

奥科宁克（中国）投资有限公司亚太区人力资源总监

荣幸受机械工业出版社华章分社邀请为本书撰写推荐序。在这本书出版之前，我已阅读了英文版本，思考良多。中华民族是世界上最辛劳勤奋的，"中国制造 2025"需要什么？在我们历史悠久的作坊式基础之上，如何立于工业化强国之林？在教练方式方法上我们到底缺少什么？本书不失为一本链接东西方文化尤其是领导力发展的优秀工具书。

本人曾留美 9 年，求学和工作期间接触到很多具有中西方不同文化背景的学者和同事，经常诧异于两种文化的不同。仅问问题这件事而言，中国的传统是"三人行，必有我师"，"师者，传道授业解惑也"。而本书所提到的 Coaching（即"教练"）则完全剥离了"教"的成分，它是启发、激发和挖掘潜力，是由教练对象自己来决定自己的问题是什么，有哪些解决方案，最终该怎么做。这种启发教练方式将对话的重点集中在了提问者的身上，最终成果的取得也依赖于提问者自身的思考和改变的动机。否则，无论如何"动之以情、晓之以理"，取得的成果也是极其有限的。要如何才能做一个成功的教练呢？以中国足球为例，为什么中国足球历经波折还是进展缓慢，以至于主要教练职位需要"洋人"支持？究其因，无它，我们需要一套教练体系，一套能够真正让团队成员买账并践行的体系!

"高绩效教练"强调的是自主和平等,没有师徒之尊卑,教练对象积极思考,对自己和任务负责;教练需要持有平等和耐心的态度,避免高高在上或直接插手指挥。在我们的公司管理中,一线员工往往是最了解情况的人,当他在实际工作中遇到问题时,如果团队领导采用直接给出答案的方式,那么最终成功解决问题的概率有多大?教练对象又能从中提高多少?

我们常常会称颂那些力挽狂澜、改写历史的精英乃至英雄,现在在强调业务创新和发展时,很多人的第一反应也是去"高薪挖人",似乎只要找到某个救世主就可以改变世界。然而这样的说法经不起推敲,事实是,拥有一支敢于试错、勇于创新的队伍,发掘其中每个人的潜力,激活个体,才能形成真正的战斗力。在团队创造力建设方面,精英依赖性尤其有限!其实,人与人之间真正的智商差别并不大,关键是如何营造一个健康的教与学的环境,使团队成员之间互为教练,直到发现问题根源并找到解决方式。

机缘巧合,我的团队经过一年多的"Coaching for Performance"训练,战斗力有了质的提升!我不再是那个"发号施令"的家长,我的经理们也能将更多的精力放在如何打造一支精英团队上,而这才是创新之本!因此,我推荐大家阅读这本书,我相信教练方式必将成为我们沟通和解决问题的一大法宝。

袁世山

勃林格殷格翰动物保健亚洲研发中心负责人

教练文化将成为一种管理趋势

我有一种特点，总是在寻找未来的趋势，所以我会在比较早的时间就选择大众还未意识到的领域，先开始探索。比如 10 年前，我就投身于开发者社区和生态建设，到最近几年，这方面的需求（比如技术布道师、开发者社区运营）愈发强烈，而供给却严重不足，所以相关的人才极为抢手，身价也比同级别的程序员高出很多。

2018 年，我又跨入了一个新的领域：组织发展。极少数特别优秀的企业，都会设立专门的组织发展部，直接向 CEO 汇报，这与传统企业把组织发展视为 HR 的一个下属职能不同。在这些少数的优秀企业内，组织发展部多聚焦于一个小而关键的点：培养和发展中高层管理者。就我所在的企业车和家而言，组织发展部的目标很简单——把所有的中高层管理者发展为赋能型的领导者。所谓赋能型的领导者，其关键点就在于能把自己视线的重点从"事"转移到"人"身上，通过为团队培养优秀人才达到执行战略、完成公司要务的目标，也就是通过关注"人"，达成"事"的目标。

对此我们有非常清晰的认识：组织是确保一个企业能在未来之战中获胜的关键，是企业这架机器的核心支点。企业的中高层管理者，向上与公司创始人、合伙人并肩思考，向下率领业务或职能团队冲锋陷阵。

在培养赋能型领导的时候，我们发现，除了企业的使命、愿景、战略、价值观和确保上述理念落地的系统之外，教练文化是我们绕不开的重要因素。我在几个月前，第一次听说"教练"。有朋友讲述了一位专职教练如何通过应用教练技能帮她解除自己的家庭困扰——与父母之间的紧张关系。通过她的描述，我第一次了解到这个技能，并对于教练技能中"不断提问"和"激发潜能"两点非常在意。

之后不久，我在一知半解的情况下，又应用我所理解的教练技能，帮助一位朋友解决了她初次进入互联网公司所遭遇的职业困惑，而且的确体验到了"通过启发式的问题，帮助对方逐步发现真相，激发潜能"的过程。这让我对教练技能有了进一步的认知。

最后使我与教练文化和技能牢牢绑在一起的是某天，在制定组织发展部的OKR（源自英特尔，在谷歌发扬光大的目标管理利器）时，我们把目标定为："把公司总监及以上管理者发展为赋能型领导者。"其中一个KR（关键结果）是："打造一支教练团队。"从那一天开始，我就笃定：教练文化是必须培养的，教练技能是必须掌握的。

于是我们搜罗了市面上所有能找到的高评分教练书籍，也约谈了在北京所有能找到的教练咨询公司。很幸运，在所有书籍中，我最终决定第一个阅读的就是这本《高绩效教练》（原书第4版）。巧的是，机械工业出版社华章分社的编辑在微信中问我，看到我在朋友圈谈论教练技能，看看是否愿意为此书第5版写序？我欣然应允。

在拿到第5版样书之后，我在第一时间发现，这不是简单意义的版本变更，其中有非常重大的变化，比如在第5版"教练的实践"中，重点讲述了GROW模型，这是第4版中所没有的。我视之为珍宝，用了15分钟快速阅读完该部分的内容。

随后，我又花了1个小时，与公司的一位高级总监做一对一的谈话，直接运用了 GROW 模型中的四个步骤，即 G——目标设定、R——现状是什么、O——你有什么选择、W——你会做什么。我通过不断提出开放性的问题，在一小时内就帮助他顺利解决了他团队人员的发展问题。通过梳理，他明确了评价本团队人员技能的模型、评估方法、评估的时间以及明年的改进策略。我们两人的感觉很相似：太奇妙了！若非亲自运用，绝对不会有如此真切而强烈的感受。

随后不久，我与李想讲了这次经历，并且给他展示了本书第三部分的目录，他看到之后说：这些开放式的提问方法，我们在四步法（车和家自创的一种帮助与会者达成高度共识的方法论）中经常用到。我仔细回想了一下，发现确实如此，我们在运用公司的四步法方法论时，不断提出开放性的问题。而这本《高绩效教练》中所提出的 GROW 模型，更是系统地总结了提问的角度和方法。

更巧的是，在后续的教练咨询公司访谈中，我们又"偶遇"了此书的译者之一——佛影女士。我们不约而同地谈到此书中的关键内容，甚是欣喜。所以，一本好书的作用不仅在于传递有价值的信息，更是能把有相似想法的人更紧密地联系在一起。

我在随后的日子里，又不断翻阅此书的其他章节。一般而言，一本好书对我意味着至少有 10% 的内容有价值（因为我已经有了自己相对完整的系统），但是难能可贵的是，本书在很多地方都对我有启发，比如开篇对于 inner game（内心博弈）的描述，这也符合我这些年"自我改变"之路的体会，但是没有书中讲述的清楚，尤其是书中提到，绩效＝潜能－干扰，这直接点出了开发潜能、提高绩效的关键，即我们要帮助自己和他人排除内心的干扰，过滤掉噪声，把"我不行"的声音通通扫地出门，隔绝在千里之外。

有一个很有意思的例子，我从去年（2017 年）8 月开始进行写作日更，到现在已经坚持了 300 多天，而我身边的朋友、微信朋友圈的朋友以及我的众多读者中，也有不少人在我的鼓励和影响下开始写作日更。大家原本以为这是一个不可能完成的任务，就像一年前我自己以为的那样，但是通过实践发现，其实做到这点完全可能，而且没有想得那么难，甚至可能成为一天中的愉悦时刻，成为彻彻底底的享受，而非苦旅。这就是一个提升大家写作"绩效"的典型案例，我们做的过程中，就是通过不断地自我激励，寻找 role model，摈弃内心干扰而逐渐达成的。

当然，如果我能早一天看到这本书，我相信自己能更有效地改变自己，从而影响身边的朋友。

最近我明确了可以用三位一体的方式去经营自己，经营自己的工作，经营自己的兴趣，从而真正找到实现"影响一百万人的生活态度"使命的道路。其实我开始并不知道怎样才能影响一百万人，但是当"教练"一词不断在内心闪现时，尤其在看了这本书之后，我更加明确，我要做的是培养更多的、与我有相似理念的"教练"，再通过他们，去影响更多的人。

我很少逐字逐句看完一本书，这本书也不例外。但是对于好书，我会不断看，而且不断在工作和生活中实践书中的理念和方法。本书就是这样的好书，我知道自己对于教练理念的理解还很肤浅，但是因为我愿意每天去实践教练的技能，而手边又有此书为伴，所以我对于未来之路还是颇有信心。

我很高兴地注意到，有越来越多的创新公司正在拥抱赋能的理念，致力于打造公开透明、共享责任、网状连接的企业文化氛围。它们引入 OKR、共享目标，并努力培养中高层管理者，帮助其快速掌握教练的核心技能，帮助公司各团队聚焦于组织真正的目标，也帮助所有涉及的团队和个人战胜"内心博弈"，实现快速成长。而"教练"一词正在逐步成为大家的共识，因为它是帮助我们达成以上目标的必备武器。

所有希望能改变自己，改变家人，改变朋友，改变组织的朋友，希望你们都能有此书做伴。通过实践我们所相信的理念，最终成为一个我们所希望成为的人。我们也希望通过践行自己所相信的理念，影响到更多的人、更多的团队。

再次感谢本书！

张　辉

车和家组织部高级总监，公众号"辉哥奇谭"主理人我很荣幸能够参与到几家世界上最重要公司的发展历程中，首先是在汽车行业，后来是在3家重要的金融机构担任董事长和首席执行官。但当时这些公司的状态各异，有的是业务高速增长，有的则需要紧急方案来扭转颓势，它们几乎都不是处于平稳运行的状态。

这给我带来两个深刻的记忆。第一个是成功的记忆，不仅在财务和市场上的成功，而且是通过充满活力的文化创造了一个高能量的组织，通过开明的领导和释放许多国家的成千上万人的潜能来取得成功。第二个则是对一些公司怎么会陷入困境感到不可思议，并且随后意识到在必要时才去采取修复手段是远远不够的——我们需要确保它不会再发生。

当我们反思公司是什么的时候，我们倾向于关注公司战略、市场领导地位、财务绩效和股东价值。坦白地说，虽然这些是现实的和必要的，但这只是一个技术方面的枯燥问题。当我有一天担任了CEO，需要对整个公司负责时，迎面而来的是引领企业走向长期成功过程中的巨大的复杂性和不确定性，我发现公司不仅仅是一个商业组织：它是一个对个人、企业、政府和整个社会都会产生巨大影响的生态系统。

伟大公司的领导力是基于原则的。一个受原则支配的系统与一个受规则控制的系统之间存在着显著的区别。原则定义了事物的中心或理想的状态，或者系统中真正渴望的东西。规则界定了允许的边界，并在很多情况下限制了可能的成长。按规则运作的组织通常会导致一家公司在允许的边界内运营，而不是释放它的潜能。在本书中，约翰·惠特默爵士和绩效咨询（国际）有限公司睿智地揭示了如何利用教练方式来缩小人与组织在可被容忍的和最大可能的这两种绩效水平之间的差距。

坚持原则需要坚强的道德伦理和情感基础，并长期聚焦于企业想要实现的目标。它创造了一个激发人们学习、成功、成长和做正确事情的环境。

杰出的公司致力于为所有利益相关方做出长期和持久的贡献，并实现优秀的财务业绩。他们的领导人非常清楚为什么员工应该将自己的职业生涯奉献给这家公司，为什么客户应该与他们合作而不是别人，为什么供应商应该优先支持他们，为什么社会应该信任他们以及为什么投资者应该选择他们。

我们经常忘记（往往是以牺牲高绩效作为代价）是我们的员工以及我们之间的协同努力才造就了公司的伟大，是我们的员工为客户提供了服务，设计、生产和交付了产品，并创造了新的创意，是员工创新并产出了成果，是他们选择了将自己的精力贡献给一个比自己更伟大的愿景和事业。

作为一名银行家，我非常认同公司需要创造财务回报，但今天越来越清晰的是，一个组织不仅仅是一个资金的组合。一个充满活力的公司不仅仅是它的各个部分的总和，而是以更高的使命来管理公司内的所有决策。那些在世界上找到自己独特定位的公司战胜了那些没有独特定位的公司。那些拥有可持续性的存在理由的公司不断地战胜那些没有此类存在理由的公司。

我相信，就像约翰·惠特默爵士本人一样，我们地球上的每个人在有生之年都要为这个世界做出贡献。人们在寻找生命的意义，以及如何才能做出自己独特的贡献。这是一个人、社会与财务回报同样重要的时代，找到这个基础就构筑了一个长期的哲学。

因此，作为领导者，我们需要采取必要的行动来获得长期的信任和承诺，以此作为长期价值创造的基础。我们的行动和决定必须对社会是有益的，文化上是令人满意的，道德上是公正的，经济上是可行的，对生态是负责的，并且最重要的是这些行动和决定是令人信服的和透明的。

我们作为领导者的责任是为我们的员工创造一个令人兴奋但安全的冒险旅程，值得他们为此奋斗。人们在组织中的工作感受及其投入的热忱和忠诚度，决定了好公司、优秀公司和卓越公司之间的差异。最终，我们的内在心态和外在领导风格决定了我们组织的活力、能量和使命感。

在新版《高绩效教练》中，约翰·惠特默爵士和绩效咨询（国际）有限公司揭示了创造高绩效的秘密，破除了有关教练方式的神话。世界各地的领导者和员工有幸受益于他们带给职场的持久影响。

约翰·麦克法兰（John McFarlane）

巴克莱银行董事长

TheCityUK 董事长

创意时代的教练型领导之道

2017 年 11 月 16 日，PCI 的 CEO 大卫·布朗来到北京，我作为《高绩效教练》中文版的译者应机械工业出版社华章分社之邀与大卫见面，在大约一个小时高强度对话的最后，他突然面带神秘微笑，问道："Who are you？"

"我是谁？"这是我们一见面寒暄时就交流过的话题，此刻，他为何再问？

我知道，他不是在问我的姓名、身份和职业，他是在问一个更深层和更本质的问题："你是一个什么样的人？你想成为什么样的人？你的 Purpose、Vision、Value（使命、愿景和价值观）是什么？"这是一个经典的教练问题，就像哈姆雷特之问"生存还是毁灭，这是一个值得思考的问题"，它让我们从"忙、盲、茫"的生活中驻足反思："我是谁？我要成为谁"，去寻找人生的初心和原力，聚焦使命，释放潜能，自强不息，厚德载物！大卫是一位有强烈使命感的 PCI 的 CEO，他希望找到有同样使命感的合作伙伴。

如果说过去的 40 年里，技术和全球化给组织与个人带来了天翻地覆的变化，那么，未来 40 年，AI 和生物技术等带来的变化将是指数级的（语出自哈佛商学院领导变革第一人约翰·科特教授）。我们现在还无法预测未来的组织形态，但可以预知的是，组织中的领导方式、同事关系，工作的重点和工作方式，个人的成长和职业发展，将会发生根本性的改变。教练技术是未来组织发展和个人成长的重要趋势之一。

教练技术（coaching）的兴起是与创新驱动组织发展和领导力个性化突破相伴而生的，高管教练第一人马歇尔·戈德史密斯指出：**"在美国，过去 40 年在领导方式方面最大的变化就是 From Tell to Ask!"**，传统的指挥型管理者逐渐让位于创意时代的教练型领导者！面对知识员工、创意员工，卓越的领导者最重要的不是告诉下属做什么，而是建立平等的合作关系，提出好的问题，让下属去觉察、思考和担责，成为工作的主人，而非工作的奴隶！帮助员工成为更好的自己，而非混天度日。

教练技术是领导力发展的一种高级技术，是个人领导力突破的"私房课"。当然，它也不仅仅是一门技术，在"人人都是领导者"的创意时代，它更是一种新型的合作关系，一种新型的思维模式，一种新型的沟通方式，一种新型的行为风格，一种新型的潜能释放流程。

国际教练联合会（ICF）的教练定义是：**教练是客户的伙伴，通过发人深省和富有想象力（创造性）的对话过程，最大限度地激发个人的天赋潜能和职业潜能。**

约翰·惠特默爵士的《高绩效教练》是教练领域的扛鼎之作，也是奠基之作！全球教练广泛使用的 GROW 模型即出自惠特默爵士的这本书。本书在西方引领了教练行业 20 多年，成为领导者和教练的必备书籍。2012 年，我们团队翻译了《高绩效教练》第 4 版，该书立刻成为很多中国教练和领导者的枕边书。我曾经看到一位企业大学校长在她的《高绩效教练》书中画出了密密麻麻的重点，写下了良多的读书笔记。

《高绩效教练》第 4 版中文版出版以来，转眼 6 年过去了，在这个指数级发展的时代，中国的教练行业和领导力开发事业也取得了突飞猛进的发展，在此，我结合翻译《高绩效教练》第 5 版的感受，分享三点思考，与各位读者共勉。

第一，教练是一种全新的思维和行为模式，"知、信、行、习"需要 1 万小时的积累，绝非一次培训课程就可以完成蜕变。

我对教练的认知和实践，经历了一个较长的时间。大约 2004 年，当时我在清华经管学院负责高管培训工作，一位朋友送我一本《企业教练》（中文版），希望助我了解国际前沿的领导力趋势，我大致翻了一下，没有留下太深的印象。转折点是 2010 年 5 月，我去芝加哥参加美国培训与发展协会（ASTD）年会，在 200 多个讲座中，有好几个关于教练的讲座，尤其是脑神经领导力学院的创始人 David Rock 的"脑神经领导力"讲座，给我留下了深刻的印象，我还到他们的展位买下了唯一的展品用书 *Coaching with the Brain in Mind*。

2010 年年底，我在北京参加了亚细亚高智的创始人郑振佑（Paul Joeng）博士（MCC）和埃里克森教练学院院长玛丽莲·阿特金森博士（MCC）的教练讲座，两位老师都非常出色。也许是郑博士的东西合璧让我产生了共鸣，最终选择参加了他的 CPCP 课程（Certified Professional Coach Training Program，15 天），这对我后来的教练心态和领导力教学产生了重要的影响。之后，我很快给光大银行和博诺尼做了两个长达 3 个月的教练项目，深刻体验到了教练不同于传统领导力培训带来的人的思维和行为的深度改变。2012 年以来，我组织翻译了《高绩效教练》第 4、5 版、《领导力教练：世界著名企业教练们的实践心得》第 3 版、《领导力教练：实践篇》、《企业教练指南》等领导力教练书籍，更加全面系统地认识了教练的理论与最佳实践。此外，还参加了马歇尔·戈德史密斯的"高管教练"和领越®领导力 LPI 教练等多个教练项目。

这些学习、翻译和教练实践，大大丰富了我的领导力认识和教学方法，我也在这个过程中认识了很多领导力大师和教练朋友，与不少勇于尝试领导力发展项目创新的优秀企业进行了合作。

尤其是，在过去 6 年，我亲眼见证了我太太佛影女士学习教练的蜕变历程，她完成了从财务专业人士到领导力教练的成功转型，实现了生命的自由绽放。

第二，《高绩效教练》第5版的三个主要特点。

一是权威性，约翰·惠特默爵士是教练领域的先行者，本书是全球销量排名第一的教练书籍，长期被国际教练界誉为"教练领域的圣经"和金牌标准，是全球数万教练和百万领导者的必备参考书。惠特默爵士开创性地提出了 GROW 模型，成为教练领域的奠基性模型，今天的很多教练模型，其源头都是 GROW 模型。GROW 模型符合埃隆·马斯克倡导的教练领域的"第一性原理"，在流派纷纭的教练界，本书可谓是"正本清源、大道至简"。

二是系统性，本书第1版出版于1992年，定义了教练职业，建立了教练职业的基本原则，分析了一个人改变的本质和作为教练的领导者的角色，系统地阐述了教练的价值、教练的原则、教练的实践流程、教练的特定应用、教练的投资回报以及成为大师级教练之路，提出了教练的本质是提升客户的觉察力、责任感和自信心，形成了一个完整、系统的教练体系。

三是实践性，本书第5版补充了作者及其同事们为全球大量客户提供教练的宝贵实践经验，增加了：绩效曲线——组织发展的四个阶段；正式的一对一教练；团队绩效教练；精益绩效教练；安全绩效教练；衡量教练的收益和投资回报；如何影响文化变革；领导的品质；精通之道；高阶教练等非常具有实践性的内容。附录的教练词汇汇总、教练提问工具包等非常实用，是教练日常工作的必备锦囊。

第三，教练与领导力发展对于中国企业领导梯队和领导力文化建设的重要作用。

始于1978年的改革开放，极大地释放了亿万中国人的主人翁责任感和创造力，中国40年的变化可能超过过去1 000年的变化，展望未来30年，更将是我们实现"中国梦"的伟大变革时代！这种变革，既是外在美好环境、经济发达和技术创新的变革，更是我们作为人的内在信仰、思维模式和行为方式的变革。30年后的中国，不是一个大国，也不是一个强国，而是一个伟大的国家（Great Country），那时的中国企业，不仅仅有大企业和中小企业，更有众多伟大的企业！

德鲁克在《21世纪的管理挑战》中指出：**20世纪管理学的最伟大贡献是将行业工人的生产力提高了50倍，而21世纪管理学的挑战则是如何将知识员工的生产力提高50倍**。这就要依赖于以激发人的潜能为中心的新的领导风格，而教练型领导是其中最重要的领导风格之一！未来的领导者需要具备教练心态和教练能力，才能吸引、激发和培养一流的人才。

当然，教练不是万能的。戈德史密斯认为：**教练成果主要取决于客户的真诚意愿和全力投入**。他从不为那些没有改变动力的领导者提供教练服务。实践表明，客户的准备度在很大程度上决定了教练效果。所谓"佛度有缘人"就是这个道理。

今天，中国的教练行业还处于初级阶段，无论是优秀的教练、客户的认知，还是成功的教练案例，都还十分有限，这需要教练从业者和领导者们胸怀宽广、前瞻未来、勇于尝试、不断创新，同时，还需要结合中国特色的文化环境、社会背景和组织特点，对发端于西方的教练技术进行适当的本土化改造，洋为中用、中西合璧、知行合一、举一反三、自成一家，开发出一套适合中国国情的教练技术体系。

这是一个不断创造奇迹的新时代，相信相信的力量！近些年，有3件事情给我带来了重大的启示。

一是美国积极心理学之父塞利格曼2012年11月9日在清华大学第二届国际积极心理学大会提出了积极心理学的"登月计划"，也就是到2051年，全世界的成年人中，有51%的人可以实现蓬勃人生（Flourish Life）。

二是在学习教练的过程中，一位大师级教练向学员提出的一个问题："如果你现在可以做出一个决定，这个决定将影响1000年后的人类，这个决定将会是什么？"

三是2018年8月13～20日，第二十四届世界哲学大会在北京国家会议中心召开，以"学以成人"（Learning to Be Human）为主题展开全方位的哲学研讨。中国组委会学术委员会主席、北京大学教授杜维明这样解释大会主题：

"学以成人"是理论和实践的结合，是认知，也是行为。个人不是孤立的个体，是一个网络的中心点，也是另一个中心点的组成部分。学做人，必然牵涉他者，如家庭、群体、民族、社会、国家、宇宙。从生物人到文化人、文明人、政治人、经济人、生态人等，包括各种人物角色的转换，人始终处在转化和被转化、塑造和被塑造的变化过程之中。

这几个看似毫不相关的事件却有着共同特点，那就是"以人为本"的无限的想象力，是人人绽放时代进入了高级阶段。我很喜欢本书中的一个金句："唯一能够限制你的是目光短浅和自我设限"。

最后，完成一部重要著作的翻译是一个系统工程，首先要感谢 PCI 的 CEO 大卫·布朗先生的认可和信任，让我对约翰·惠特默爵士和这本书有更加深入的理解和敬畏；感谢机械工业出版社华章分社的编辑们认真细致的沟通和协调；感谢 PCI（中国）的总经理吴刚先生在翻译过程中的积极参与和对部分关键词的审校，提升了翻译的品质。

徐中博士翻译了本书的文前、第一、二部分（第 1~6 章）、佛影女士翻译了本书的第三部分（第 7~14 章）、姜瑞女士翻译了本书的第四、五部分、附录（第 15~23 章和附录 1、2、3），徐中博士也对第四、五部分进行了审校，感谢佛影女士、姜瑞女士在百忙之中的高品质投入，使得本书的翻译质量有了进一步的提升！同时，也要感谢《高绩效教练》第 4 版的联合译者林菲女士为第 4 版做出的重要贡献，她的贡献直接帮助了第 5 版的翻译。

最后，由于译者水平有限，错误在所难免，敬请批评指正！

徐　中

博士，领导力教练

领越®领导力高级认证导师（Certified Master）

于清华大学科技园科建大厦

2018 年 8 月

前 言 | COACHING For PERFORMANCE

《高绩效教练》第 5 版是那些想要创造高绩效文化的教练、领导者和组织的一本必备之书。40 多年前，绩效教练之父约翰·惠特默爵士认为，企业是善行的潜在力量和人类进化的驱动力。他看到了一个团结个人和组织的机会，能够使得人、企业和地球都获益——这就是神圣的"三重底线"，而这一直是约翰·惠特默爵士参与共同创立的绩效咨询（国际）有限公司（PCI）的前行动力。

我们通过与客户建立伙伴关系来挖掘员工的潜能，创造一种将觉察和责任置于中心的组织文化。第 5 版反映了教练方式在全球企业界中的进展。从巴克莱银行董事长约翰·麦克法兰的推荐序开始，我们分享了一些组织转型和绩效改善的案例，包括利润收益的增长。通过运用我们的理念、架构和工具，PCI 有能力展现对员工行为改变的投资可以为公司的收入和利润带来平均 800% 的投资回报。

正如麦克法兰所说，越来越多的人在工作中寻找"值得他们为此奋斗"的工作的意义。全球 75 亿人中有 30 亿人是组织的雇员。在我们的全球工作坊中，我们询问大家在工作中发挥了多少潜能。答案的平均值是 40%，这表明了全球生产力开发中存在的巨大差距和未被激活的人才储备的巨大体量。

就我个人而言，我选择离开了成功的银行业：当时我们是全球顶级的衍生品交易公司，有着非常不错的财务业绩。我作为交易员在一个能量充沛、充满挑战和乐趣盎然的环境里工作，并且为自己能在优秀团队里完成业绩目标而感到自豪。但是，我仍然渴望进一步了解人生的意义和目的。

约翰·麦克法兰领导澳新银行的转型是激发人们找寻工作的目的和意义的成功典范，它激发了35 000名员工的潜力，使得澳新银行从顾客满意度排行榜的末尾跃升到领先位置。公司可以通过投资已有的资源（他们的员工）来实现如此高的回报。

约翰·惠特默爵士对教练行业做出了杰出的贡献。他在完成《高绩效教练》第5版不久后去世，这让许多人感到悲伤。他度过了非凡的一生，我由衷地感谢他点燃了教练的火炬，并传递给我们。他的愿景、哲学和方法激励了数百万的领导者和教练，使得他们成为最好的自己，也帮助他人成为更好的自己。这本书是他的遗产的重要组成部分，已经售出超过100万册，并被翻译成20多种语言出版。

《高绩效教练》第5版将有助于教练行业的持续专业化，进一步明确领导者采用教练型领导风格带来的巨大收益。同时，这将有助于将人力资本投资从被视为是成本中心转变为业务真正创造价值的利润中心。对于那些希望进一步提高教练绩效的人来说，可以在www.coachingperformance.com上找到在线学习课程、公开课和企业内训课程。

最后，感谢我们极具才华的所有团队成员，他们领导着全球40多个国家的业务，并为第5版提供了适合未来的教练和企业的专家意见和知识。

蒂芙妮·加斯克尔（Tiffany Gaskell）

MBA，共创式认证教练CPCC，国际教练联合会专业级教练PCC

全球教练与领导力总监

绩效咨询（国际）有限公司

企业的运营对变革的需求从未像今天这般巨大。现在几乎没有人质疑企业的传统文化必须得到进化——互联网模式已经动摇了以往的工作方式，并正在帮助重新定义组织与员工之间的关系。在这个过程中，一座以前尚未开发的绩效宝库正在被开启。之前，优秀的大学毕业生常常为到高盛等蓝筹公司的实习而奋斗。现在，他们中的很多人都梦想到谷歌（Alphabet）、Facebook 等公司实习，或者类似的、从事与众不同的事业并承诺为员工提供有意义和令人兴奋的工作体验的公司。这代表了企业未来的发展方向，企业与其目的的重新连接，与其存在理由的重新连接——归根到底，难道所有企业的存在不都是在满足一种需求吗？《高绩效教练》第 5 版将阐述为什么所有组织都需要采取一种新的运作方式，教练方式如何成为这种方式的核心元素，以及它如何实现人、地球和企业的三重胜利。

1992 年，我写作本书第 1 版时，它是第一批关于教练方式的书籍之一，第一部在工作场景中应用教练方式的书籍，它帮助定义了全球的教练标准。更为重要的是，它还推动了教练方式和技术在全球企业界和组织中的应用。本书是为想要在组织中应用教练技术和方式的人（不管是领导者还是专业教练）所写的。最初，我撰写本书的目的是定义和建立基本的教练原则，避免有太多

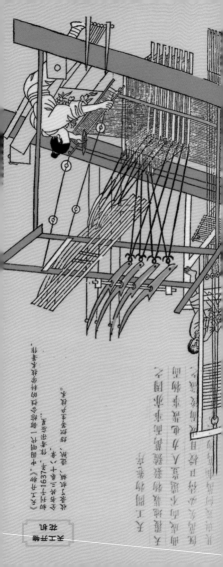

天工开物
花机

《天工开物》中是中国古代一部综合性的科学技术著作，作者是明朝科学家宋应星，初刊于1637年（明崇祯十年）。又名《天工开物》。外国学者称它为"中国17世纪的工艺百科全书"。

图中画面为用花机织造丝织物的场景，画面上方为一人坐在花机上提花，下方一人则在用脚踏板织造丝织物。

人因为追求时髦加入教练行业。有些人可能并不了解教练需要具备相当程度的心理学知识，以及它适合于广阔的社会情境里的哪些领域。缺乏这些理解，他们很容易曲解教练工作的基本目的与方法，不知如何加以有效应用，因此极易损害教练的声誉。

对于领导者、人力资源部门、全球的教练学校，本书已经成为他们学习教练方式的必读书籍。现在，已经出版的很多好的教练书籍，大致上都秉持一些共同的教练原则。在经历了初创期的各种困难之后，教练行业的扩张速度和成熟度超出所有人的预期。当我们在 20 世纪 80 年代初期成立绩效咨询（国际）有限公司时，我们是欧洲为数不多的教练供应商之一；目前在欧洲有 1 000 多个教练机构和 10 000 多名教练，涉及商业、教育、医疗保健、慈善、政府部门以及其他许多领域。事实上，绩效咨询（国际）有限公司的业务已经扩展到全球 40 个国家。

专业的教练协会越来越多，总体上它们之间的合作多过竞争。其中最大的一个协会——国际教练联合会（International Coach Federation，ICF），对于教练认证、资格、标准和道德有着严格的审批标准和监督机制。教练已经从一个小行业变成一个受人尊重的行业，并且已有多个专业期刊致力于此。绩效咨询（国际）有限公司的宗旨是继续支持教练行业的专业化。当我将组织中的开创性教练事业传递给年轻同事的时候，我认识到我们还有很长的路要走，但令人欣喜的是，我们已经完成此工作，给组织中带来的改变是显著的。其中的一个成就是，本书现在已经被翻译成超过 20 种语言出版，包括日语、中文、韩语、俄语以及大部分欧洲国家的语言。

需要注意的是：糟糕的教练实践导致教练被误传、误解和被忽视，例如，被认为了无新意、不能带来改变或者无法兑现其承诺等。我的目的是通过描述和说明——教练究竟是什么，包括教练的心理学根基、教练可以解决什么问题、教练是如何创造促进深思和提高绩效的最佳领导风格的，从而让本书保持简洁，同时消除各种误解。

第 5 版有哪些新内容

当然，第 5 版是我们多年教练经验的结晶，更重要的是，它是我们探索人的态度、信仰和行为以及意识的演化趋势的结晶。它反映了这方面知识的进步和教练行业的成熟。

创造高绩效

《高绩效教练》一书聚焦于创造高绩效，这一事实也许对所有人来说是不言而喻的。我特别想在这一版中反复强调的一点是，教练的原则可以应用于任何类型的活动，并且会对提升绩效产生积极的影响。我所说的绩效是指减少干扰和释放潜能的结果。我已经通过实际案例和特定应用的章节来展现这一观点，例如，精益绩效教练和安全绩效教练。

此外，第 5 版还正式发布了"绩效曲线"模型，该模型描绘了一个组织的文化层次，以及这些层次与低、中以及高绩效水平的背景之间的关联性。"绩效曲线"模型加深了对教练如何创造高绩效文化的理解，从而彻底颠覆了形成组织文化的传统方法。这是教练和领导力开发的新的前沿领域。

实践活动、案例研究和示例对话

在第 5 版中，我努力让教练的实践（第三部分）更加实用和可操作。本书既包括了第 4 版中的提问、倾听和 GROW 模型的原始章节，又增加了我们在全球展开的高绩效教练金牌课程中使用的练习活动（见书中的"活动"）。这些练习活动将帮助你通过实践体验来开发教练的基本技能，这是我们所倡导并被证明是最有效的学习方式。毕竟人们可以完全熟练地掌握教练理论，但无法不通过实践来进行教练。此外，我分享了新的工作场所的对话示例和新的案例，以展示教练方式如何创造高绩效，并展示教练方式如何体现在每天的领导活动中。这些教练对话示例吸收了多方面人员的丰富经验，包括我在 PCI 公司的同事们和自本书首次出版以来与我合作过的全球的很多组织以及数千名参与我们工作坊的学员。

GROW 模型反馈框架和绩效管理

在新版中,我彻底重构了"意愿"这个章节以容纳反馈环节,因为反馈对于实现高绩效至关重要。我们的许多客户都在开始摆脱传统的绩效管理的方法,更加关注持续的改进和学习。当我们将 GROW 模型反馈框架介绍给这些客户的领导时,他们充满感激,且如释重负,GROW 模型应用一种全新的方法彻底改变了反馈和绩效管理。无论你是否熟悉 GROW 模型,我相信你都会对 GROW 模型的反馈框架感到欣喜。

衡量教练辅导带来的收益和投资回报率

像教育、激励和管理一样,教练需同步心理学的最新发展,以理解人们如何才能发挥出最佳状态。多年来,我一直在大力宣扬教练在工作中取得的惊人效果,以及教练如何激发最佳表现。一个新事物从在一定范围内被了解到被广泛全面接受之间总会有时间的滞后。今天,PCI 敞开大门,分享有关教练效果评估和衡量的方法与实例。我在本书全部更新了关于教练方式带来的利益的章节,分享了我们衡量教练带来的收益和投资回报率(ROI)的方法,我们知道这在组织中被认为是教练方式的"圣杯"。

教练术语

书中包括了一份教练术语的词汇表,以方便读者可以探索和测试自己的教练技能。该词汇表来自享有盛誉的"高绩效教练工作坊",该工作坊获得了 ICF 的认证,并被认为是提升领导力的金牌标准。

问题包

最后,本书后面有一个问题包。这是一个你深入学习教练的有用资源,可以用于你的教练进阶旅程。准备"好的问题"(而不是答案!)是学习新技能并重新连接你的神经网络的最快方法。坚持一段时间之后,你就能随口提出强有力的好问题。

去行动吧

《一分钟经理人》(*The One Minute Manager*)书中的那些说法很吸引人,但事实正好相反，企业中并没有能够立竿见影的措施，卓越的教练是一种技能，也是一种艺术，要充分展现它惊人的潜力，需要对它有深度的理解和丰富的实践。通过本书我会向你展示为什么教练方式是创建高绩效文化的关键以及如何将其落地实施。阅读本书不会使你成为一名专业教练，但它能够帮助你更好地认识教练的巨大价值和潜力，而且可能帮助你开启一段自我探索的旅程，这段旅程对于你的组织成功、你的运动技能或者其他技能，以及你在工作和生活中与其他人交流的质量都会产生深远的影响。

与选择任何新的技能、态度、风格和信念一样，学习运用教练方式需要决心、练习和时间，才能够做到高效和运用自如。有些人会发现他们学习教练比其他人容易。如果教练已经是你的行为风格，我希望本书能为你将已经做的事情提升到更高的高度，或者为你原来的直觉行为提供更完整的理论依据。如果教练在过去不是你的行为风格，我希望本书能为你提供一些思考领导力、绩效和团队的新思路，并为你提供一些练习教练方式和技能的指导。我经常被问到人们可以做些什么来维持和提高他们的教练工作技能，我的回答是练习、练习、再练习，要对自己和他人有着深入的觉察，要对自己的持续个人发展做出承诺。

世界上没有唯一正确的教练方式。本书只是一本随行指南，帮助你决定你想去哪里，向你介绍一些实现你的目标的路线。你必须为自己探索这个世界，因为除了你自己，没有人可以开启描绘你的生活中人与人之间相互影响的无限可能性。这段旅程中丰富的景致可以把教练和领导力变成一种个性化的和独特的艺术，用以装点、美化、丰富你的工作环境。

一旦你决定踏上个人发展的旅程，你就可以发展和改变自己的工作和生活。一旦组织决定开启一段进化的旅程，组织就可以发展和改变组织中的人的工作和生活。在实践中，教练流程促进了每一个阶段的进化，进化是由内而外的，永远不能以规定的方式进行教授。从根本上说，教练不是教授，而是创造学习和成长的环境。现在，去行动吧！

本书面向两类读者，领导者和教练（以及那些渴望成为其中之一，或者两者的人）。下面，我将阐述我的观点。

所谓领导者，是指组织中的人员的领导者和管理者。对他们来说，这是一本发展自己的高绩效领导力的指南。领导者通常不想要成为认证教练，却知道运用教练方式来释放人的潜能和达成最高水平的绩效是一种正在世界范围内被教授的重要技术。的确，这是成为新型领导者和培养适合21世纪的新型领导力的有效途径。我的理想是，这些教练术和方式会成为管理的常态，那些旧的不能激发人的全部潜能的领导方式则会被取代。随着越来越多的组织选择教练式领导方式，组织将成为人们释放其潜能的平台，组织与人员之间最终将发展成为一种共生共创的关系。

所谓教练，是指为组织成员提供正式的教练辅导的人，通常称为一对一教练，或者高管教练。在这个群体中，既有内部教练（全职受雇于组织），也有外部教练（与该组织签约的独立专业人士）。我认为，在组织环境中，这个群体的人掌握教练方式是至关重要的，组织是他们施展才华的舞台，而这正是"高绩效教练"的目的所在。这是将教练的魔力与业务的具体实践结合起来，为组织和教练对象创造一个完整的强有力的体验。

在本书中，我使用术语"教练"来描述领导者和教练，因为与我们合作的组织和领导者倾向于使用"教练型领导"这个术语，以表明他们正在实践一种完全不同类型的领导或管理方式，帮助他们达到一个全新的能力水平。我已经专门为内部和外部教练撰写了第15章，解释如何将所有的教练技能结合在一起进行正式的教练辅导。此外，我会在文中特别注明那些只专门针对领导者或教练的特定技能。

为了简化方便，我用"教练对象"（coachee）一词表示接受教练辅导的人，不管他是同事、团队成员、领导者还是一个正式教练辅导过程中的被教练者。

自始至终，本书尝试教授高质量标准的教练方式——标准和质量是关键。书中呈现的职场对话的水平希望体现出ICF的助理认证教练（ACC）的专业水平。对于习惯了不同风格的领导者，经常会闪现诸如"我什么时候给予对方指导／答案"这样的问题，因为他们习惯了告诉他人如何行事。我邀请你使用本书中的工具，希望培养和建立起你的新能力。一旦你掌握了这些工具，你会找到适合自己的领导方式。与我们合作的领导者发现告诉同事们自己正在尝试新事物和发展新的领导技能会对自己的改变历程有所帮助，这样通常能够使自己得到更好的理解和支持。

无论你是一位领导者还是希望在组织中运用教练方式的教练，本书都是为你准备的！

教练不仅仅是一门技术

COACHING For
PERFORMANCE

什么是教练

教练关注未来的可能性，而不是过去的错误。

尽管国际教练联合会（ICF）有138个国家的成员，但如果你在《牛津简明字典》网站上查找"教练"（coach）或"教练方式"（coaching），你也还是不知道他们在做什么。字典提供了两个"教练"的定义，第1个是指一辆长途旅行的巴士、一节火车车厢或者旅行。第2个定义是指体育指导或体育培训、私人补习以及额外的教学。你可能会惊讶地发现第1个似乎更相关。教练是一段旅程，而不是指导或者教授。做事的方式和做的事情一样重要。教练创造的成果在很大程度上依赖于彼此之间建立的密切的工作关系，以及沟通中运用的有效的沟通方式和风格。通过由内而外的激发而不是通过被告知或教导，教练对象在教练过程中澄清了事实，培养了新的技能和行为，这和体育教练非常类似。当然，提升绩效目标是非常重要的，如何通过最佳方式和可持续地达成目标却更加重要，这是本书的目的。

内心博弈

让我们来看看现代教练方式的诞生。40 多年前，蒂莫西·高威（Timothy Gallwey）或许是第一个展示简单而全面的教练方式的人。他是哈佛大学的一位教育学家和网球专家，1974 年，他出版了一本名为《网球的内心博弈》（*The Inner Game of Tennis*）的书，这本书很快就得到了人们的关注。

"内心"（inner）这个词过去被用来指选手的内心状态，或者用高威的话说"真正的对手不是比赛中的对手，而是自己头脑中的对手"。任何一个曾经在球场上经历过那种不知所措状态的人都会知道他说的是什么。高威宣称，如果一名教练可以帮助一位选手摆脱或是减少影响他的内心障碍，那么，不需要太多技术上的训练，强大而自然的学习能力和表现能力将给我们带来意想不到的成绩。

内心博弈方程式

为了说明这一点，高威创造了一个简单的内心博弈方程式，在事后的成效来看，它非常有效地总结了现代教练的目的：

$$绩效 ＝ 潜能 － 干扰$$

$$P = p - i$$

内心博弈和教练都聚焦于通过开发潜能（p）和减少干扰（i）来提升绩效（P）。

内心的障碍通常比外部的障碍更加令人生畏。

当高威的书刚刚出版的时候，尽管选手们热切地读着这本畅销书，但很少有教练、指导者或是职业选手相信他的观点，更不用说赞成他了。体育专业人士的权威受到了挑战，于是，他们认为高威是在试图颠覆体育教学、在伤害他们的尊严、权威和他们所秉持的金科玉律——教学原则。从某种程度上说，情况似乎如此，但更多的是他们让过度的恐惧曲解了高威的真正用意。高威仅仅是建议如果他们改变方法，将会更加高效。

教练的本质

高威准确地指出了教练的本质。**教练将人们的潜能释放出来，帮助他们达到最佳状态。**重点是帮助人们学习而不是给他们授课。毕竟，你是如何学会走路的，你的妈妈教过你吗？我们都有内在的、自然的学习能力，实际上它会被后天的指导所破坏。

这并不是最新的观点：早在 2000 年前，苏格拉底就提出过相同的概念，但是他的这一理念光芒却在过去两个世纪的物质还原论中被湮没。时光流转，苏格拉底曾经提到关于教练的理念今天又应用到了现实中，也许会沿用一个世纪，甚至三个世纪。传统的行为主义者的观点认为，一个人好比一个可以被灌注任何东西的空容器，而高威的书恰恰支持一个更加乐观的人类心理模型。这个新的模型认为人类更像是橡树的种子，每一颗都蕴藏着可以成长为参天橡树的潜质。我们需要汲取营养、鼓励和阳光，而那棵橡树的本质特征已然在我们体内。

或许这个模型还在被一些守旧的人所质疑，如果我们接受它，那么我们的学习方式，特别是我们教学和指导的方式也有必要被重新审视。不幸的是，尽管我们大多数人都知道旧做法的局限性，但积习难改。

让我们进一步探索关于橡树种子的比喻。你也许没有意识到，在野外，橡树种子成长为橡木树苗时，主要是通过其发丝般纤细的主根来吸收水分。当树苗只有 30 厘米高的时候，根系可能已经深入地下约 1 米了。当在花圃中进行商业种植的时候，主根会在花盆的底部盘绕，当幼树被移植的时候，这些根系就会被破坏甚至截断，从而严重地影响了幼树的生长。由于大多数种植者对此缺乏足够的认识，也就无从谈起对主根的保护。

聪明的园丁在移栽树苗时，会展开稚嫩的主根，将尖端朝下，通过一个垂直的洞口小心放入，并在根茎的末梢系上一小块金属棒。而在树的生命早期花一点时间完成这个过程就可以帮助小树更好的成活，它也因此能够比其他商业化种植的树苗长得更快更苗壮。聪明的企业领导者以教练的方式来效仿好的园丁。

过去，一种新的教练方法是否成功很难被广泛验证，因为很少有人能充分了解并应用它，现在这种情况正在改变，我希望我在这本书中介绍的模型和应用将进一步支持这一点。很多人一直不愿意放弃旧的、行之有效的方法来获得新方法的回报。然而，近些年来随着组织发展的需要，员工敬业度被证明和组织绩效密切相关，影响员工绩效的行为，都和教练有关（例如，促进合作、设定有意义的目标、授权、责任担当），教练已经找到了与商业对接的语言，尤其是对员工行为的影响。

导师辅导

既然定义了教练，也应该提到导师辅导（mentoring），这是另一个现在在商业领域被广泛使用的词。这个词源于希腊神话，据说当奥德修斯被派到特洛伊的时候，他将家和儿子特勒马库斯的教育委托给自己的朋友门特（Mentor）。"告诉他所有你知道的。"奥德赛说，他在无意间为导师关系设定了定义。

在实践中，有些人把"导师辅导"与"教练"两个词互换使用。然而，导师辅导与教练很不相同，因为教练的作用不是要依赖于"一个年长的、经验更丰富的人传授他的知识"，事实上，这将破坏一个人建立自身的可持续的绩效表现的信念。相反的是，一位优秀的教练要精通教练方式，而不是某一个专业学科，这是一个很大的优势。教练型领导者最需要注意也是最关键的是学会在什么时候分享他们的知识和经验，在什么时候不需要分享。

迈克·斯皮克兰（Mike Sprecklen）是著名的所向无敌的赛艇双人选手安迪·霍姆斯和史蒂夫·雷德格雷夫的教练和导师。"我遇到了瓶颈，在技术方面我已经倾囊相授。"斯皮克兰多年前在他参加的绩效教练课程上说，"然而这次教练课程帮我打开了进一步提升的可能性，因为我发现他们可能感受到一些我所感受不到的东西。"斯皮克兰找到了一种新的改进方式，从受训者的经验和感知出发，而不是从他自己的角度出发。良好的教练和领导，以及良好的导师辅导，可以而且应该让受训者超越教练、领导者或导师自己的知识局限。

内心博弈在商业领域的应用

多年前，我找到高威，接受了他的培训，并在英国建立了内心博弈公司。我们很快形成了一个内心博弈教练的小团队。开始，所有人都由高威培训，后来我们培养了自己的教练。我们提供了内心博弈网球课程（Inner Tennis）和内心博弈滑雪课程（Inner Skiing），许多高尔夫球手通过内心博弈高尔夫课程（Inner Golf）解放了他们挥杆动作。不久以后，我们运动方面的客户开始询问我们是否可以将同样的方法应用于解决他们公司的普遍问题。我们这样做了，今天所有领先的商业教练都曾经毕业于高威的教练学校或者曾受其深刻的影响。IBM 公司是第一个。在阿尔卑斯山脉的滑雪道斜坡上，领导者们发现了一种革命性的方法，通过内心博弈学习滑雪，并希望我们帮助他们将这种方法带到他们的工作中。需要注意的是，简单的方法可以很容易地应用到几乎任何情况下。当然，后来发生的已成为历史了——我们在商业领域开创了这种新方法，我们称之为"高绩效教练"。"今天，所有领先的商业教练都是从这里毕业的，并且受到了高威教练学院的深刻影响。"

自 1982 年以来，通过在商业领域积累多年的经验，绩效咨询（国际）有限公司持续在我们创造的第一代教练方式的基础上进行了创新和拓展，并将它们应用于当今的商业世界领域。事实上，我们的团队已经与客户合作，把教练应用到员工敬业度、精益方法论和生产安全等各种各样的领域。我们擅长教授领导者教练的方法，帮助企业变革，并且为高管及商业团队提供专家教练辅导。尽管教练们在市场上会彼此竞争，但在私底下他们往往是朋友，而且经常在一起协同工作。这种现象本身就是对教练方法的高度肯定，因为高威认为，如同你在网球比赛中的对手令你全力以赴和不停地跑动，其实他就是你朋友；如果他仅仅把球回给你，他就不是你的朋友，因为那不能帮助你提升自己的球艺。这难道不是我们在各自领域努力去做的事吗？

对于不论是高威，还是我在绩效咨询（国际）有限公司的资深同事们，以及对许多其他在业务领域开展教练工作的人来说，我们都是从对体育运动辅导中获得的经验，但总的来说，运动领域本身的教练方式却改变的很少。与在当今商业领域已经很普及的教练方法相比，它仍然保持着明显落后的状态。这是因为当我们在 40 年前将教练方式导入企业时，这还是个新词汇，它并没有带着对过去长期以来做法的负担。所以，我们能够在不必打击旧的偏见、旧的执业者和旧的教练方法的情况下进行传播。

这并不是说我们在商业领域应用教练方式的过程中没有遇到任何阻力，我们有时仍然会遇到那些对改变保持着奇怪的绝缘能力或者拒绝态度的人。教练作为一种经营实践将会延续下去，虽然这个词本身可能会消失，但我在本书中所探讨的，它所代表的价值观、信念、态度和行为对所有人而言将会成为常态。我的期望是第 5 版将为这种转变奠定基础。

思维模式与马斯洛的需求层次

高威的工作建立在他人的研究基础之上。亚伯拉罕·马斯洛是 20 世纪 50 年代的一位美国心理学家，他打破了通过钻研病理学了解人性的模式。相反，他的研究对象是成熟的、完整的、成功的、自我实现的人，他推断我们每个人都可以成为这样的人。事实上，他断言这是人类的自然状态。在他看来，我们需要做的是超越自己内心的藩篱，走向进步与成熟。马斯洛与卡尔·罗杰斯等人掀起了更乐观的心理学思潮，这些思想直到现在还在取代"胡萝卜加大棒"的行为主义方式，成为管理与激励员工的最佳方式。如果我们真的把教练当作未来的领导方式，心理学的乐观主义是必不可少的。

马斯洛因其"人类需求的金字塔模型"（见图1）而在企业界赫赫有名。在这个金字塔中，我们最基本的需求是食物和水，除非这个需求被满足，否则我们不会在意其他事情（可能手机除外！）。一旦我们对食物和水的需求得到满足，我们就开始在乎诸如住房、穿着和安全。同样，当这些实际需求完全或至少部分得到满足后，我们开始关注社会需求——归属于一个群体的需求。这一需求可以在家庭，也可以在酒吧、俱乐部和团队中获得满足。

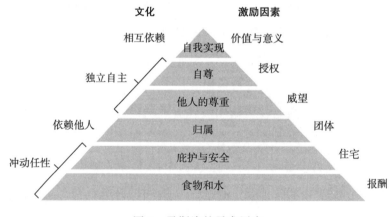

图 1　马斯洛的需求层次

接下来，我们希望通过展示自己和与他人争夺权力、胜利或认可，获得他人的尊重。这些是情感需求，但有赖于他人的存在，而且最终会被一种更微妙的尊重需求所取代——自尊需求，我喜欢称其为"自信需求"（教练的基石以及实现高绩效的前提条件）。这时我们对自我提出了更高的要求，有了衡量自我的标准而不是只看他人怎么看我们。从思维模式的角度而言，我们进入了**独立自主**层次。

马斯洛需求金字塔的塔尖是自我实现。当尊重和自尊的需求都得到满足，个人不再需要向自己或他人证明自己时，这种需求就出现了。自尊和自我实现的需求都是个人化的，不需要任何外在依赖。马斯洛采用进行时而不是完成时来描述"自我实现"，因为在他看来，自我实现是一个永无止境的旅程。自我实现者的基本需求是对生活意义和目的的需求。他们希望自己的工作、活动和存在有一些价值，对他人产生贡献。这些人进入了**相互依赖**的层次。在下章里我会探讨从"独立自主"到"相互依赖"层次之间的至关重要的绩效提振。

工作中的激励

人们会寻求参与那些有助于满足他们需求的活动。他们很可能没有完全意识到这一过程倾向。工作会自然而然地找到方法去满足这些需求，然后就必须发展到下一需求层次。工作确实能满足人的基本需求，给了他们一笔收入，能够解决他们一家人吃穿住的问题。而且，在工作中可以获得晋升、名誉、加薪，甚至一辆公司配车，他们可以以此赢得他人的尊重。工作中常规的激励因素以及各种货币上的奖励，在一定程度上满足了人们的生存需求、归属需求，甚至是两种尊重需求中较低层次的部分。这到目前为止还算成功。

但是，当今整个社会都集体在寻求金字塔中更高层级需求的满足，如存在的意义和目的。企业也开始在这些高层次需求方面反思改变。

自信

马斯洛所称的"尊重需求"一词主要区分为从他人处获得的尊重与自尊，我倾向于使用更具体的词汇，前者表示地位和认可，后者表示自信。

自信的建立不是来自威望与特权，威望与特权更多是具备象征意义而缺乏实质。当某人真正拥有选择权时，自信才会随之建立。给予升迁却不给予真正的权力，也不给发挥潜能的机会，反而会适得其反。下达命令的方式会剥夺选择权，赋予负能量，使人潜能受限、失去动力，而教练正是反其道而行。

千禧一代追求工作的意义和目的

一些员工，尤其是年轻一代更加追求自我实现。他们希望他们的工作有价值，有意义，有目的。因此传统的组织正在失去机会，这些公司必须意识到仅仅为股东挣钱这一绩效衡量标准对新一代员工而言已没什么意义。公司不得不更认真地考虑新一代员工的道德观和价值观，以及所有利益相关者（包括员工、客户、社会和环境）的需要。

越来越多参加我们工作坊的领导和员工频繁地提出了这些问题。公司正在寻求改变领导风格，而员工也对其提出了要求。要想让这些年轻且更加成熟的员工（按马斯洛的话来说）感到满意，就需要立刻做出改变。这个问题的解决极其重要，随之而来的企业绩效的提升十分巨大，并且最终会对人、企业和地球（我们 PCI 所说的三重绩效底线）都产生实质性的影响。因此，我将本书进行重新编排来更充分地对其进行探究。

领导行为模式的选择

虽然千禧一代要求领导风格做出变化，但很多领导者不知如何改变。我们的经验表明，在目前需要改变的 4 个领导行为模式中，员工发展的优先级排序是最低的。排在第一位的是时间压力，其次是恐惧，接着是工作或产品的质量，员工发展排在可怜的第四位。时间紧张和过度恐惧让我们身陷命令与控制，而工作质量与员工发展需求则需要教练。

教练有时会沦为短期行为和股东急功近利的副产品并不为奇，但年轻员工不断改变的期望已敲响了警钟。面试时，他们想知道公司有什么培训和发展机会，公司的领导风格是什么样的。他们不是在寻求，也不想要找一个终身的工作。如果他们的需求得不到满足，他们就会离你而去。他们所需求的是能帮助他们树立自信的东西，比如教练型领导风格。

领导风格需要逐步改变

今天，大多数企业领导者已经达到了马斯洛所说的追求地位和认可的层次，这也是他们有能力带来最大伤害的层次。他们往往傲慢、武断、霸气，以自我为中心。他们会不惜一切手段获得更多的报酬，虽然，他们既不需要也不应得，但这是衡量和宣扬他们地位的一种方式。

然而，如果一个企业领导者跳过这一陷阱，进入自信、自尊的需求层次，领导者就会做得更好。渴望达到这一层次，或者已经进入到这一层次的领导者，会随时做"对"的事，而不是做表面文章，或是把事情做对。只有真实才会带来良好的自信。这当然是更宽广的利他主义价值观的出现——领导服务他人，而非自己。

低于这一需求层次的领导者都有自私的心理，无论他拥有什么别的技能。这种领导力只能对下属中有相同抱负的人有效。处于自信层次的领导者虽然已经有充分的激励，但和处于自我实现层次的领导者相比，他可能会寻求更多的表现机会。这有时被称为"服务"层级。为他人服务往往是意义和目的的归宿，过去人们从信仰中寻求服务的机会，现在从别处，包括工作中寻求服务他人的机会。服务可以有多种形式，是令人愉悦的，也是满足这一需求的通行办法。一家跨国制造企业的领导人参加了我们为全球领导人举办的一个内训项目，他说："我认识到我的工作是每天培养人，我喜欢这项工作！""学习教练方式使得他能够挖掘出他的团队成员的潜能。"

马斯洛在他的晚年又增加了一个层级，他称之为"自我实现"。但正如我所言，人的发展是一段旅程，而不是一个目标。最近一些评论家奉承地表示很多企业领导者处于这一层次。我不认同这一观点，就我个人而言，要想成为名副其实的领导者，一个人必须超越对地位和认可的需求以及对自我利益的需求。有领导抱负的人在适应领导岗位的过程中会在较低层次磨炼领导力技能，但是在他们成熟之前应该对他们控制他人的权力加以限制。

好消息是，尽管有可以预见的阻力，但变革正在发生，外部环境的关注影响了企业的战略，消费者和公众对透明度的要求也促使企业通过互联网进行更有效的改变。如果我们要迎接 21 世纪的挑战，进化就是关键，而教练方式则是组织转型的有效机制。

现代社会的主流需求是自信和独立，少数人渴望自我实现和相互依赖。传统的企业和管理方法主要是采用命令和控制，从而不断催生依赖的文化，在满足社会变革所带来的需求方面做得很差，而这正是必须改变的。事实上，我认为领导者之所以做得不好，主要是因为他们从来没有被教授过如何做。他们学到的唯一方法就是被告知。成人学习理论告诉我们，成人与儿童的学习方式完全不同。在这个过程中，自信是关键。教练是成人在实践中的有效学习方式，它既是领导者的需要，也是领导风格改变的方向。

从本质上来看，教练是关于伙伴关系、相互合作和相信潜能。我将在第二部分中详细阐述教练的原则，并解释我的核心论点——教练和高绩效的前提是**自我觉察**和**责任担当**。要实现这个前提目标，需要基础教练技能如**强有力的问题**和**积极倾听**，以及我们的指南框架：GROW 模型——我将在第三部分对这些基础技能进行详细解释。但首先让我们把注意力转向高绩效文化的特点。

创造高绩效的文化

创造教练文化将会产生高绩效。

对于组织来说，如果领导者都采用教练型领导，或者一对一地与专业教练进行合作，这意味着什么呢？这首先意味着，这些领导将为高绩效文化创造条件。我们人类的进化历程已经到了旧有的等级制度正逐渐被一种新型的权力分散的领导方式和集体责任担当所替代的阶段。教练职业的发展速度如此之快，是因为它满足了更广泛的对自我担责的需求，这是教练的主要贡献。教练职业能否能够成为新时代的助产士，还是这个概念太过宏大？也许，唯一能够限制我们的是愿景的大小，以及自我设限的信念！

教练比教练技术更重要（教练不仅仅是一门技术）

The Conference Board CEO Challenge® 2016 调查显示，吸引和留住优秀人才，以及培养下一代领导者是全球范围内的 CEO 最关注的问题，这预示着变革即至，现在，人力资本被广泛认为是公司实现可持续发展和业绩增长的最重要贡献要素之一。在更广泛的背景下，企业的财富和影响力使得在参与我们这个时代的重大社会和环境问题时，比政府更有力量。C&E咨询公司首席执行官曼尼·阿马迪（Manny Amadi）在谈到这个问题时强调："政府面临的经济基础的负担已经让它无法独立履行其社会义务，另一方面，现代企业在经济中的绝对能量和影响力是巨大的。"从逻辑上来看，商界领袖在这个地球上扮演着非凡的角色——在我看来，这是一个邀请他们从自私的青少年向受人尊敬的成人阶段转变的请柬。邀请他们在生活中，以及他们与地球本身的关系中发挥积极的、至关重要的作用，邀请企业领导者对社会的变革和转型负起责任来。

转型，起点和终点是哪里

我们需要一种运用全面系统的方法的能力，它是个人发展的产物，是从旧的恐惧模式转变为信任模式，并认识到人类在社会和精神上都在不断发展。教练方式是推动者，教练文化为企业的高绩效创造了条件，我将在本章后面介绍"绩效曲线"时对此进行解释。**企业文化必须转型。但转型的起点和终点在哪里呢？**

任何新的文化都必须促使人们产生更高水平的表现，但也要比以往承担更多的社会责任。没有一家公司会为了改变而改变，或者仅仅是为了对员工友善一些，而贸然承担重大变革所带来的风险和动荡。虽然文化变革将会并且需要以绩效为导向，但今天的绩效的定义已经更加广义。竞争和增长带来的驱动力正在减弱；稳定性、可持续发展和协作正在成为新的牵引力。那些不能从旧有的模式转变为未来可以接受的新模式的公司和个人，在我们这个供过于求、碎片化和不稳定的市场中将无法生存下去。随着晋升和加薪的机会日益减少，企业如何留住、管理和激励员工呢？

"员工是我们最重要的资源""我们必须为所有员工赋能""释放潜能""精简规模和分担责任"，还有"激活员工最佳状态"近年来已成为陈词滥调。它们真正的含义到今天仍然有效，但它们往往是空话。这样的谈论远远超过实际的行动。"高绩效教练"的方法正如字面上所说的，是一种获得最佳绩效的方法，但这需要在态度、领导行为和组织结构上发生根本的改变。

当然，变革还有一些现实的原因，比如，全球竞争日趋激烈，迫使企业需要转向更精简、更高效、敏捷和反应迅速的组织和团队。技术创新的速度导致领导者经常发现他们没有时间去学习他们的团队的技能。全球化、人口变化、欧洲的进一步融合或瓦解、移民以及互联网和即时通信的多重效应迫使企业不得不改变其运作方式。

然而，我认为，企业今天面临的最大挑战来自于全球气候变化所带来的法律和社会责任，专家们一致认为气候变化是现实的和人为的。我们必须找到企业能够与地球和谐相处的新的成功途径。组织的行为和成功与全球、社会和心理、环境和经济因素的密切相关程度远远超过以往任何时候。此外，企业的商业和金融需求及其势力，也深刻地影响着周围的文化，这些文化正在越来越多地激发消费者的力量，并带来反作用力。

新的风格

和 PCI 一起合作的绝大多数公司最初接触我们的原因是它们正在寻求绩效改进，并开始了一场（或者起码希望进行）根本性的改变，或者至少他们愿意这样做。它们已经认识到，如果它们希望实现真正的绩效改进，它们的领导者必须采取教练式的领导风格。这些公司已经明白，教练式领导是转型文化的主导领导风格，并且在从命令型风格到教练型风格的转变中，组织的文化将会改变。层级管理让位于伙伴与支持，抱怨让位于诚实的评价和学习，外部激励让位于自我激励，自我保护让位于团队合作，拥抱变革而不是害怕变革，让上司满意转变为让客户满意，讳莫如深与审查制度被开放和诚实所取代，工作的压力变成了挑战，短期的救火反应让位于长期的战略性思考。表 1 是新兴企业的文化特点，但每个企业都会有它独特的文化组合和优先排序。

表 1　高绩效文化的特点

旧有的文化	新兴的文化
业绩增长	可持续发展
强加的规则	内在的价值
恐惧	信任
数量	质量
过量	充足
教授	学习
独立 / 依赖	相互依赖 / 共生共创
成功	服务
控制自然	自然的系统
退化	重生

参与

　　然而，还有一个也许更加微妙、普遍、但又很难明确指出的因素。这就是人们日益强烈的意识在引导他们更多地参与到影响他们的利益决策中去，无论是工作、娱乐、区域、国家甚至全球的决策。由传统的权威人士、政府和其他机构做出的决策，以往是不会受到挑战的，现在遭遇了挑战，甚至有时被媒体、压力团体或是相关人士所诘问。今天的社会比以往任何时候都更容易听到意见，那些固若金汤的堡垒所形成的、令人质疑的权威出现了裂痕。那些想要隐瞒事实真相的人也许会顽固坚持并且发出咆哮，但大多数理性的人欢迎这些变化，即使这些变化的确带来一些不安全感。当然，这些新的要求可能会导致一些意想不到的后果，例如 2016 年，大西洋彼岸的一部分人群投票决定英国退出欧盟（即所谓的英国脱欧），以及另外一些人投票选举唐纳德·特朗普担任美国总统。

终结指责文化

　　公司经常谈论要摆脱"指责文化"，却没有采取任何行动。指责在企业和命令文化中很普遍，它确实也是一种人类的自然倾向。指责与历史、恐惧和过去相关，我们需要重新聚焦于理想、希望和未来。害怕指责不仅抑制了精心计算的风险承担，还阻止了对系统中低效的诚实认知、识别和承认。指责激发自我防卫，自我防卫降低自我觉察！没有准确的信息反馈，就不会有恰当的自我调整。如果让指责成为习惯，根本性的文化变革也就无从谈起。但大多数的企业和大多数人很难放弃这一陋习。

减轻压力

这是另外一个在工作上提升责任感的原因。据说工作压力已经成为严重的流行病。这表明对改变工作习惯以鼓励个人承担责任的迫切需求。

但压力与缺乏个人自主的关联是因为什么呢？自尊是人格的生命力量，如果它被压抑或是削弱，那么个人就会受到伤害。压力源于长期的压抑。在工作中尽可能给他人提供选择和支配的权力，认可和尊重他人的能力和自尊，压力将随之减少。领导如果做不到这点将给员工增加压力。加拿大公共雇员联盟调查显示，"缺乏教练辅导"和"低自尊"是工作压力的主要成因。

个人责任是生存的根本

然而，很多人害怕改变。任何改变都会使其心头背负沉重的负担。这并不奇怪，想想看，我们能为我们的孩子准备什么以帮助他们将来在世界上生活得更好？我们能做的太少了。因为那时的社会已经不是我们已经知道的样子。当我们所知道的和所热爱的东西不断变幻，全心全意地接受个人责任变成了为适应生存而在生理和心理上必须具备的要素。

绩效曲线简介

在过去，我认为研究一个人的心理发展过程可以告诉我们公司、社区和文化发展的方向，以及需要经历的阶段。我在 PCI 的同事创造了一个"绩效曲线"模型来简单明了地展示这些阶段。我很乐意在第 5 版的《高绩效教练》一书中将其介绍给大家。

已故的管理学大师彼得·德鲁克曾说过："文化（强大到）拿战略当早餐吃。"我对此完全同意：文化是关键，但很少有组织采取积极的方法来创建和衡量他们的文化。The Conference Board CEO Challenge 也证实，"总体来说，组织的文化基因对于组织的成功至关重要，其所涉面甚广，包括整体经营效率、更好的客户服务、更强的人才吸引力和保留率、更高的业务绩效和创新突破。"

"绩效曲线"关注于文化的集体主导思维模式，以及如何创造绩效环境（见图 2）。组织文化的最大影响因素是它的领导者群体，所以，Hay Group 和其他一些研究表明领导者的行为对企业业绩的影响程度高达 30%，这并不奇怪。领导者是高绩效的守门人，我们将在本书中关注领导行为的杠杆效应。

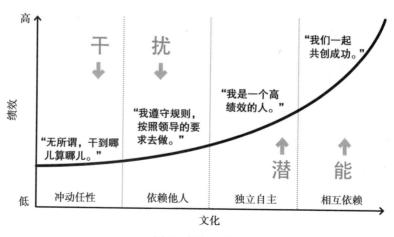

图 2　绩效曲线

在"绩效曲线"中，四个阶段中的每一个都以整体文化思维模式表示（以黑体显示）。当你看到这种绩效的发展模型时，你也许会想起第 1 章中提到马斯洛的五个需求层次，还有，高威的内心博弈方程式；曲线的上部描述干扰的逐步减少，曲线的下部代表潜力随着绩效提高而增加。每种思维模式都会创造出不同的组织特征，并与某种程度的业绩表现相关。当你看到这个模型时，反思一下你每天的思维运行模式。

当然，"绩效曲线"关注的是组织行为的成熟度，而不是组织管理体系的成熟度。但是，我们如果对管理体系的特征进行推断，就可能发现表 2 中的内容。

表 2 绩效曲线：组织发展的 4 个阶段

	冲动性	依赖他人	独立自主	相互依赖
快速浏览	• "无所谓，干到哪儿算哪儿" • 缺乏系统性和结构化 • 随意和不一致的领导	• "我遵守规则，按照领导的要求去做" • 等级分明 • 领导者施加命令和控制	• "我是一个高效的人" • 系统支持个人的目标 • 领导者授权	• "我们一起共创成功" • 意义和目的结合起来 • 团队自治
绩效	低	低－中	中－高	高
马斯洛的需求动机	生存	归属感	尊重	自我实现
内心博弈	高干扰 低潜能	"高－中"干扰 "低－中"潜能	"低－中"干扰 "中－高"潜能	低干扰 高潜能

组织文化是什么样的？

	冲动性	依赖他人	独立自主	相互依赖
流行的文化心态	"无所谓，干到哪儿算哪儿"	"我遵守规则，按照领导的要求去做"	"我是一个高绩效的人"	"我们一起共创成功"
文化特征	最低程度的自我觉察和责任担当 组织对出现的情况做出反应。感觉难以预测 沟通少，敬业度低，发展慢 维持生存的心态	"低－中"等自我觉察和责任担当 组织的重点是维持稳定和遵守规则。个人专注于过程和任务完成，很少有自主权。强烈的群体认同感；人们希望融入组织，敬业度向沟通和信任度低 认可。人们的单向沟通和信任度低 规避风险的心态	"中－高"自我觉察，对自己的业绩表现高度负责 组织支持创新和个人发展。人们相信他们可以创造卓越成就。个人可能会把组织自己的目标置于团队或组织目标之上。工作与生活的平衡可能难以实现 双向沟通和参与 追求成就的心态	高度的自我觉察和责任担当——对自我和他人。强大的教练文化。团队对高绩效目标达成有强烈的主人翁责任感。人们与他人互动，相信只有团队才能实现目标。人们以理解不同的观点，并表现出高度的信任，关心和协作 持续的坦诚沟通和反馈 发挥集体潜能的心态

（续）

	冲动任性	依赖他人	独立自主	相互依赖
组织系统	基本系统不到位；角色和责任不能被定义 没同团队协作	系统和流程注重效率，但责任是僵化的；严格执行规则 通过规则和目标来协同团队工作	系统支持持续的改进和学习，以及个人目标 通过价值观和标准来协同团队工作	原则导向的适应性系统支持敏捷的、持续的、集体的学习以及支持每个层级的绩效表现 通过共同的愿景、意义、目的和方向来协同团队工作
与组织的愿景和目的连接	没有连接 没有一致的愿景	低连接 愿景与追求利润相连接；愿景与包括人才等要素连接来协同，例如，"我们的目标是成为全球最大的电信公司"	中–高连接 愿景中包括人类和利润 通过与地球愿景等要素连接来强化愿景，例如"我们致力于通过联系来提高我们客户的生活"	高连接 愿景包含人、企业和地球，例如："以极大的勇气，正直和热情，我们每个人，每个创造一个能够蓬勃发展的世界，同时我们的地球能够蓬勃发展和美食来的爱和美食来的喜悦"
领导者在做什么？				
领导者风格	随意的和不一致的领导 领导者可能会很热情，但总会不顾一切来追求短期成功，并且总是什么事情都插手。很少关注长期愿景和方向	命令和控制–交易型的 领导者可能会把重点放在通过清晰的层级组织来完成任务。保持稳定性和一致性 领导们可能会显示出争夺地盘的行为，依此竞争倾向于指责他人	授权–赋能个人实现 转型 领导者正在学习和应用教练思维，授权他人自由表现，专注于创造高绩效，适应能力和持续学习	伙伴和支持–协作，集体实现转型 领导者扮演一个支持/公仆的角色，创造一个教练文化，并激发高绩效的共同利益 团队，聚焦于教练团队的共同利益

	短期行为	评判和缺乏信任	控制	自尊
对领导者的影响	领导者（尽管不知情）限制了人们的潜能 对失败的恐惧会压抑主动性和创造力，从而降低大家的敬业度	领导者的行为引发混乱、失望和压力	领导者促使个人实现项目标并负起责任。鼓励团队合作	领导者激励并促使出色的团队合作和高度承诺 在服务更高目的的背景下，命运共同体精神渗透到组织中
对领导者的干预和改进措施	短期行为 这种领导对每一种情况的反应都是出于恐惧，这就产生了一种短期思维体验 要相信领导需要专注于自我觉察，并提升策略思维、管理能力和领导力	评判和缺乏信任 这种领导者把自己看成专家，总是评判其他人是对或成错，这就产生了一种"思维定式一思维效应" 要相信人们的意图是好的，用好奇心取代评判 将把组织文化从恐惧转变为信任，从而促使组织发展到下一个阶段	控制 这种领导者保持了一定程度的参与，可能过于干于平他们的个人议程 要重视程放弃控制，把个人议程放在组织议程的后面，为共同利益而工作，这种领导者支持组织在依赖阶段过渡，并向相互依赖阶段过渡 关注集体	自尊 这种领导者可能会在他们精通的工作中，在高意识层次上出现"大师状态"，不听反馈，或在道德标准上出现后不一致的情况 这种领导人必须努力保持平衡，避免回到前以往的某个实地，接受反馈，脚踏实地 阶段
一对一教练或教练型领导将如何提高绩效	教练帮助对方要对个人的影响力有觉察和责任担当，发展关键的管理技能	教练帮助对方进一步授权和增进主人翁责任感 从而提高组织的敏捷性和适应性	教练帮助对方拓宽视野和激发合作	教练帮助对方提升集体表现，团结合作和社会责任——花的同时自觉地开创前进的方向，在保持平衡的同时不断的发展和改进

21

当然，需要询问的问题是：你的团队或组织的文化是什么？在考虑这一点时，务必牢记，你正在寻找组织或团队中主导的思维模式。你的组织的不同部分可能在绩效曲线的不同部分运行。绩效曲线是一种有用的工具，可以帮助教练们和他们的教练对象探索组织的主导文化特质和思维模式，以及帮助领导者探索他们的组织文化。一旦人们意识到他们目前的思维模式，以及思维和绩效之间的直接联系，他们就会选择改变。自我觉察真的非常有效，我们将在第二部分中进行探讨。

教练心态创造高绩效

那么，教练方式如何创造高绩效呢？我们如何知道高绩效与**相互依赖**的一体化文化相关？这一切如何证明？

这些问题的答案来自我们与跨国企业客户的合作，我想在这里与大家分享最近的案例。世界领先的天然气和工程公司——林德股份有限公司（Linde AG）向我们寻求在其所有工厂中引入安全绩效文化。当我们的项目团队研究林德公司正在做的工作时，对于林德公司的如何衡量其企业的文化印象深刻。这是我们 PCI 长期以来一直相信需要完成的事情，但正如我已经说过的，很少有公司这样做。当项目团队研究了林德公司为什么在衡量其文化方面做的如此精细时，他们找到了答案：人的生命安全至关重要。

像林德这样的公司被称为"高可靠性组织"（HRO），这些组织试图保持绝对无差错的表现，因为在复杂和危险的条件下作业，错误的后果可能是灾难性的。还有一些组织也会被视为 HRO，包括石油公司、航空公司、空中管制部门、核能发电厂和石油化工厂。

我们的团队调查了 HRO 和其他组织在"安全成熟度"方面所做的研究，发现确实已经有了大量的研究成果。安全成熟度模型通过评估其安全文化来考察组织安全行为的成熟度。福斯特和霍尔特报告称，有许多模型将行为成熟度分为 3~8 个阶段。从教练的角度来看，每个阶段都与人的发展以及马斯洛的需求层次（参见第 1 章）和威廉·舒茨（William Schutz）的团队人际行为理论有关（见第 17 章）。这些也与领导者的情商相关。与个人一样，文化被看作分阶段发展的。

安全成熟度模型注重安全性，但 PCI 团队观察到了高威的内心博弈的原则，并认识到可以将安全方面的研究成果扩展到包括组织整体表现。高威的方程式表明，通过减少干扰 – 内部障碍（如恐惧、怀疑、自我批评和自我设限或假设等）可以提高绩效。传统管理的指挥与控制结构会产生干扰，因为根据定义，人们正在做的是遵循所告知的规则。人们几乎没有机会释放自己的巨大潜能，结果是业绩表现和幸福水平都较低。因此，当自上而下的指挥与控制方法被教练型的领导方式所取代时，干扰得到减少，潜力得到释放，绩效表现则得到提升。

这是绩效曲线与安全模型不同的地方。我们将重点从安全绩效转移到一个关键的整体指标，即绩效。通过查看绩效曲线，组织或个人可以从"这是我的组织文化"或"这是我创建的文化"的角度对其运营环境有一个直接的了解。有了这种意识，他们将深入了解需要改变什么以提高绩效。

也许最著名的安全成熟度模型是杜邦的布拉德利曲线。它如何产生的故事将对组织的文化成熟度如何直接影响整体绩效提供一些洞见。在 20 世纪 90 年代，化学巨头杜邦公司开始研究为什么有些地方在安全运行方面的表现比其他地方好。项目团队在公司全球的每一个单位与 500～1 000 名员工交谈。他们的调查显示，集团的文化与安全程度、生产效率以及盈利能力之间存在直接关系。换句话说，他们发现，随着文化的成熟，各方面的业绩表现都会有所提高。受到史蒂芬·柯维的七种习惯的启发，杜邦公司的博蒙特工厂经理布拉德利发现，他可以将在每个现场发现的行为与柯维的依赖、独立和相互依赖框架相关联，并将其与安全绩效联系起来。当然，柯维正在探索的是一种个人发展的模式，他天才般地将这个清晰的、实践性的框架转化为领导者的有效行为。后来，杜邦在 2009 年对 41 个国家 64 个行业过去 10 年收集的数据进行了研究，这些数据证明了该组织的安全文化强度与其伤害频率和可持续安全绩效之间的直接关系，正如布拉德利曲线所预测的那样。2009 年的安全研究进一步认证了早期的调查结果，这表明文化成熟度与组织绩效的高度关联。

林德公司利用杜邦公司的布拉德利曲线完成了对其 65 000 名员工的全公司文化调查，发现公司文化处在该模型的依赖他人的阶段。林德工程团队的成员之一、全球健康安全环境（HSE）经理詹姆斯·提姆（James Thieme）参加了我们的高绩效教练公开课工作坊，并认识到教练型领导方式反映了相互依赖的文化所需的行为。在获得公司内部相关部门的支持之后，提姆找到我们与他的团队合作，并将教练引入公司。通过一个混合式学习项目，公司高管参加面授的工作坊，经理和主管进行在线自学，项目团队向林德的员工传授了安全教练的方法。让我举一个案例，说明这在实践中是如何运作的。

从层级组织到教练文化可以提升人们的学习意识与责任感

在一个**依赖**文化中，比如在林德公司发现的文化中，人们遵循规则。管理人员主导的思维是"他们如果按照我告诉他们做的去做就好"，这会导致责备和评判的泛滥。毕竟，当我们认为某人做错了事情时，我们的第一反应是什么？人的自然倾向是批评或指责。心理学家约翰·戈特曼的研究表明，当批评变得普遍时，就会导致关系紧张。事实上，批评作为一种沟通方式的负面性是如此强大，它被比喻为启示录四首骑士中的第一位，这是来自《圣经》的预言人物，他们的到来预示着世界的终结。戈特曼对婚姻关系的研究揭示了这个原因：如果指责和批评是一种主导的沟通方式，而这种情况并没有改变，那么，婚姻失败的概率就会达到90% 以上。

这在组织中的表现就是，它破坏了关系并阻碍了学习。安德鲁·霍普金斯在他的《无法学习》（*Failure to Learn*）一书中，对 2005 年英国石油公司得克萨斯城炼油厂爆炸事故进行了描述，该事故造成 15 名工人死亡，170 多人受伤。霍普金斯说："人类心理学的一个有趣特征是，一旦我们发现可以指责某人，对解释的追求似乎就会结束。"他补充说这是一个错误的结论，因为没有人发现为什么那些人就是这样做的。学习已被阻止。因此，我们可以清楚地看到，领导者主导的思维如何为低绩效创造了条件。

取而代之的是，领导者可以运用激发好奇心的教练技巧——这是应对指责的解药。当指责行为停止时，恐惧和自我怀疑等干扰就会减少。在教授通用的教练原则和实践时，我们在林德的培训中特地摘选出了诸如评判和责备等干扰学习的行为，并将好奇心和伙伴关系的相互依赖的行为作为替代引入教授，以激发人们的潜力。在这个案例中，我们可以看到高威的内心博弈方程得到应用。这带来了惊人的改变，让事故率令人震惊地减少了 74%，对人类、地球和企业都有显著的好处。在绩效曲线模型中，这意味着绩效的显著改善。组织的思维模式逐渐向相互依赖转变，显著地提高了组织绩效。

米其林轮胎制造公司是另一个有意改变依赖他人的文化的公司。它们在 6 个国家的生产工厂开展了一项成功的举措，以信任取代等级制度。英国《金融时报》的安德鲁·希尔说，法国勒皮昂韦莱的团队成员现在将他们的领导描述为教练。产品线团队负责人奥利弗·迪普兰承认，不发布命令感觉像是失去了权力，"但是我们从团队的自主努力中获得了 10 倍的回报"。毫不奇怪，CEO 让-多米尼克·塞纳德已经宣布了整个团队的计划——在 17 个国家工厂超过 105 000 名员工，在授权和责任的基础上变得更加灵活和更加快速地响应客户需求。

相互依赖的思维等同于高绩效的思维

终于，绩效曲线描绘出了在人力发展领域许多人已经了解了的一个认知：教练型领导风格是高绩效文化的赋能者，因为它将组织思维转变为相互依赖的思维。马斯洛在他的五个需求层次中描述了与相互依赖相关的自我实现的条件。斯蒂芬·柯维在《高效能人士的七个习惯》中说："当我们向前看，看到我们正在进入一个全新的局面。无论你是公司的总裁还是看门人，只要你从独立走向相互依赖，你都将踏上领导岗位。"

这里我们邀请领导者发展自己，才有能力领导相互依赖型的组织，让人们可以发展并释放自己的潜能。通过为相互依赖的文化赋能，组织可以挖掘利用每个员工的潜力，并改变员工与组织之间的关系。这将是教练和组织发展的最前沿阵地。

我仍然还有一个大问题：为什么并非所有组织都在积极衡量它们的文化？像林德公司这样的 HRO 别无选择，只能采取积极主动的方式来对待文化——对它们来说，这实际上是一个生死攸关的问题。我相信，未来所有公司都将衡量并采取积极主动的态度对待它们的文化。毕竟，如果你无法衡量它，你就无法管理它。

现在，你已经明白教练对于绩效表现的重要性，以及教练不仅仅是一门技术，那么，让我们来探讨教练的原则——支撑高绩效的态度和行为。

教练的原则

COACHING For
PERFORMANCE

第 3 章 | COACHING For | PERFORMANCE |

教练是情商的实践

在预测领导者的杰出表现方面，情商的重要性是智商的两倍。

——丹尼尔·戈尔曼（Daniel Den Goleman）

教练是一种存在方式

教练不仅仅是一种在某种既定场合下拿出来僵化运用的技术。它是一种领导和管理的方式，一种对待他人的方式，一种思维的方式，一种存在的方式。伴随着岁月的前行，当"教练"这个词从我们的字典中悄然消失的时候，它就会成为我们在工作和其他场景中的相互连接。你可能会问，我为什么倡导教练方式成为我们运行的根本方式，为什么领导者可以从接受教练辅导中受益良多，也可以通过发展和形成自己的教练型领导来增强自身的影响力？

蜕变式教练是情商在实践中的应用。在研究这意味着什么之前，我邀请你做一个快速的活动，一旦你意识到那些对你的生活产生积极影响的关键人物都具备高情商将帮助你理解情商的威力。以下活动是我们在工作坊中使用的练习，你现在可以尝试体验情商对自己的影响。在进一步阅读之前记下自己的答案。

> **┊活动：体验情商**
>
> 　　请回想一下，在你年轻的时候，除了父母以外，你喜欢和谁在一起，也许是祖父母、老师或者你的榜样。当你和这个人在一起时：
>
> 　　**1. 他们做了什么，让你如此喜欢？**
>
> 　　**2. 你的感受是什么？**
>
> 　　想想这个人的态度和行为。写下你的答案。

在全球范围内进行这项活动练习后，我们发现世界各地的人都有大致相同的反应。无论国家或文化有多大差异，人们回忆的特征和品质都具备很强的共通性。你能在这个清单中找到你的或者相似的答案吗？

这个人……

- 倾听我
- 相信我
- 挑战我
- 信任且尊重我
- 花时间和我相处，全身心关注我
- 平等对待我

我感受到……

- 很特别
- 自己有价值
- 充满信心
- 安全，被呵护
- 被支持
- 开心，充满热情
- 自信

当然也有其他的回应，但以上这些是最常见的。提高情商或选择合适的行为不是要根据学术理想标准在你的能力和行为清单上进行勾对。一种更简单的方式是通过回忆给你留下深刻印象的特殊的老人，并将自己与他们在这种或那种情况下的想法或所做的事情进行比较。他们有大量的情商智慧，所以，把他们当成榜样，并反思以下问题：人们将会怎样谈论你？你会给他人留下什么样的感受？

29

情商是一种与人连接的能力，它基于人与人之间的相互信任，而不是相互恐惧，因此，它牢牢地定位在"绩效曲线"的相互依赖部分，能够促进产生高绩效。直到 1995 年，丹尼尔·戈尔曼的《情商》一书才使得情商不仅为企业所接受，而且成为企业的必需。戈尔曼的研究表明，对于领导者来说，高情商产生显著的绩效优势。在工作中，情商的重要性是理论知识或专业技术的两倍（66% 比 34%）。这个比例适用于所有人（不仅仅是领导者），也同时适用于人际关系以及生产力。对于领导者来说，情商更加重要，对于高管的"最佳表现"的影响超过 85%，每个人都想要提升情商。情商是成为职业教练的先决条件，也是成为伟大领导者的关键。

情商可以被描述为人际智慧，或者更简单地说，是个人技能和社交技能。戈尔曼和其他人已经界定了许多能力，包括：自信、同理心、适应能力和变革催化剂，这些能力可以划分为 4 个领域：自我觉察、自我管理、人际觉察和关系管理。这听起来很简单明了，我们每个人都在一定程度上应用这些技能。情商高的人比其他人能够更充分地运用这些能力。

情商作为一种人生技能

情商是如此重要的人生技能，学校应该为孩子的人生做好准备，但是所有学校的课程都不包括情商课，这看起来是不可原谅的疏忽。这种做法的前提假设当然是，这种社交技能是通过与同龄人和成年人的社交互动来学习的，它们不可以也不需要被教授。这在两方面都是错误的。事实上，学校可以通过游戏、结构化的互动练习和教练辅导为开发年轻人的情商提供一个理想的环境。

觉察

一对一的教练辅导或教导一组领导者采用蜕变式教练是培养情商并随之创建高绩效的最有效的方式（见图 3）。这一切都始于教练方式的关键支柱之一：

觉察。因为觉察是有疗效的：人类是自然的学习系统。一旦我们意识到某些事情，我们可以选择改变它。觉察有多方面。

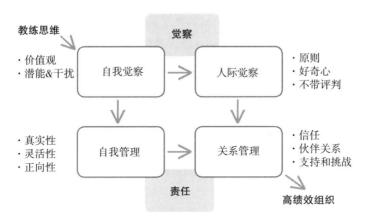

图 3　蜕变式教练是情商在实践中的应用

- **自我觉察——理解你为什么做你在做的事情。**学会认识你自己的人性倾向、内在干扰和偏见，以便有意识地选择回应而不是简单依靠生理反应。这将通过自我管理和超越内在障碍来释放潜能，从而提高你的绩效表现。
- **觉察他人——从一个人行为表现背后认识他。**学会识别他人的优势、内在干扰和动机，以便与个人和团队进行成功的关系管理、激发他人以进行团队协作。通过对他人保持好奇心、倾听和合作来提高社交技能。
- **组织觉察——对组织文化产生积极的影响。**学会协同个人、团队和组织的目标，培育出一种教练型领导方式，促进组织的高绩效、学习和快乐氛围。

灵商

我们刚刚才消化完 EI 或 EQ（情商），宣扬 SQ（spiritual intelligence）或灵商（心灵智商）的新书就出现了。这里的灵性并不是一个宗教概念，而正如作者 Ian Mitroff 和 Elizabeth Denton 所述 "（灵性）是一种寻找生命最终的目的和意义、拥有完美人生的基本愿望"。目的和意义是马斯洛的五个需求层次中自我实现的驱动力，也是相互依赖的思维方式。在 Danah Zohar 和 Ian Marshall 的书中，一位 36 岁的商人这样描绘他在公司中的个人危机。

> 我在瑞典管理着一家规模很大也很成功的公司，公司业务兴旺，我本人身体健康，拥有一个幸福的家庭，还兼任一个社区职务。我认为自己掌握着一定的 "权力"。但是，我仍然对自己的人生感到迷茫，不确定自己的人生道路是否正确。

他解释道，他为世界的状况感到担心，尤其是全球环境问题以及社区的崩溃。他觉得人们在逃避他们所面临问题的真实规模，像他所在的大企业应为这些悬而未决的问题负责。"我想为此做点什么，"他继续说，"我想，如果可以的话，我想投身到服务中去，但又不知道从何处入手。我只是确信自己希望成为解决方案中的一部分，而不是问题的一部分。"

正如约翰·麦克法兰在本书的推荐序中所说："我们作为领导者的责任是为我们的员工创造一个令人兴奋但安全的冒险旅程，值得他们为此奋斗。"人们希望成为解决方案的一部分，并且在人生中过得有意义。组织可以通过帮助领导者开发教练方式来实现这一点。外部教练可以通过 1:1 的辅导来帮助提升领导者的情商。

那么，领导或教练需要什么技能呢？当然，他们需要培养核心技能，诸如通过强有力的提问来**创建觉察**和**增强责任感**，培养良好的倾听能力，并遵循第三部分所述的 GROW 模型。想要达到更好的效果，他们需要学习更高级的教练方式。教练方式是如此博大精深，可以帮助领导者和教练者迈入他们自我发展的下一个阶段，也可以帮助他们所在的组织向更高级的阶段进化。关于高阶教练的深入描述超出了本书的范围，只在第五部分介绍了一些支持高阶教练的背景和概念。

我们发现下面的形象化活动可以帮助人们与他们想要成为的领导者建立联

系。领导者通常会想象未来的自己拥有高情商。未来的你将会拥有哪些之前描述过的情商特质？想想现在，你拥有了多少这些特质？选择其中一个，并专注将该特质更深入地带进自己的工作中来。如果你想做一些教练辅导以进一步发展自己，请完成教练问题工具包（问题包 1）中的自我教练练习。

┊活动：可视化

　　找到一个舒适的位置坐好，双脚放在地板上。注意你的双脚感受到的状况。转动你的肩膀，放松。注意你的呼吸，吸气、呼气。当你吸气时，想象你正在吸入新鲜空气。当你呼气时，想象你正在呼出所有的忧虑。像这样深呼吸 3 次。

　　现在想象在晴朗的天气里，你正走在大街上。环顾四周，注意街道的样子以及走在这条街上感觉如何。一会儿之后，你将会遇到对面走来的一个人。这个人是未来的你。未来的你已经实现了成为领导的梦想。你继续前行，你会看到这个人，也就是未来的自己，从远处向你走来。当你看见他时，和他打招呼。注意他将如何回应你。仔细看着这个人。你注意到了什么？他的行为举止是怎样的？他带给你的感受如何？你想问他一个问题吗？如果是，现在就问他，听听他的答案。

　　现在，告别这个人，并感谢他今天在这里和你见面。

　　花几分钟时间回到当下，首先将你的意识回复到你是如何坐着的。接下来，移动你的脚趾和手指。然后，感觉精神焕发，恢复活力，并活在当下。最后，请写下你在本次形象化活动中希望记住的内容。

指导原则

　　有哪些指导原则能够帮助高情商领导者为他们的团队创造一个有意义、有目的的旅程？

- **面向未来的成功领导者将以教练方式引领而不是通过指挥和控制**。人才保留是一个至关重要的问题，人们对如何被对待的期望正在快速提升。指挥、命令、专制和等级等正在失去吸引力和可接受性。优秀的人需要在生活和工作中拥有更多的自主选择、更多的责任和更多的乐趣。

- **领导方式决定绩效表现，教练型领导方式激发最高的绩效**。绩效与领导方式之间的关系已有广泛记录——请参阅上一章以进一步理解此问题。哪个企业不喜欢更好的表现呢？这一点从认知的角度已得到广泛的认可（无论是在公共部门、还是私营组织），但组织仍然很难嵌入和体现他们所倡导的行为。在很多情况下，领导者和追随者都会串通抵制变革，即使变革对于双方都有利。

- **帮助他人培养自我觉察、自我责任，由此，他们的自我信念将奠定他们未来的领导力的基石**。领导者每天必须做出选择和决定。要有效地做到这些，他们需要这些基本的个人特质。教练方式培养领导者，而在当下每个部门、每个机构和每个国家都缺乏领导力。

- **组织运营的外部环境正在发生快速变化，这些变化在很大程度上超出了公司甚至国家的控制范围**。全球化、即时通信、经济危机、企业社会责任以及巨大的环境问题都是一些明显的例子，类似的情况还有更多。要想成功应对这些变化和变革，使自身不致被淘汰，则需要新的领导品质。

下一章讲述作为教练的领导者如何帮助组织建立这种高绩效文化。

作为教练的领导者

领导者给团队的感受必须是支持，而不是威胁。

教练型领导有一个悖论，因为传统上领导者拥有加薪、升职和解雇的权力。这也是可以接受的，如果你相信激励的唯一途径就是通过胡萝卜和大棒的巧妙应用。但是，如果想让教练方式发挥最大效用，你和教练对象之间的关系就必须是基于信任、安全和压力最小的伙伴关系。加薪、升职、解雇这些权力在这里没有用处，因为它们只能限制这种关系。

领导者能成为教练吗

那么，领导者到底可不可以成为教练呢？答案是肯定的，但如上一章所讨论过的，教练是情商的实践，需要领导者表现出极高的素质：同理心、正直和平衡，以及在大多数情况下从根本上采取不同的方式来对待员工的意愿。教练型领导者必须找到属于他们自己的方式，或者说他们自己的方法。因为对他们来说，很少有榜样可以模仿，他们甚至还需要在刚开始的时候去应对某些因员工的怀疑与传统管理存在偏差而产生的阻力。他们也可能害怕伴随教练型领导方式而来的额外的个人责任。这些问题能够被预期并通常很容易通过教练方式加以解决。

传统的管理方式

我们所熟悉的管理或沟通风格存在两极，一端是专制的方法，另外一端是放任，并希望达到最好。如图 4 所示。

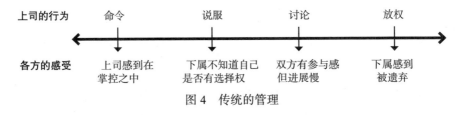

图 4　传统的管理

命令

当我还是一个小男孩时，我的父母告诉我该做什么，当我没做到的时候他们会训斥我。我上学以后，我的老师告诉我该做什么，如果我没有做到他就让我留堂。当我加入军队，中士告诉我该做什么，如果没有做到，没有人会帮助我，所以我必须做到！当我得到第一份工作，我的上司也告诉我该做什么。所以，当我晋升到一定职位并拥有某些权力的时候，我会做什么呢？我也告诉他人该做些什么，因为那是我所有的行为榜样所做的。对我们中大多数人而言这就是常态：我们是在被告知的方式中成长的，而我们也非常精于此道。

告知或命令的好处是，除了方便快捷，还给予发号施令者尽在掌控的感觉，但这是一个谬论。发号施令者让他的下属沮丧并失去内驱力，但下属不敢表现出来或提供反馈，因为他们反正不会被听到。结果是，当发号施令者在的时候，他们表示屈从，但当对方一转身，他们的表现就会不同，怨声载道、消极怠工、甚至蓄意破坏。发号施令者根本就没有处于掌控地位，他们是在自欺欺人。

传统的管理在命令这一端还有另一个问题：记忆。简单来讲，我们不能很好地记住被告知的东西。如图 5 所示，这是一个在培训中经常提到的，但它与我们所要讲到内容非常相关，所以在此重点提出。这是最初由 IBM 开展的一个调查研究，其结果后来被很多机构重复并证实。一群人被随机分成三组，每个小组都用三种不同的方法教授一些简单的、相同的东西。其结果证明了成人的学习理论，即人们通过体验方式学习的效果最好。然而，他们所表现出来特别值得我们关注的一点是：当人们仅仅被告知一些事的时候，记忆的下降有多么显著。

	被告知	被告知及示范	被告知、示范及体验
3星期后的回忆	70%	72%	85%
3个月后的回忆	10%	32%	65%

图 5　培训之后的记忆百分比

我清楚地记得把这一结果给几个跳伞教练看时，他们变得非常担忧，因为他们仅仅通过告知的方式教授紧急应变程序。于是，他们立刻在自由跳伞项目中改变了他们的培训方法。

说服

我们沿着传统管理的轴线向右看，我们会看到说服的方式。此时，上司讲出他的好主意并试图让我们相信它很棒。我们聪明地知道不要挑战他，因此，我们面带微笑并依照他的指示而行。假戏真做，起码在表面看来这是非常民主。但真的民主吗？我们仍然在做上司所希望的事，而他从我们这里几乎得不到有价值的东西，一切都几乎没有什么改变。

讨论

当我们沿着横线继续向右来看看讨论的方式。资源真正地汇聚起来，在方向正确的前提下，好的上司可能愿意接受一个非他自己选择的方法。已故的爵士约翰·哈维－琼斯为大卫·赫梅里的《卓越运动》一书接受关于团队领导的采访时说：

> 如果大家想去的方向与我不同，我将跟随大家前行……反正即使上路之后，我们还可以调整方向。我也许会发现他们是正确的，或者他们可能会意识到这不是正确的方向，并转向我开始提出的方向，当然，我们也可能共同认识到我们应该做出第三种选择。在组织中，只有用心和智慧才能前进。

尽管民主讨论可能富有吸引力，但也可能消耗时间或导致犹豫不决。

放权

在横线的最右端，是只把事情交给下属，放弃领导者的责任并给予下属自由选择的权力。但是，这样做对双方都有风险。领导者放弃自己的责任，但仍是他说了算，下属也许由于对任务的很多方面缺乏认识而表现欠佳。领导者有时善意地退后，希望可以推动下属学会如何承担更多的责任。这种策略往往很少达到目的，因为如果下属感觉被迫承担责任而不是自己选择如此，他的个体责任感仍会偏低，而他的表现不会体现出领导者所希望产生的自我激励的益处。

教练方式

　　大多数的领导者将自己定位在两个极端之间的某个地方，但教练处于一个完全不同的平面，结合两个终端的益处又规避了二者的风险（见图 6）。

　　在回应领导者的教练问题时，下属开始意识到工作的各个方面以及需要采取的必要行动。这一清晰的认识使他能够预见到成功的可能，从而选择承担责任。通过倾听下属所给出的回答，领导者不但知道下属的行动计划，还有其背后的思考。此时，他比单纯告诉下属如何去做更好地了解了情况，并因此对情况有了更多的掌控。由于教练对话和伙伴关系没有威胁性，并且是支持性的，所以当领导者不在的时候，员工的行为不会发生改变。教练提供给领导者实际的而非虚幻的控制，并让下属拥有实实在在而不是虚假的责任。

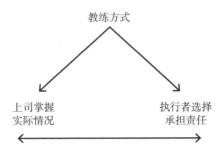

图 6　教练型领导方式

领导者的角色

　　讨论过这些后，随之而来的问题是："领导者的角色是什么？"许多领导者频繁地发现自己在扮演救火队长的角色，挣扎着把工作完成。他们自己也承认他们无法投入足够的时间进行长远规划、共启愿景、工作总结、可行性方案研究、竞争分析、开发新产品之类的重要事情。最重要的是，他们无法花时间来发展和培养员工。他们把员工送到一个或两个培训课程并骗自己说这些会有用的。他们的投资几乎没有任何的效果。

其实，领导者的任务很简单：完成工作，发展人才。但时间与成本的压力限制了后者，现在教练型领导则能够带来双重的效果。

那么，领导者如何才能找出时间来教练辅导员工呢？直接下达命令看起来似乎更为直接有效。一个看似自相矛盾而正确的答案是，领导者如果教练辅导他的员工成长，则员工会承担更多的责任，让领导者摆脱救火的角色，这不仅仅让领导者可以更多地从事教练工作，还可以投入到只有他能解决的重要问题上。因此，培养团队的行为实际上是自身利益的最大化，而不是毫无价值的理想主义。当然，总是会有需要所有人放弃一切别的想法去全力以赴的时候，在人们感受到相互关怀的环境中这是可以接受的。

领导者经常问我：他们应该在什么时候运用教练方式，或者至少他们如何确定是该教练还是告知。答案很简单：

- 如果**时间**是首要因素（例如，处理眼前的危机），最快的方法也许就是自己动手去做，或者明确告知他人该怎么做。但是请注意，从短期来看，这种方法节约了时间，但从长期来看，这种方法会带来依赖。
- 如果最重要的是工作成果的**品质**（例如，艺术家要完成一幅杰作），那么，通过教练来提升觉察和责任感最能够达成目标。
- 如果获得最大化的**学习效果**是最重要的（例如，一个小孩做功课），显然教练对于学习和记忆会带来最大的效果。
- 如果需要对方接受和**做出承诺**（例如，实施一项服务改善），教练比告知更能够给对方带来责任，实现服从并减少抵制。

- 如果员工**敬业度**和人才挽留率是最重要的（例如，对于高潜员工、千禧一代等），教练通过组织的使命创造工作的目的和意义感，是协调个人的欲望、需求和追求最有效的方法。

在大多数工作场景中，时间、质量和学习总是相关的。实际情况总是令人遗憾，对大多数企业而言，时间优先于质量，而学习排在第三位。领导者很难放弃告知，因此，企业的绩效表现远远低于其巨大的潜能。

如果领导者以教练原则来管理企业，他们就可以以更高的标准来完成工作，并同时发展员工。每人每年用 250 天完成自己的工作并且每天都在培养员工，这听起来太完美了，似乎难以实现，但这恰恰是一位教练型领导者能够做到的。

在岗发展员工

每一天都有机会让我们去在岗发展员工。让我们来看看一位名叫苏的员工的例子，她手头正有一个项目，并在上周和她的上司就如何推进项目进行讨论并达成了一致意见。

苏：我按照我们之前达成一致的方式去做了，但没有奏效。
莫：换这种新的方法去试试。

在这个对话中，没有教练。苏依赖于莫的答案，莫正在营造一种依赖于他的文化。以下，是一个基于相互依赖的教练原则的对话方案：

苏：我按照我们之前达成一致的方式去做了，但没有奏效。
莫：我知道你已经尽力去做了。你认为接下来需要做的最重要的事情是什么？
苏：嗯，我可以尝试回头看看事情卡在了什么地方，以防止麻烦再次出现。

41

莫：很好，很有道理。还有其他的吗？

苏：目前看起来没有其他问题，但如果这个方法行不通，那么，我想我们需要看看最初的计算。

莫：听起来不错。苏，可能尽管现在感觉还有一段差距，但你就要找到答案了。请让我知道事情的后续进展。

第二天早上，莫和苏继续讨论进展。

莫：事情进展得怎么样？

苏：相当好。我发现这是一个节点配合上的问题，我现在知道需要具体做些什么来让它工作了。

莫：太棒了！你的决心和令人难以置信的对细节的关注获得了回报。现在需要做什么呢？

苏：我只需说服桑吉尽快修改代码，但我知道他现在有很多工作要做。

莫：你认为怎样才能说服桑吉优先考虑你的需求呢？

苏：如果你要求他这么做，他会优先去做。

莫：你为什么不首先和桑吉谈一谈呢？我觉得你的影响力超出你的想象。我们在午餐前再碰一次面吧。

苏：好的，我试试。

午饭之前，苏告诉莫事情的新进展。

苏：我设法让桑吉马上修改代码了，现在进展正常。

莫：好消息，苏。做得很好！你是怎么影响桑吉的呢？

苏：我请求他提供帮助，并解释了如果今天就能改好对于整个项目的顺利推进将是多么重要。

莫：你以前也曾试图让桑吉在短时间内完成任务，这次和以往有什么不同？

苏：我请求他的帮助，而不是要求他必须这样做。这就让事情变得简单。

莫：你的做法很简单直接，但非常有效。你从这个过程中学到了什么？

苏：保持简单直接，不要对他人做出太多假设。

在莫的新的思维当中，涵盖了自我觉察和责任感这两个关键的教练原则，我们将在第 6 章中看到这一点的重要性。在这个简短的交流中，莫没有指责或恼怒，而是帮助苏自己解决问题、相信她自己，并从经验中学习。

此外，通过鼓励苏与同事建立更紧密的关系，莫帮助建立了这种相互依赖的高绩效文化。

教练方式的应用

在什么时候、什么情境下和为了什么目标我们应该应用教练方式呢？正如我们所讨论的，教练方式是在岗培养人才的方式；教练心态是一种存在的方式，无论你在做什么都会受到它的影响。正如我们在下一章将要探讨的那样，教练的思维方式就是让你看到教练对象和你是平等的，有能力自己克服障碍和阻碍，激发自己的潜能。从这种思维出发，无论主题是什么，你都能够真诚地与对方进行交流。

下面是一些在工作中较为明显的可以运用教练方式的场景：

- 目标设定
- 战略规划
- 提升敬业度
- 鼓舞和激励
- 委托下属执行
- 团队合作
- 解决问题
- 计划和复盘
- 团队和人员发展
- 职业发展
- 绩效管理
- 绩效评估
- 反馈和评价
- 关系协同

　　这样的场景可以说举不胜举，应对这些场景可以采取高度结构化的方式，或者是应用教练型领导方式。在后者中，请注意，表面上的讨论可能听起来像一个正常的谈话，并且可能不会使用教练术语。 这是非常普遍的，也许更重要的，因为它是在领导者和下属之间在日常工作中发生的经常而短暂的互动方式，是教练原则在职场中的持续的有意识的运用。 我们将在下一章深入讨论这种教练风格。

教练风格：伙伴关系与相互合作

伙伴关系和相互合作带来自信和自治的团队。

让我们来探索在教练过程中需要用到的基本工具包。教练风格的主要特征是伙伴关系与相互合作，而不是指挥与控制。教练是平等伙伴之间的对话。ICF 将其定义为"伙伴间通过发人深省和创造性的对话过程，最大限度地激发个人潜能和职业潜能的过程"。这样，教练心态能够立即创造出一种相互依赖的文化，而不是传统管理方式中依赖他人的文化。在似乎是全球范围内都在追求"少花钱多办事"的背景下，领导者会有一种如释重负的感觉，因为他们可以学习如何通过伙伴关系与相互协作来充分发挥员工的潜能和智慧，而不需要始终单独承受着要为员工提供全部答案以及需要独自寻找前行道路的压力。参加过我们教练工作坊的领导者告诉我们，他们感到自己肩上的重担减轻了，压力也减小了。

教练气质

教练是一种源于教练气质的修炼方式——它是一种坚定的信念，

相信自己和他人的能力、智慧和潜能，使教练能够专注于他人的优势、解决方案和未来的成功，而不是弱点、问题或过去的表现。教练型领导方式要求你与他人建立超越事务的、在人性层面上的连接——先做人再做事，并且不再抱着领导者是"专家"和需要告知别人最好的做事方式这种信念。教练是基于信任、信念和不带评判的；这是一种文化，在这种文化中，"最佳实践"不是你过往所知的，乐在其中对于学习成长至关重要，而"挫折"则被重新定义为成长的机会。在这里，任何事情都可能发生，相互协作是终极的赋能推进器。

一位参加高绩效教练公开工作坊的首席执行官，Securex 公司的 Luc Deflem 说："教练改变了我们的工作方式——我们作为活生生的人之间的互动方式。参加完课程，你在个人关系方面变得更强大了，我们在高管层之间的互动无论在深度还是在方式上都发生了深刻的改变。"

接下来的篇幅将为读者介绍建立维护伙伴关系与相互协作的教练心态的基础知识。

自我激励

每个企业领导者都渴望了解激励的秘密。胡萝卜加大棒这种象征性的外部激励现在越来越不奏效了。没有哪位领导会怀疑自我激励的效果更好，但强迫他人进行自我激励本身在概念上就是自相矛盾的。自我激励存在于每个人的头脑里面，即便是最高管理层也无法触碰。

自有工作开始，人们总是倾向于使用威逼和利诱的各种组合来促使他人去做他们希望的事。恐惧带来强大的动力，但也在很大程度上压抑了创造力和责任感。极端的例子就是奴隶制度，只有"大棒"没有"胡萝卜"。"胡萝卜"能让人们在一段时间内表现得更好，但如果我们把人当成驴，他们就会像有驴一样的表现。我们尝试着把胡萝卜清洗干净、精心烹制，而且提供更大的胡萝卜，同时把大棒用软布包裹，甚至藏起来，假装我们根本就没有大棒，直到我们再次需要的时候才拿出来。于是，人们的绩效又有了一点点的改善。

最近的全球金融危机之后，员工面对的环境是加薪的空间存在更多的限制，晋升机会也变得更少了。在全球经济萧条时期，许多人觉得有工作就很好了。我们迫切需要更好的绩效，而能用的胡萝卜已经越来越少了。因此，如果激励机制已经让我们感到失望，我们就必须从根本上改变对激励的理解和定义。如果人们真的要呈现出最好的表现，他们就必须自我激励。采用教练心态的领导者将会推动自我激励的发生。

对于一个想要实现真正的相互协作文化和人员自我激励的组织而言，它需要有这样一个信念，即每个人都是完全有能力和足够智慧的。"我是老板"这种心态以及以往的最佳实践概念（即我根据自己或他人的成功知道你应该做什么）是没有市场的。相互协作与"我是专家"或"这就是我们在这里做事情的方式"互不兼容。美国跳高运动员迪克·福斯贝利之所以能够发挥出了他的潜能，正是因为他的教练并不坚持认为他需要遵循最佳实践。福斯贝利在学生时代就发现背越式可以比传统的跨越式跳得更高。在他赢得 1968 年奥运会金牌的 10 年之内，跨越式跳高已经过时了，绝大多数奥运会跳高运动员都在使用"福斯贝利背越式"。

相信人的潜能

无论作为教练还是领导者，你的卓有成效在很大程度上取决于你相信人的潜能。"使人发挥最佳"和"你的隐藏潜能"这些表达意味着有更多的潜能在等待着被释放。除非你认为人们拥有比他们目前的表现更多的潜能，否则你将无法帮助他们提升表现。领导者必须根据员工的潜能而不是过去的表现来思考员工的发展。由于这个原因，大多数业绩评估系统都有严重缺陷。人们一旦被置于某个绩效等级后，无论在他们自己还是领导的眼中，都很难得到改变。

我们对他人能力的看法对其表现有直接的影响，这已经在教育领域的多项实验中得到了证明。在这些测试中，老师被错误地告知一组普通的学生是奖学金的候选人，或者学习存在困难。在一段时间内，老师给那组学生教授一套课程。随后的学术考试表明，这些学生的成绩无不与他们在老师心中的印象相符。同样地，员工的表现也同样真实地体现出领导者对其潜能的信任度。为了实现深度的伙伴关系和相互协同，你需要看到人们的潜能，而不是他们的过往表现。

创造一种信任的文化

我已经表达了领导者需要认识到团队中每一位成员的潜能，并因才施教相应对待的观点。同样至关重要的是人们也要认识到自己隐藏的潜能并相信自己。我们都认为我们在某种程度上可以做得更好，但是我们真的知道我们的能力上限吗？我们多频繁地听到或者做出比如"她比她自己想象的更有能力"这样的评论？

例如，弗雷德认为自己的潜能有限。事情只有在他认定的范围内进行才会令他感到安全。这就像是他的保护壳。他的领导露丝只在他的保护壳内的任务上相信他。露丝只会给弗雷德任务 A，因为她相信弗雷德能够做到而弗雷德也确实能够做到。她不会给弗雷德任务 B，因为她认为任务 B 超出了弗雷德的能力范围。如果露丝把任务分配给更有经验的简，这是可以理解也是更快捷的方式，却更加强化验证了弗雷德的外壳，使其更加牢不可破。其实，露丝应该做的恰恰相反，她应该帮助弗雷德走出他的外壳，支持或教练他成功完成任务 B。她需要暂停对弗雷德的限制性信念，并相信他有可以超越过往经验所展现出来的潜能。

提升你的情商和信任他人的能力是你如何看待自己和他人的**潜能**，以及你如何应对阻碍充分发挥这些潜能的**内部**和**外部**的障碍。

我希望请你反思下面三个问题，确保在你继续阅读之前，你已经有了答案。

⋮活动：什么阻碍了你的潜能发挥？

　　1. 你在工作中，发挥了自己百分之多少的潜能？请按你自己的方式解读这个问题，然后写下一个百分比。

　　2. 什么阻碍了你充分发挥潜能？

　　3. 阻碍你发挥潜能的主要内在障碍是什么？

人们在工作场所中平均发挥了百分之多少的潜能

　　高绩效教练工作坊的学员展现的百分比从个位数到超过 80%，但平均值是 40%。

　　我们也询问他们的依据是什么？以下是 3 个最常见的答案：

- 我就是知道我可以做得更好。
- 人们在应对危机时的表现有多好。
- 人们在工作场所之外做得特别棒的那些事情。

有哪些内部或外部的因素阻碍了潜能的释放

　　最经常被提及的外部阻碍是：

- 公司 / 我的上司的主要管理风格。
- 缺乏鼓励和机会。
- 公司的限制性组织结构和做法。

　　一个普遍存在的内部障碍是：**恐惧**，不同的描述包括：害怕失败，缺乏自信，自我怀疑，缺乏信念（参见图 7）。我们有理由怀疑这一内部阻碍是否真实，但对我来说它的确是真实的。在一个安全的环境中，人往往会真实地展现自我。但如果诸如缺乏信心等障碍被认为是真实存在的，那么事实就会真的导致这些障碍的发生。合乎逻辑的反应是致力于建立员工的自信，教练是最有针对性的方法，但是涉及需要对管理行为进行调整的时候，许多企业管理人员却缺乏理性。到目前为止，他们更喜欢期待、寻找、购买，甚至等待技术上或结构上的修补方法，而不愿意采取开发人员和心理层面的绩效潜能的方式，尽管这是更加直接简单的做法。

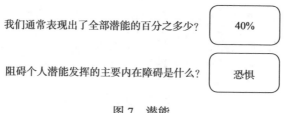

图 7　潜能

教练心态

　　要进行成功的教练，你必须采取一种比认为人们的能力"已经就这样了"更为乐观的看法，即一种教练心态。假装乐观是远远不够的，因为你将以许多微妙的方式传递你的真正信念。培养他人的自信要求你改变对他们的看法，并在此过程中放下控制他们的欲望，或坚持认为自己比他们优秀，从而使他们依赖于你。你可以为他们做的最好的事情之一是帮助他们不再依赖你。毕竟，孩子们最难忘和激动的时刻，往往是他们第一次在游戏中偶然击败父母。这就是为什么在幼年时期，父母有时会让他们获胜。他们希望自己的孩子超过自己，并为此感到自豪——当他们的团队成员也这样做时，领导者也会如此自豪！只有通过团队成员的更好表现，并通过观看和帮助他们成长，你才能获得更大的收益。但是，有太多的时候看到他们的杰出表现，你可能会担心失去工作、权力、信誉或自信。

运用教练心态帮助人们增强自信

　　人们要建立自信，除积累成功外，还需要知道成功是源于自己的努力。他们也必须知道其他人相信他们，这意味着被信任、被允许、被鼓励和被支持来做出他们自己的选择和决定。这意味着被平等对待，即使他们职级更低。这意味着他们不会受到歧视、命令、忽略、指责、威胁或诋毁。不幸的是，许多普遍被期待和接受的领导行为都体现了许多这些负面因素，降低了被领导者的自信。

即使你不说话，你对一个人的看法也会在你的态度中体现出来，并对对方产生影响。阿尔伯特·梅拉比安的研究是这一领域最著名的研究。他的工作为人们通过他们的身体、语调、面部表情和动作发出的无意识信息，提供了有关口头表达和无意识信息的简单统计数据比较。他发现，当它涉及感情和态度时：

- 一个信息的 7% 是包含在口述文字中。
- 一个信息的 38% 是体现在说话的方式中，例如，语音语调和节奏。
- 一个信息的 55% 是体现在面部表情中。

要探索和体验不同的思维模式，请尝试下面的活动。

活动：体验不同的思维模式

找到一个你可以安静 3 分钟以上的地方。想想经常和你一起工作的同事，然后依次尝试以下每一种思维。在转换到下一个思维之前，尽可能保持每种思维，留意每种心态对你内心的激发：

1. "我认为这个人是一个麻烦。"
2. "我认为这个人碰到了一个麻烦。"
3. "我认为这个人处在学习成长过程中，有能力、足智多谋、富有潜能。"

你注意到了不同思维的哪些不同？

它们在你身上创造了什么不同的感受或情绪？

每一次，你对这个人的潜能是怎么看的？

你的态度有什么变化？

你每天倾向于采用哪种思维？

几乎所有的个人互动都涉及某种感受和态度，因此，领导者的沟通尤其要注意词语背后的情感和意义，要意识到你真正感受到的是至关重要的。然后，你需要做的是把你天然的怀疑或悲观的态度转变为积极乐观的态度。

首先，你可能想要把选择一种思维当成选择佩戴不同的有色眼镜。当你从自己的有色眼镜后看待他人、自己和世界时，你有的不仅是一个、而是多个眼镜来去看待事物。有些颜色来了又走，有些颜色却似乎一直存在。一旦你认识到这一点，你就能够控制、自我管理，并有意识地决定采用一种教练的思维。

我希望你选择认为**他人有能力、足智多谋、充满潜能**的思维，这是教练心态的本质。这将增强他人的自信和自我激励，并使他们的人生绽放。运用这种思维，你可以教练辅导他们自己做出强有力的选择，并乐于看到他们的优秀表现和成功。

无论任务或问题的内容如何，教练的根本和持续的目标都是帮助他人建立自信。如果领导者接受这一原则并坚持不懈地采取行动，那么他们会因为关系和绩效的大幅度改善而感到惊讶。请思考你是如何在团队成员身上建立自信的。

意图

另一种有意识地影响工作关系、一个会议或一个项目成功的方式是设定**明确的意图**。无论你是想与同事或整个团队进行快速的对话，还是规划一个正式的教练会话或绩效评估会话，都要为会议设定明确的意图。为会议结果设定明确的意图对其成功具有重要影响。你可以将这种意图定义为没有任何障碍时你的梦想。设定明确和具体的意图很重要，因为它们将扮演一个心锚和指南的角色。在下一个活动中练习这项技能。

┊ 活动：请设定你的意图

在会议开始之前，花两分钟的时间来回答以下问题，设定你的意图：

- 如果会议进程顺利得超出你的预期，在其中会发生些什么呢？

请放下对会议、人员或自己的任何固有限制性观念，让自己"梦想"能想象到的最好结果。通过将注意力放在积极的结果上，并清晰地表达出来，你已经为会议设定了意图。在会议之后，请重新审视你的意图，注意它在你的会议中的作用。不断练习，直到它成为你随身工具包的一个部分。

有意识的工作协议

当你有意识地创造了你的工作环境时，你的工作效率会更高，更有创意，并且有更好的团队合作。在工作关系中的伙伴关系和相互协作需要建立在明确的期望和有意识创造的协议基础上，而不是相互默认。通常人们立刻投身进到一个项目或新的工作关系展开工作，而不是暂停下来先去澄清角色、责任、共同目标和最优的工作协议。以创造成功为目的的、有意识地结伴来创建工作关系能够解决这些问题。从刚一开始就有意识和审慎地设计一个良好的工作关系可以建立起相互尊重、信任和共同协议，这对相互协作和产生高绩效至关重要。

在时间紧迫的时候，我们会想要跳过这个过程。由于人们痴迷于做事，当我们第一次花时间进行有意识和有目的地思考工作关系时，我们可能感觉不耐烦，这是正常的。但是，一旦你做了几次，将来当你不这样做时，你反而会感到不安。

每个人对于事情"应该"看起来像什么都有不同的假设。如果你在一个团队中工作，却不花时间讨论这些关系层面的事情，那么未来它们会以负面的方式对你造成影响。请与新团队成员一起尝试以下活动，或与已经合作的团队成员使用该练习来重新设计和更新关系。你也可以将这项活动作为一个团队活动，来创建一个强大的团队。为了保持完整性，可以参考本书后面的教练问题工具包（问题包 2 ）。

⋮活动：有意识地设计你的工作协议

探索以下问题：

- 我们共同努力的梦想 / 成功将会是什么样的？
- 噩梦 / 最坏情况会是什么样的？
- 我们共同努力实现梦想 / 成功的最佳方式是什么？
- 我们需要注意什么以避免噩梦 / 最坏情况？
- 我们每个人都希望从另一方获得哪些许可？
- 当事情变得艰难时，我们会做什么？

这是一个弹性的协议，所以，随着时间的推移，定期检查至关重要，通过检查回顾以下方面，重新审视协议并根据需要进行重新设计：

- 什么有效？什么无效？
- 为了使合作关系更有效、更有生产力或更加积极，我们需要改变什么？

许可

维持伙伴关系与相互协作的另一个关键要素是对**许可**的应用。它有助于建立信任和信心，尊重个人的敏感性，聚焦注意力，并防止误解的产生。

当你与你喜欢和信任的人谈话时，你倾向于自然地用口头和肢体语言发出征求许可的信号，例如，询问"如果我们这样做会怎样？"当你与有冲突或威胁的人讲话时，许可往往不存在，你可能会说"我认为我们应该做这个"。

许可不仅仅包含在有意识的工作协议中，在我们的教练过程中也是必不可少的。你经常认为可以提供给对方一个很好的建议或者一些宝贵的经验。当碰到这种情况时，人们普遍的自然倾向是直接干预进去说"你知道你应该做什么……"或"我有同样的问题，我是这样处理……"这里应该考虑先忍住不说出来，并首先请求对方许可你分享知识："如果我分享了对我有用的东西，这对事情（对你）会有帮助吗？"

要求获得许可的另一个好处是，它可以让人停下来听取你的意见，特别是在会议中。提出一个简单的问题如"我可以补充一些吗"，可以使会议室安静下来。这是出于两个原因：

- 通过提出请求许可，你把主动权传递给对方。
- 你正在通过提供补充问题来确认对方的说法。

如果你的员工不熟悉教练方式，那么在你改变领导方式之前，获得许可将有助于他们的参与："我将尝试一种新的教练型领导方式来开展我们的工作。你会注意到一个变化，就是我会提出更多的问题来激发你的想法。你觉得可以和我一起尝试一下吗？"

请参阅本书最后的教练问题工具包中的问题包 3，以了解获得对方的许可的一些不同的方式，并将其用于你现在的合作伙伴关系。在尝试某些涉及他人的事情之前，或者提供自己的经验和观点之前获得许可，是维持信任和融洽关系的一种好方法，并且最重要的是可以保持关系平衡。

好奇，但不是批评

相互协作可以只是一些组织中的时髦用语。当情况变得艰难时，人们就会回到相互批评和指责，第 2 章已经讨论过它们在人际关系中的破坏性有多大。批评的解药是好奇心。当事情变得艰难时，你要变得好奇而不是批评，这将确保伙伴关系和相互协作不会脱轨。除此之外还有更多——通过对发生的事情感到好奇，你可以让自己进入一个全新的视角，那就是和你共同工作的那个人的视角。这为双方创造了学习和发现的机会，并最终实现双方的协同一致。我将在后面的章节重新讨论这个问题，尤其是第 13 章。对关于绩效的不同视角的分享是反馈和持续学习的关键。这不是简单判断另一个人的业绩表现有多大问题，你有多频繁听到某人（或许是你自己）说"我是我自己最苛刻的批判者"这句话？尽管人们之间可能会互相苛责，但往往人们对自己的批评程度会更强十倍。认识和管理自己内在的批评的声音，即高威所说的，"自己脑海里的对手"，是教练的基础。在无批评、无指责的环境中，你可以更好地从错误中学习，并愿意拉伸自我。教练的精神是积极的，也是鼓舞人心的：它接纳了迄今为止所有行之有效的方法，从过去的经历中学习，以及在未来实现最佳绩效的途径和方法。

评判、批评和纠正使人处于防卫状态。而这些往往与指责一起发生。对评判或指责的恐惧是阻碍建立伙伴关系和产生高绩效的关键因素之一。第 11 章和第 13 章更仔细地考察了从评判和找错转向描述事实和客观的需要。

到目前为止，我已经讨论过教练和情商之间的联系，并且定义了什么使得教练方式在培养个人潜能释放所需的自我信念和激励机制方面能够如此有效。下一章将探讨高绩效来自于高度自我觉察和责任感这一教练的基本原则。

觉察与责任感——激发学习

培养觉察和责任感是教练的本质，

并促使自然学习能力的激发。

毫无疑问，觉察和责任感在任何活动中都是至关重要的。我的同事戴维·赫梅里，一位 400 米栏选手、1968 年奥运会的金牌得主，在他的《卓越运动》（*Sporting Excellence*）一书中研究了来自 20 个不同运动项目的 63 位世界顶级选手。尽管在其他领域有相当大的差异，但觉察和责任感始终是两个对所有人最重要的态度因素，而选手的态度或精神状态是任何一种运动表现的关键。下面让我们来探究这两个元素的含义。

常胜心态

十几年前，体育教练关注的是技术能力与体能训练，人们还没有普遍意识到心态的重要性。人们认为心态是选手与生俱来的，教练很难做什么。错！教练可以影响选手的心理状态，但这些影响大多在不知不觉中发生，而且经常造成了负面的结果，原因是教练惯用的专横手段和对技术的过分执着。

那时候的教练只是告诉他们的运动员该做什么，从而否定了运动员应该自我负责；他们告诉运动员自己看到了什么，而否定对方的觉察。他们压制了责任感并抑制了觉察。一些被称为教练的人依然和许多的领导者一样，限制了选手或是员工的成功。但问题是他们仍从被管理对象身上获得了合理的结果，因此他们没有动力来尝试任何其他的理念，也不了解或是相信他们可以通过其他方式得到新的成果。

近年来，体育界已经发生了很多改变，大多数顶级球队聘请体育心理学家为选手提供心态训练。然而，如果老的教练方法保持不变，教练会经常无意地否定心理学家的努力。开发和维护良好心态的最好方式，是通过日常的实践和技能建立起持续的觉察和责任感。这就需要教练方式的转变，即从命令转变为真正的教练。教练方式创建觉察和责任感，这不仅仅是对短期的任务完成有帮助，对生活质量也有着长效的改进效果。

教练不是一个解决问题的能手、咨询师、顾问、教师、指导者甚至专家；他是一个回音壁、引导者、觉察创建者、一个支持者。这些词语至少可以帮助你理解这个角色意味着什么。

觉察

教练的第一个关键要素是**觉察**，它是专注、专心和明晰的产物。让我们先回到《简明牛津词典》，觉察的定义是"有意识地，而不是无意识地拥有知识"。我喜欢《韦氏词典》的描述："觉察意味着一个人通过观察和诠释他看到、听到、感觉到的事物时的觉醒，从而拥有对于某事物的知识，等等。"

我只能掌控我觉察到的一切。我觉察不到的东西掌控着我。觉察给予我力量。

提高觉察是教练的原则之一，因为你只能回应你所觉察的事情。如果你不能觉察某件事情，你就不会回应。正如高威在内心博弈里指出的那样，随着对某些事情的觉察的产生，我们内在的自然学习能力就会得到激活。第一步是变成有所觉察。

如同你的视力和听力，两者可能很好，也可能不好，觉察也有无限多的程度之分。不同于视力和听力，一般来说正常状态都比较好，我们的日常觉察程度更可能的是比较低的。一个放大镜或扩音器可以使我们的视力和听力阈值高于正常水平。同样，觉察也可以通过集中注意力和练习来得到创建和加强，而不必求助于药物刺激。提升的觉察给我们带来超出寻常的清晰感知，就好像放大镜的作用。虽然觉察包括工作中的见闻，但它包含的内容远不止于此。觉察是收集并清晰地感知相关的事实和信息的行为，也是一种对事件相关联程度进行判断的能力培养。这种能力包括对事物和人之间的系统性、动态性和相互关系的理解，以及一些对心理学的理解。觉察同时还包括自我觉察，特别是意识到什么时候情绪或欲望会扭曲自己的认知。

比如，一旦我们起床时情绪不佳，就有可能在办公室里带着"负面眼镜"并且对同事有不尊重的行为。我们的同事就可能对我们报以颜色，那么双方的关系就从此走向了下坡路。而当我们有了自我觉察后，我们会认知到自己情绪不佳并选择将情绪搁置一旁，而不是无意识地发泄到同事身上。

觉察提升能力

在身体运动技能的发展过程中，对身体变化的觉察非常关键。比如，在大多数的运动中，提升个体运动效能最有效的方法是让运动员在某项活动期间提升对身体的觉察。大多数体育教练对此知之甚少，他们坚持从外部来强行灌输他们教授的技巧。当身体运动知觉专注于一个动作时，该动作当下产生的不适就会减少直至消除，相对应的运动效率也得到提升。其结果是更加流畅和高效的运动展现，并且这种提升的重要特点是它是贴合特定的运动员自身的身体状况的，而不是针对理论中的"一般人"。

教师、教官或从这个意义上来说的领导者，都会试图示范或告诉其他人按他们教导的方式来做事，或者按"书"中所说的应该采取的方式去做。换句话说，他交给学生或下属他的方法从而延续了常规的智慧。虽然学习和运用标准的或是"正确的"方法会在初期表现出优势，执行者个体的喜好和特点被压制，经理的工作变得更加简单；执行者对专家的依赖得到延续，这提升了经理的自尊和对权力的错觉，却无法为他们腾出时间。

通过教练方式来创建觉察是另一种替代方法。这种方法发掘和照亮每个个体身体和心理的独特之处，在不需要另一个人的指示的情况下提升能力和自信。它树立了自力更生、自我信念、自信和责任感。教练不应该被混淆为"工具在这里，自己去寻找答案"的做法。人们自身正常的觉察水平相对较低。仅仅依赖自身的努力，我们可能会花费很长时间做重复的事，并开发一些好坏参半的方法，结果养成了坏习惯。因此，我们需要专业教练帮助提升觉察——至少等到我们开发出自我教练的技能之后，那么，我们就可以持续自我完善和自我发现。

世上没有两个心理或身体相同的人。我怎么能告诉你如何做最好的自己？唯有你自己可以通过觉察来做最好的自己。

你需要提高的觉察会有所不同。每一项活动都匹配于你身体的某个部分。运动首先是身体的运动，但有一些运动也是高度视觉化的。音乐家需要并发展高水平的听觉意识。雕塑家和魔术师需要触觉意识，商业人士需要精神的和对人的觉察，当然还有其他领域。

不带评判的觉察本身就是有治愈疗效的，这正是魔力所在。脑神经科学对此有一个生物学解释。脑波有不同的振动频率，它们在我们大脑内的神经元之间相互作用。我们有4种主要的脑波模式，从高频到低频。我们大部分的工作时间都花在 Alpha 和 Beta 的更高频率的脑波上——我们的觉察直接被引导到对外部世界的认知任务。为了提高我们的觉察，并获得我们内部的潜能，我们需要能够随意访问其他层次的脑波，如 Delta 和 Theta。毕竟，正如爱因斯坦所说的那样，"用创造问题的思维模式无法解决问题"。这样做的好处是很多的，通过提高你的自我觉察，你可以更容易地发现和连接你的目的。

为了提高你的觉察，我强烈推荐冥想方式。我们公司提供了由我的同事吉塔·柏林（Gita Bellin）创建的一种冥想服务，他的工作已经改变了全球很多公司。这种做法是为领导者设计的，旨在创造高绩效的头脑，我们把它分享在我们的网站 www.coachingperformance.com。

觉察可以通过简单的练习和应用，并通过被教练来快速培养。或许它们更容易与以下普通定义联系起来：

- 觉察是感知到你周围正在发生什么。
- 自我觉察是感知到你正在经历什么。

通过觉察到某些事情，你可以改变它。你甚至不需要花费精力，因为你的自然学习系统（你学会走路、骑脚踏车、说话的那部分能力）自然会对新信息做出反应并适应。通常这就是为什么人们说他们在洗澡时有最好的想法。那时，他们已经停止忙碌于 Beta 脑波，访问了其他脑波，并且突然"脑洞大开"。

输入

另一个术语可能会加深我们对觉察的理解：输入。人的每项活动可以被简化为"输入—处理—输出"。

例如，当你开车上班时，你会接收到交通信息、道路和天气情况、变化的车速与空间的关系、发动机及其他器械所发出的声音，还有你身体的舒适、紧张或是疲惫状态的输入信息。这些信息你可能愿意获得，也可能拒绝接受，也可能照单全收，还可能除了一些主要信息外，根本就没有收到其他的信息。

你可能有意识地在开车，或者不自觉地在听着电台的广播时获取安全驾驶所需要的信息输入。无论哪种情况，你都在接收信息的输入。好的司机所获得的信息品质更高、数量更多，这些输入为他们提供更加精确而详细的信息用于加工并采取行动，以此产出恰当的输出，如车辆在道路上的速度和位置。无论你对收到的输入的处理和采取的行动有多好，你的输出的质量取决于输入的质量和数量。提升觉察是指提升我们对输入接受的敏锐度，不只是调整我们的感官感觉，也让我们的大脑全神贯注。

虽然良好的觉察对高绩效非常关键。我们很幸运拥有一种机制去不断寻求降低我们的觉察程度到"正好可以应付"的水平。虽然这听起来很不幸，但如果我们要避免输入过载，这实际上很重要。缺点是，如果我们不提升对与我们共事的人的觉察，我们将提供最低层次的输出。教练的技巧是在需要的领域提升并保持恰当的觉察水平。

我定义觉察是**高品质的相关输入**。我们可以在前面加上**自我生成的**，但在某种意义上它已经被包含了，因为输入如果不是自我产生的就根本不会是高品质的。全身心投入到某事中的行为本身就提供了高品质。当我说"那边的花是红色的"，你所接收到的图像信息是很少的；当我问你"那边的花是什么颜色"，你自己亲眼去看见花的颜色是红色的，你所获得的图像信息就丰富得多。更好的提问是，"它们是哪一种色调或色系的红色"，知道什么与教练对象最相关，是理解如何激发对方注意力的关键。

在这个例子中，如果教练对象是色盲，你就需要问花的形状是什么样的。一种方式给出的是标准的花的形象，另一个则是在这个特定时刻，描绘出了栩栩如生、无数细分渐变的红色。15 分钟之后，随着阳光的移动，它又将有不同的状态。它再也不会像刚才一样。因此，自我生成的输入更丰富、更直接、更真实的。高于平常的专注力会导致高于平常的绩效表现。

另一个描述觉察特点的词是反馈—— 相对于来自其他人的反馈，这里是指从你的环境、你的身体、你的行为、你在用的设备那里获得反馈。一旦得到高品质的反馈或输入，改变随之而来，不需强迫。

让我们看看提高觉察将如何在实践中为你提供不同的选择（和相伴而来的

责任）。把你的手机调成静音，放松下来，并遵循教练问题工具包（问题包1）中的自我教练练习中的问题。这需要大约 20 分钟。当你完成自我教练活动时，你可能会注意到当你访问其他脑波来回答问题时，你会变得更能自我反思。我预期你现在更接近实现你的目标，而且你可能会感到有能量和更自信，因为你通过问自己正确的问题，并倾听自己的经历可以找到自己的解决方案。这些问题有助于提高你的觉察，从而鼓励你为实现目标负起责任。你能够自己提出解决方案，也将增强你的信心，这就是觉察带有疗伤效能的现实体现。

责任感

责任感是另一个关键的概念，或者说教练的目的。它对于产生高绩效也非常重要。当我们真正接受、选择或者对我们的想法和行为负责时，我们对它们的承诺会得到提升，我们的绩效也会提升。若我们被命令要负责，被告知、被期待或是被赋予责任，但没有全然的接受，则绩效也不会提升。

当然，我们可能做某项工作是因为如果不做就会有潜在的威胁，但为了避免威胁而做某事不会使绩效最大化。真正的责任感总是出于主动的选择。

我们来看几个案例。

指责

如果我给你建议，尤其是它是不请自来的，你采取了行动却失败了，你会做什么？当然是怪我，这清晰地表明你认为责任在我。我用我的建议来和你交换了你的责任。很显然，这很少时候是一个好的交易。失败不但可以归结于我的错误建议，同样可以归结于你缺乏应有的主人翁精神。在工作场景中，当建议是一个命令时，你的主动权为零，而这可能会导致怨恨、暗中的破坏或者对着干的行为。

你没有给我选择；你伤害了我的自尊；这个行动我无法做主，到头来无法收拾，所以，我只好自作主张，采取另一个令你受到伤害的行动。当然，那个行动可能也会伤害我，但至少我出了一口气。

如果这个（非有意识的）推断看起来很夸张，但我向你保证，数百万的有不良上司的员工会承认他们会不时地按上面的方式去做。

选择

这里是另一个关于正常的或是被强加的责任，高度的责任或自我选择的责任之间的差异的案例。想象一组建筑工人在听命令："彼得，去拿个梯子来。在棚子里有一个。"

如果彼得在那里找不到梯子，他会做什么？他会返回来说："那儿没梯子。"

如果我换种问法："我们需要一个梯子。棚子里有一个。谁愿意去取？"

彼得回答道："我愿意。"但当他到那里时却没有发现梯子。

这一次他会做什么？他会在别处寻找。为什么？因为他觉得负有责任。他希望成功。他会为了自己着想，为维护自尊而找到梯子。这里的差异是给他一个选择，以及他为之所做的回应。

我们的一个客户有一段不良劳动关系的历史。为了改善这些，我做了一系列的针对车间主管的课程。虽然那家公司的小道消息说我们的课程非常令人愉快，但在开始的时候参与者总是带着怀疑、防御甚至抵触的情绪。我承认他们是在抵制高级管理人员告知他们去做的事。他们已被告知参加培训班，因此他们将会抵制。

为了缓和这种不合作的状况，我问他们能不能拒绝上这些课程。

"不能。"他们齐声说。

"哦，你们现在有选择了。"我说，"你们已经满足了你们公司的要求——你们在这里。祝贺你们！现在，你们可以做出选择。你希望如何来度过这两天的时间？你可以全心全意地学，你可以抵制学习，你可以漫不经心，你也可以虚度光阴。现在，请写下你的选择，如果愿意，你可以自己保留，也可以和你旁边的人分享。我不会看，而且我不会告诉你的上司。这是你的选择。"

房间里的气氛顿时改变了。大家似乎松了一口气，也释放了压力，然后绝大多数员工积极地参与了课程。选择和责任感可以创造奇迹。

> **教练的成果是自信、自励、选择、澄清、承诺、觉察、责任和行动！**

这些简单的案例清楚地说明了选择带来的责任担当对绩效提升是多么重要。除非教练对象觉得有责任，否则责任不会发生。**告知**某人去对某事承担责任并不会让他们真正**感到**有责任。他们可能害怕失败，以及如果真的失败而感到内疚，但那与感觉负有责任完全不同。真正的责任来自选择，而这需要问题来引导。我们将在下一章着眼于构建教练问题。下面的活动将帮助你思考什么能帮助你提高觉察和责任，以及什么会让你有所保留。

┊活动：提高觉察和责任感

　　1. 想想一位在工作中善于提高觉察和责任感的同事。你可以从他们的行为中学到什么来帮助自己的提高？

　　2. 在提高同事的觉察和责任感方面，你想培养什么样的优势？

把觉察和责任感结合起来

图 8（枝叶图）说明了当领导者按照两个简单却重要的概念进行教练（也就是提升觉察与责任感）时，它们的益处是多分支、多方面的。从上到下的箭头

说明产生高绩效的事件顺序。

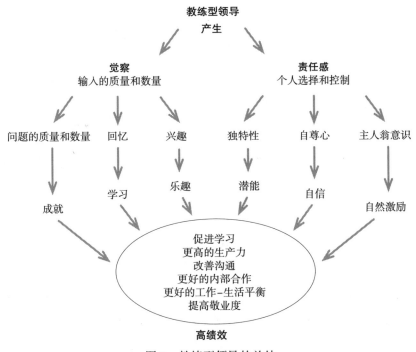

图 8 教练型领导的益处

作为专家的教练

不管有什么好处，你可能想知道：一个教练需要具备他所教练领域的经验或专业知识么？答案是"不"——如果教练真的以公正的、提升觉察的方式行动的话。然而，如果教练不能充分地相信他的同伴，即对方的潜能和自我责任的价值，那么他就会认为他需要拥有专业知识来做好教练工作。我们并不是说不需要专家的输入，但大多不太好的教练会倾向于过度使用专家知识，并因此减少了他作为教练的价值，因为每一次输入都是在减少教练对象的责任感。你的潜能释放来自于最大化的个性化和独特性，而不是去模仿某个别人心目中的最佳实践。

知识的陷阱

理想的情况似乎是一位同时拥有高深专业知识的专家教练。但是，让专家有效收敛自己的专长去很好地教练他人是非常困难的。让我以一个网球的案例做进一步说明。多年前，我们的几个"内心网球博弈"（Inner Tennis）班的报名远远超员，使得我们缺少培训教练。我们让两个"内心滑雪博弈"（Inner Ski）的教练身着网球教练的制服顶替，把一个球拍放到他们手中，让他们自由发挥，只要他们保证绝对不会去用球拍击球。

不出意料，他们的教练表现与网球教练的表现在根本上没有区别。而且，在几个关键的情景中，他们甚至做得**更好**。通过反思，理由很明显，网球教练能清楚看到球员的技术错误，而滑雪教练看不出这些问题，他们能看到的是球员使用自己身体的效率。身体的不协调源于自我怀疑和对身体的觉察不够。滑雪教练不得不依赖于球员的自我判断，并因此从根本上解决了问题，而网球教练仅仅处理了外在现象问题和技术错误。这促使我们给予网球教练更多的培训，帮助他们更有效地摆脱他们的专业制约。

更深的层级

让我们用一个来自企业的简单案例来看相同的想法。一位经理看到她的下属乔治娜没有与另一个部门的同事充分沟通，经理认为让她每周写工作备忘录是一个好的解决方法。但是，如果乔治娜一直对沟通有所抵触，这个备忘录将难以发挥作用。尽管乔治娜表面上同意写备忘录，但经理并没有就此止步，而是通过教练辅导让乔治娜发现并让放下自己的抵触心态。缺乏沟通只是表象，抵触才是根本原因。问题只有在透过现象触及本质的情况下才能得到解决。

领导者：专家还是教练？

让一个专家成为一个好的教练很难，但绝不是不可能的。当然，专业对于一个领导者而言在很多其他方面都是无价的，事实上领导者最可能本身就是专家。但是，考虑一下以下情景：那些缺乏与他的团队成员同样程度的专业技能的公司高管。

　　如果他们是好的教练，那么无论他是否具备技术能力，他都能够相对轻松地创建高绩效的文化。只要他做到了这点，可能存在于一部分下属头脑中关于他的质疑都会消失。从全球的趋势来看，随着技能的专业化和技术的复杂化，教练将成为领导者绝对的必备条件。

教练的实践

| COACHING For |
| PERFORMANCE |

强有力的问题

> 告知或提出封闭式的问题，人们就不会去主动思考；
> 提出开放式的问题，人们自然会思考。

提问远比指导或建议更能创建觉察或建立责任感。如果任何耳熟能详的问题都能够达到目的当然好，可惜现状不是这样。我们需要检验各类问题的有效性。为此，我会用体育运动中一个简单的类比来进行说明。如果问人们什么是在所有球类运动中使用最频繁的指令，他们会告诉你："眼睛盯住球。"

在所有的球类运动中，盯住球当然非常重要，但"盯住球"的指令实际上会让你做得好吗？不会。如果会，那我们很多人都可以在运动场上表现得更出色。我们都知道，高尔夫球手在放松时击球会更直更远，但是"放松"这个命令会让高尔夫球手感觉更放松吗？不，这可能会让他们更加紧张。

如果命令一个人去做他需要做的事，反而不能产生我们所需要的结果，那么什么会让我们达到目的呢？来试试提问吧。

- **"你在看球吗？"** 你会如何回应？或许会有点抵触？也许还会说谎，就像你上学时老师问你是否在专心听讲时你的反应一样。

- **"你为什么不看球？"** 你可能会更加抵触——或许做些辩解，"我在看球""我不知道""因为我正在想我的握拍动作"，或者更诚实地说，"因为你让我分神并令我紧张"。

这些问题并不是强有力的问题，但请想想如下问题的效果。

- 那个球朝你飞过来的时候，是朝哪一边旋转的？
- 当球这次过网的时候，高度是多少？
- 这一次，或每一次它反弹起来的时候，它会旋转得更快还是更慢？
- 当你第一眼看到球旋转时，它离你的对手有多远？

与其他问题和命令相比，这些问题从完全不同的角度出发，引发了以下 4 个重要影响。

- 这类问题迫使球员能真的"看球"。除非他们看球，否则他们不可能回答出这个问题。
- 球员会比平常更加集中注意力，才能准确回答出问题，因此提供了更高品质的输入。
- 需要给出的答案是描述性的而非评判性的，所以不存在自我批判或伤害自尊的风险。
- 对于教练来说，这样的提问对他的反馈回路有好处，他可以验证球员回答的准确性，从而来了解球员是否聚精会神。

所以，强有力的问题会促进积极主动的思考、专注及观察。让我们感到奇怪的是为什么所有这些体育教练都坚持发出诸如"盯住你的球"这样无效的命令。这可能有两个主要原因：一是他们从来没有考虑过它是否奏效，因为一直以来都是这么做的；二是他们更在意说了什么，而不是说话的效果。

教练方式的核心

我已经花费了一些时间来探索"盯住球"这个显而易见的行为,目的是通过简单的比喻来说明教练方式的核心。你必须了解你试图达成的影响——创建"觉察"和建立"责任感",并了解你应该说什么、做什么才能创造这些影响。仅仅要求他人达成你的期望是不够的;你必须提出**强有力的问题**。

我举了一个体育运动的例子,但强有力的问题将如何运用在工作场所呢?在此再举一个很好的例子:这是对一个管理180人的运营经理进行的1:1的教练辅导的例子。这位经理,我们称他为斯蒂芬吧,他发现人们并不会按他心中设想的那样交付成果,也不会如他期望的那样思考问题。运用我之前描述的那个运动示例中的原则——教练式提问可以迫使人关注答案、精准聚焦以及创建反馈回路,这促使他为提升觉察,而开始对正在发生的事情好奇了。带着好奇以及尝试提问,他发现了团队成员对他的指令的理解与他本意之间的差距,并与团队成员一起工作来消除这个差距。他把这个练习称为"我所思与我所得",并在接下来的几次教练会话中定期讨论这个话题。最终,他在两类不同的工作领域看到了更好的绩效表现:办公室内务管理得到改善,管理层的书面工作质量也得到了提高。这就是一个体育示例在工作场所应用的例子———旦斯蒂芬对发生的事情有了不同的觉知水平,他的回应就不一样了。在教练协议结束之时,他反思教练对他的影响时说:"我感觉好多啦,我和我的团队更加协调一致,我不会感到沮丧和总是想要自己动手做了。"

这些例子或许足以让你相信,要提升觉察和责任感,提出问题胜于直接告知。因此,一个好的教练在语言互动上遵循的主要形式是提出问题。教练型领导风格的一个关键特征就是能够提出强有力的问题,来聚焦注意力并产生清晰感;问题要能够提升教练对象的自信和自我激励;问题要能够帮助教练对象学习、成长和取得成功。现在我们需要研究如何构建强有力的问题。

问题的功能

问题被提出来通常就是为了引出信息的。你可能需要信息来为自己解决问题，或者为其他人提供建议或解决方案。但是，如果你是一名教练，答案中的信息通常并不是要为你所用，也没有必要是完整的。你只需要知道**教练对象**掌握了必要的信息。教练对象给出的答案经常可以提示教练下面该问什么样的问题，而与此同时能够让教练追踪教练对象是否走在一条卓有成效的道路上，符合本次谈话的目的或者是否符合教练对象自己的议程和组织的目标。

开放式问题

开放式问题要求描述性的答案，从而提升觉察，而**封闭式**问题则是要求绝对准确的回答，这"是"与"否"的答案关闭了进一步探索细节的大门。它们甚至不能推动人们大脑的运转。在教练过程中，开放式问题可以更加有效地产生觉察和责任感。

以下问题都是开放式问题。

- 你想要完成什么？
- 此刻发生了什么？
- 你想要怎样？
- 什么东西能阻止你？什么能帮助你？
- 可能会有什么问题？
- 你能做什么？
- 谁能帮助你？
- 你可以在哪里获得更多？
- 你将会怎么做？

疑问词

创建觉察和责任感最有效的问题应以寻求量化或收集事实的词语开始，比如"什么""何时""谁""多少"。不建议使用"为什么"，因为它经常意味着批评并会引发防御心理。使用"为什么"和"如何"时，不合适的问题会引发分析性思考，这可能会适得其反。分析（思考）和觉察（观察）是不同的心智模式，几乎不可能同时应用并充分发挥效用。如果需要对事实准确地报告，对其出处和意义的分析最好暂时停止。如果你确实需要询问有关"为什么"的问题，最好表达成"是什么原因……"，而有关"如何"的问题可以用"做这件事情的步骤是……"来替代。这更能引发具体和真实的回答。

专注细节

开始的提问应该宽泛，然后逐渐聚焦于细节。这种对细节的关注可以让教练对象专心致志、保持兴趣。这一点可以用查看 1 平方英尺⊖地毯的例子来说明。在观察完纹理、颜色、图案，可能还有一个斑点或是污点后，观察者就不会再对那块地毯给予更多的关注和兴趣了，他的注意力会开始转移到更有意思的事情上。但给他一个放大镜，他会在失去兴趣前更深入地、长时间地再看一遍。一个放大镜会将那一小片地毯变为一个充满形状、质地、颜色、微生物甚至活生生的昆虫的迷人世界，足以让观察者长时间地目瞪口呆。

这同样适用于教练。教练需要更加深入地探索细节，并让教练对象意识到那些比较模糊的因素可能非常重要。

通过加入个别词语可以更加聚焦开放式问题的焦点。比如：

- 你**还**想要些什么？
- 你**真正**想要的是什么？
- **到底**什么正在发生？

⊖　1 平方英尺＝0.092 903 平方米。

- 你**还能**做些什么？

- **确切地说**，你将会做些什么？

你的问题不需要套用这些例句，只需融这些原则并基于你的情境选择令你舒服的用词。不经意的提问"然后呢？"就可以替代正式的提问"确切地说，你将会做些什么"。一个最强有力的教练式问题就是简单的问题"还有呢"。

感兴趣的领域

强有力的问题围绕教练对象的兴趣与议程

那么教练如何判断一个问题的哪些方面是重要的呢，特别是在一个他不是特别熟悉的领域？总体原则是应该跟随教练对象的兴趣和思路而不是教练的来提出问题。如果教练引导问题的方向，这会削弱教练对象的责任感。但如果教练对象正走进一个死胡同或者偏题了呢？要相信教练对象会很快自己发现这一点，或者教练可以提出诸如这样的问题："接下来看什么会对我们有所帮助？"

如果教练对象不被允许探索他们感兴趣的方向，那么对自己感兴趣的内容的迷恋可能会持续下去，并导致教练工作本身的扭曲或是误入歧途。一旦他们已经探索了自己的兴趣点，他们将会更加在当下并专注于任何可能会出现的最佳路径。矛盾的是，对于教练来说，关注教练对象所回避的任何方面也是很有价值的。为了不破坏学员的信任与责任，这条探索之路最好由一个陈述句开始并伴随这样一个问题："我注意到你没有提到……这有什么特别的原因吗？""还有其他问题吗？"答案通常是"没有"。"还可能有些什么问题呢？"可用来引发更多的思考。

以下活动将帮助你练习和思考强有力问题的影响以及如何将其引入到你的工作中。

⋮练习：运用强有力的问题

查阅本书后附的教练问题工具包，选择其中的几个问题开始练习。

1. 你注意到了什么样的影响？

2. 你会采取哪些步骤来运用强有力的问题？

盲点

高尔夫球手和网球选手可能对身体方面的类似问题感兴趣。体育教练可能会问选手，当他们在挥杆或者击球时，他们发现身体的哪个部位最难被感受到或是准确地觉察到。这个"盲点"最有可能隐藏在某个不适部位或者缺陷处，但是被压抑住了。当教练不断强化教练对象对这一问题的觉察时，感觉就找回来了，而且不需要教练的技术指导，就能自然矫正。觉察的疗效相当强大！

关键变量

在高威的著作《工作的内心博弈》一书中，高威说当我们把注意力关注在那些与我们期望结果最相关的变化及相关事项上（即"关键变量"时），我们的内部干扰就会降低，而我们的绩效也会提高。例如，他认为厌倦、紧张和对主管的怨恨导致 AT&T 客服人员的"礼貌度评分"降低。他并没有告诉客服人员要更有礼貌，而是教练他们识别和探索两个关键的礼貌变量：他们是如何倾听以及他们是如何交谈的。他们设计了一个游戏，要求客服人员更仔细地倾听客户的声音，并跟踪他们自己对客户话语的反应给自身带来的影响。通过这么做，客服人员的礼貌度评分就提升了。由于他们的觉察增强，信心和乐趣增加了，速度和准确性也得到了提高。

避免引导性问题和批评

许多低水平的教练常用引导性问题，这表明他们并不相信自己在做的事情。而教练对象会迅速意识到这一点，从而导致其对教练的信任度降低。教练宁可给教练对象直接建议，也不要试图操控他的前进方向。暗含批评的问题也同样应该避免，比如"你到底为什么要这样做？"

总之，强有力的问题是：

- 创建觉察和责任感；
- 跟随教练对象的兴趣；
- 激发创造力和聪明才智；
- 增加可能性／拓宽视野；
- 目标导向和聚焦解决方案；
- 非评判性的；
- 强调注意力、思考和观察；
- 要求更高程度的聚焦、细节和精度；
- 要求答案能表明思想品质、行为表现和学习能力；
- 支持性的和挑战性／激励性的；
- 创建反馈回路。

问题包 4 所包含的 10 大"强有力问题"列表，是我一直坚信对教练辅导有帮助的一些问题。毫无疑问，你将从自己的教练经历中积累自己的经验。而最重要的是，他们必须是真实的。

第 8 章 | COACHING For
         | PERFORMANCE

积极倾听

汉字繁写体的"聽"说明了这一切：

"耳"代表你用什么听（听到）；

"王"代表关注（服从），好似对方是你的国王；

"十和目"代表好像你有十双眼睛（留意）那样善于观察；

"一"代表全神贯注地倾听（专注）；

"心"代表用心倾听（除了耳朵和眼睛，还要用心）。

真正地被"倾听"，并被真正地"听到"是很奢侈的。大多数人都不擅倾听；大家在学校被告知要倾听，却没有被训练或被指导如何倾听。通常当人们表现出似乎在倾听时，他们只是在等待他们发言的时机，一旦时机到了，他们就会按照自己的日程行事。他们可能会谈论一些完全不相关的事情，或者想要分享他们自己的经验、想法和观点，或者给出一些建议。花一分钟的时间，回忆一下最近一次当别人用这种方式"听"你时你的感受。

对回答保持关注

教练意味着要充分关注教练对象对问题的回答——包括关注其

表达的内容和传递的感受。如果这种关注不发生，信任就会消失，教练也就不会知道接下来的好问题是什么。提问必须是一个自然的过程。如果教练提问事先准备好的问题将会破坏交谈的流畅性，不能跟随教练对象的兴趣以及他们自己的议程。如果你的教练对象讲话时你在想下一个该问什么问题，教练对象就会觉察到你没有在倾听。最好先仔细听对方把话讲完，如果需要的话停顿一下，等待下一个合适的问题自然浮现出来。如果你真的是在倾听，那么你的**直觉**将会是你最好的向导。

你的注意力在哪里

倾听是一种技巧，需要全神贯注和加以练习。但奇怪的是很少有人在听新闻或听一个好的广播剧时存在困难。兴趣有助于保持注意力。也许你需要学会对他人感兴趣，让自己保有好奇心。当你真正倾听某人，或是当某人真正倾听你的时候，那是多么难能可贵呀！当你倾听时，你真的听到了吗？当你观看时，你真的看见了吗？我的意思是要跟对方进行目光交流。人们喜欢沉浸于自己的想法、观点和想要谈的事情上，特别是被安排为提供建议的角色之时。有人说，既然我们有两只耳朵和一张嘴，那么我们的听说之比就应该是 2∶1。也许教练要学会的最难的事就是闭嘴。

措辞和语气

你在听什么？听的时候在找寻什么呢？教练对象的语调会显示出任何值得倾听的情绪。单一沉闷的语调可能是在重复毫无新意的想法；富有活力的声音会暗示着新思想的觉醒和更大的动力。教练对象的词语选择可以泄露很多信息：负面词汇占主导，或者由开放转向拘谨，或者幼稚的语言，都隐含着很多意义，可以帮助教练理解并更好地引导。

身体语言

除了倾听，教练还需要观察教练对象的身体语言，不是肤浅地观察，而是为了帮助自己选择问题。教练对象在教练方向上的高度兴趣可能会表现为一个身体向前的倾听姿势。说话时，用手部分遮住口，显示对回答没有把握或者存有焦虑。双臂交叉在胸前经常表示拒绝或者防御，开放的姿势表示接受和灵活。我在此不打算深入介绍肢体语言，但有一点要记住：如果嘴里说的是一回事儿，而肢体看起来在说另一回事儿，那么身体语言更接近于真实的想法。

回顾

教练除了拥有倾听、听见、观察和理解的能力，更要有足够的觉察来了解自己每一刻在做什么。无论教练拥有多么清晰的感觉，在过程中时不时地跟教练对象进行回顾，总结谈话的要点都很重要。这会保证正确的理解并让教练对象放心地知道他被完全地听到和理解了。同时也让教练对象有第2次机会核实他所说的真实性。在大多数的教练会谈中，需要有人记笔记，至于由谁来记可以由教练和教练对象商议确定。我做教练的时候通常由我来记录，以让教练对象自由思考。

自我觉察

最后，优秀的教练会应用自我觉察来仔细监控自己的反应，教练对象的回答会影响教练的情绪和判断，教练的这些反应可能会妨碍其客观性和超脱性。我们自己的心理历程和偏见（且无人幸免）会影响我们的沟通。监测自己身体的感觉，比如紧张的肩膀或者胃部的抖动，可以让你洞察到你从教练对象身上直观地感受到的情绪。

移情

投射和移情是反应心理扭曲的一些术语，所有教导、引导、教练或领导他人的人都需要学习辨识并设法减轻它们的影响。投射的意思是将自己的正面或负面的特质或品质投射到他人身上，或是在他人身上看到自己的这些特质。移情是"将自己童年时期对身边重要人物的感觉或行为模式，错置于当前人际关系中的某个人身上"。在工作场所中一个最常见的验证就是权力转移。

在任何一个可见的等级关系中，经理 / 属下或者教练 / 教练对象，两方关于权力的问题或潜意识的感觉都会产生影响。例如，许多人将他们的权力让渡给特定的主体——"他知道；他有所有的答案；他更加高明"等，这样的想法使得自己在这种情况下变得渺小而幼稚。这可能符合专制型领导人对统治和依赖的意愿，但与教练的目标背道而驰，教练要让教练对象产生责任感。

对权力转移的无意识反应的另一个常见例子是对工作目标的反叛和暗中破坏。当领导风格限制了人们的选择时，个体的移情作用会造成集体的沮丧和无力感。例如，一个大型马达制造商曾经有一段时间用来评估劳资关系的方法是查看生产线旁边的废弃桶中好零件的比率。

反向移情

反向移情是移情的另一种复杂现象，发生在权威人士、领导人或教练身上，他们因为自己的人生经历而产生的一种无意识的移情反应，或持续依赖或持续抗拒。优秀的教练会认识到自己进行反移情的可能性，并通过有意识地努力赋能教练对象来弥补所有移情表现的影响。如果他们不这样做，那么这些扭曲就会蔓延到管理或教练关系中，而伴随的长期影响会严重影响到他们的领导方式所试图实现的目标。

积极倾听的技巧

　　表3总结了积极倾听的技巧。<u>重述/镜像、复述和总结的技巧</u>表明你正在倾听他人的话语（内容），这些技巧可以检查你是否正确理解了对方的表达，帮你验证他想表达的意思。

　　用以下练习来验证你的倾听技巧。

表3　积极倾听的技巧

技　巧	描　述
重述/镜像	重述对方的原话
复述	不改变对方所说的内容或意思，使用略微不同的词语进行复述
总结	在不改变实质意义的情况下简要重述对方的表达要点
澄清	简明地表达已经说过的内容/核心，并添加一些有价值的东西，比如没有体现在言语表达里的情绪、面部表情或身体姿势等，以帮助表达者产生觉察。为了检视你的理解你可以这样说："听上去好像……对此你会说什么呢？
鼓励自我表达	建立信任和亲密关系以鼓励开诚布公
不评判，不批评，不依附	保持开放的心态。评判和批评会让人产生防御心理，不愿交流
倾听潜能	关注个人的能力和优势，而不是他过去的表现或将其视为问题。如果没有限制，他会释放怎样的潜能？
用心倾听	聆听诸如语音语调、措辞、面部表情和肢体语言等非语言类信息。在感受和意义（意图）层面注意倾听，倾听其传达的核心/本质

⋮练习：倾听技巧

　　回想最近一次不是你发起的谈话。尝试评估你的倾听技能。

　　1. 你遵循了谁的议程？你给建议了吗？

　　2. 当下次有人要求与你讨论某件事时，试着积极倾听他们，并进行自我评估。你跟随了他们的议程吗？你运用你的直觉了吗？你澄清和/或复述了他们的表达吗？你克制了自己给出观点或建议的冲动了吗？你做到不评判了吗？你有帮助你的同事探索他们自己的想法吗？

3. 关于你的倾听技巧，你学到了什么？

4. 有关你的倾听技巧，你选择专注在哪些方面来发展？

教练过程需要你充分关注教练对象的言语和他们所传达的感受。一个人也许用言语在表达一个意思，但他的语音语调、肢体语言或面部表情却可能出卖他，表达出截然不同的意思。如果你积极地倾听某人，你可以感觉到与他们调频"一致"，就好像你同时在几个层次上理解他们一样，甚至你的身体都可以感受到他们的身体感受。然后，你就可以开始使用自己的直觉，倾听词语"背后"和"之间"的意思，并关注沉默、语调、能量水平、身体语言和其他情绪信号等传递的信息。我们已经介绍了强有力的问题和积极倾听这两个基础技能，现在让我们介绍一下 GROW 模型，这是一个**教练式**对话的基本结构。

GROW 模型

目标、现状、选择和意愿。

到目前为止，我们已经明确了学习和绩效改进的核心本质是**觉察和责任感**。我们也已经了解了教练的背景，教练与领导、企业文化和高绩效表现之间的关系。我们探索了教练的角色和态度，我们认为强有力的问题和积极倾听是教练沟通中的主要形式。现在我们需要确定问什么问题，以及按什么顺序来提问。

正式或非正式？

重点强调一点教练可以是不经意的和非正式的，以至于员工甚至不知道他们正在被教练。在与员工的日常互动中，在介绍情况和听取汇报之时，没有什么比教练更好的方式了，但它不应该被看作教练辅导，这只是有效的领导方式。在这种情况下，教练不再只是一种工具，在我看来，它是最有效的领导方式。另一方面，也可以明确目的和角色，安排正式的教练会谈，有条不紊地、有结构地进行。虽然工作场景中大部分教练都属于前者，但我们将详细研究后者——正式的教练会谈，因为当流程是一样的时候，正式教练会谈的阶段可以更加明确地加以界定。

一对一教练

为了简化和清晰，我们会关注一对一教练，虽然团队教练甚至自我教练的形式也完全一致，这两种将会在后面的章节中详述。一对一教练可能发生在同级之间，经理和下属之间，一个从前的老师和学生之间，一个教练和一个教练对象之间。一对一的教练甚至可能会被用于一个员工对其老板的向上管理，虽然这通常是隐蔽的。毕竟，没有人能直接命令他的老板如何去做，因而向上教练有更高的成功率。

教练的框架

无论是在一个正式的教练会谈还是在一个非正式的教练对话中，我建议的提问顺序都遵循以下四个阶段。

- **目标设定**（Goal），包含本次教练对话的目标，以及设定教练的短期目标和长期目标。
- **现状分析**（Reality），探索当前的状况。
- **方案选择**（Options），可供选择的策略或行动方案。
- **该做什么**（What），何时（When），谁做（Who）以及这样做的意愿（Will）。

这个顺序可以方便地形成助记符 GROW，我会不断地提到它。因为选择和自我激励对成功至关重要，所以我喜欢强调在最后阶段中的意愿因素，因为在这一阶段意图转化为行动，我将其称之为"转化"：目标，现状，选择，意愿。请参见图 9 中每个阶段的关键问题列表。

这一顺序的假设是，四个阶段都必须进行。第一次解决一个新问题时，通常都是如此。然而，通常情况下，教练会被用于推进之前已经讨论过或已经开始讨论的任务或流程。在这种情况下，教练可以在任何一个阶段开始或结束。

GROW 模型如此有效的一个因素就是这个框架是灵活的。

Goal	**R**eality	**O**ptions	**W**ill
目标设定 你想要什么?	现状分析 你现在在哪儿?	方案选择 你能做什么?	行动意愿 你将要做什么?

图 9　GROW 模型

┆ GROW 模型的源起

　　1979 年，当我们把"内心博弈"带到欧洲时，最初我们执教过网球运动员和高尔夫球手。但我们很快意识到"内心博弈"对组织领导者的价值。所以，我们在 20 世纪 80 年代的大部分时间里都在为组织中的绩效改进开发方法论、概念和技术。我们通过努力证明这的确可以改善绩效表现，提升学习效果和愉悦度，并帮助人们找到工作目标。

　　管理咨询公司麦肯锡在 20 世纪 80 年代中期成为我和其他同事的客户。我们为麦肯锡实施了许多项目，包括在网球场上的体验教练。教练在提高绩效和释放潜能方面非常成功，以至于麦肯锡要求格雷厄姆·亚历山大和我为教练辅导提出一个基本框架——一个模型，以应用于项目中的球场和其他地方。

　　我们决定对我们以及同事们的教练过程录制视频。我们邀请神经语言程序学（NLP）专家，向他们介绍我们的项目，无论是在网球场上的还是在商业环境中的，请他们看看我们做了什么，尝试帮我们发现我们的无意识能力中是否存在一个模型。

　　起初，我们将其称为 7S 教练模型，因为麦肯锡本身有一个 7S 框架。然而，这有点烦琐，实际上它看起来像 1,2,3,4，或者有时是 1,3,4，或者只有 1,2,3。最后，我们针对确定的四个阶段提出了四个关键字的首字母缩写 GROW。我们把这个想法发送给麦肯锡的一位内部沟通专家，并从他那里收到一些其他想法，他说他们认为这个创意很好。他们喜欢它，因为它很简单，而且聚焦于行动和结果。而当时我们尚不知道它的重大意义！

1992 年本书第 1 版出版后，我成为第一个发布这个模型的人。通过本书的成功以及我们的全球业务，GROW 模型成为世界闻名的，并且是全球最受欢迎的教练模型之一。

目标优先

在**现状**分析之前就设定**目标**可能看起来有些奇怪。通常来说，我们需要在我们设定目标之前了解现状，实际上并非如此，仅仅基于现状的目标容易倾向于负面，变成对问题的反应，易受到过去表现的局限，因简单的推断而缺少创新，只能实现小小的增长而不是本应有的成就，甚至适得其反。短期的固定目标甚至会让我们远离长期的目标。我在团队培训课程中的目标设定环节中得到的经验是团队常常基于过去的所作所为来设定目标，而不是未来可以做到什么。在许多情况下他们甚至不去尝试规划可能的结果。

确认理想的长期解决方案或愿景后要决定实现该理想的现状步骤，这种方式形成的目标通常更令人鼓舞、更有创意和更激励人。让我用一个例子来说明这一要点。如果我们要解决一条战略要道上的交通拥堵问题，出于对现状的分析，我们很可能会采取拓宽道路的方法。而这实际上可能会与更有远见的长期目标相矛盾，后者通过明确该地区在未来某时间的理想交通模式，来确定实现长期目标所需的阶段步骤。

因此我的建议是，在大多数情况下，使用上述建议的四个步骤。

不仅仅是 GROW 模型

我必须强调，如果没有通过**积极倾听**和**强有力的问题**来"创建觉察"和"建立责任感"的意图以及能力作为基底，GROW 模型的价值将十分有限。模型不是真理——GROW 本身不是教练。在培训领域有很多人们耳熟能详的概念：SPIN、SMART 目标、GRIT 和 GROW 教练模型。这些有时被看作或理解为能够解决所有业务问题的万灵丹。其实它们并不是：它们只有运用于合适的背景中才有价值，而 GROW 模型只有在具有觉察和责任感的背景中才有效。

一个专制的老板可能会以下面的方式来管理他的员工：

- 我的**目标**（G）是本月销售 1 000 套工具。
- **现状**（R）是你们上个月表现很差，只卖了 400 套。你们是一群懒人。我们的主要竞争对手有了更好的产品，因此你们必须更加努力。
- 我已经考虑了所有的**方案**（O），我们不会增加广告的投放，或者更换产品包装。
- **你们要做的是**（W）……

任何独断的人都可以使用 GROW 模型。这个老板已经按照 GROW 逻辑写了这封信，但他们没有提出任何问题。他们没有创造任何觉察，虽然他们认为自己已经通过威胁员工迫使其担责，事实并非如此，因为员工没有选择。

背景和灵活性

如果你能从本书中学到什么，那就是觉察和责任感，它们远比 GROW 模型重要得多。即便如此，有很多经典案例表明遵循了 GROW 模型且提出强有力的问题，被证明是简单、灵活且有效的。

这个模型可以循环使用。我的意思是说，人们在对**现状**进行全面细致的分析之后，也只能定义出一个模糊的**目标**。那么就需要把目标定义得更清楚之后，才能继续前进。一旦实际情况明朗，即使是一个明确界定的初步**目标**需要修改甚至用不同的目标来代替。

在倾听**选择方案**时，我们必须检查这些方案是否能够帮助你推进**目标**的实现。最后，在决定应该**做什么**和**什么时候做**之前，再次核查它们是否能够达成目标。在方案执行过程中，如果执行人自我激励感很低，那么应该再次核查目标，特别是目标执行人的主人翁意识应该被再次查验。

你可以跟从直觉在使用 GROW 模型时选择其中的步骤。在必要的时候以任何顺序重新审视每一个步骤，确保教练对象保持活力和动力，并且确保他们的目标符合公司的目标，同时也符合他们的个人目标和个人价值观。遵循你自己的直觉和本能，而不是试图遵守某个规则。当你越来越熟悉 GROW 模型的力量时，你就会开始有信心去探索 GROW 模型的要素啦。

GROW 模型的关键点

成功使用 GROW 模型的关键是首先要花费足够的时间来探索" G "——目标，直到教练对象能够设定一个既能够激励他们，又能帮助其向前发展的目标，然后凭你的直觉**灵活**选择其他几个环节的顺序，包括必要时重新审视目标。

第 1 步：你的目标是什么

- 理解每种不同的目标类型：终极目标、绩效目标和过程目标。
- 理解不同目标类型的主要目的和期望。
- 明确此轮教练对话所期望的结果。

第 2 步：现状是什么

- 就目前采取的行动评估当前的状况。

- 明确之前采取的行动的结果和影响。
- 就阻碍或限制当前进展的内部障碍和阻挠进行分析。

第3步：你有什么选择

- 确定可能性和备选方案。
- 将可能采取的方案策略列出一个详细的提纲。

第4步：你将要做什么

- 帮助梳理学习收获，并探讨如何改变以实现最初设定的目标。
- 针对已确定步骤的实施情况进行一个总结，并创建相应的行动计划。
- 明确未来可能遇到的障碍。
- 考虑在后续的目标实现过程中，可能需要的支持和发展。
- 评估约定行动的准确执行情况。
- 重点强调如何保证责任担当以及目标的实现。

在教练问题工具包中的问题袋5中可以找到 GROW 模型每个阶段的示例问题。在接下来的4章中，我们将依次深入研究 GROW 模型的每一个步骤，以及聚焦这其中最能创建"觉察"和"责任感"的问题。

G：目标设定

当我想做的时候，我的表现会比我不得不做时更好，

我想做是为了自己，我不得不做是为了你，

自我激励来自自我选择。

关于目标设定的重要性和步骤有很多的著述，显然在此我没有必要在一本关于教练的书中赘述。目标设定本身就可以写成一本书。不过，我相信即使那些认为自己是目标设定专家的人也会喜欢这一章中那些对教练过程至关重要的目标设定部分。

有关教练会谈的目标

教练总是从确定一个目标开始的。如果教练对象寻求开始一段教练会谈，他当然需要确定自己希望从中获得什么。即使是应教练的要求，为了解决教练对象的一个具体问题而开启的一个教练会谈，教练对象仍然需要被问及他还想从这个教练会谈中获得什么。

问题诸如：

- 你希望从此次教练中获得什么？
- 我们现在有半个小时的教练时间，你希望在结束时进展到哪里？
- 这次教练可能带给你的最大帮助是什么？

这样提问通常会引发如下回答：

- 我希望得到一个个人发展的月度计划。
- 清楚地知道我的下两个行动步骤，并做出承诺。
- 一个关于去往何方的决定。
- 理解最关键的问题是什么。
- 关于这份工作的预算。

有关问题的目标

现在你要面对关于目标及目标相关的问题，这里我们需要区分终极目标和绩效目标。

- **终极目标**。最终的目标，如成为市场的领跑者、被任命为市场总监、搞定一个重要大客户、赢得金牌，这类目标很少全然在你自己的控制中。你不可能知道或者掌握你的竞争对手会做什么。
- **绩效目标**。确定一个你有信心的绩效水平会让你有很大的机会实现你的终极目标。它基本在你的掌控中，并且通常能够提供一个衡量进展的方法。绩效目标的例子可能是 "95% 的产品一次通过质量检查标准""我们下个月要卖出 100 套小工具"，或是 "9 月底前，在 4 分 10 秒内跑完 1 英里"。重要的是，相较一个终极目标而言，让自己对一个有把握的绩效目标做出承诺和承担责任要容易得多。

一个终极目标应该能够被绩效目标所支持。终极目标促进长期思维，并鼓舞人心，而绩效目标定义了具体内容，令关键结果可以测量。

绩效目标是关键

在 1968 年奥运会上，英国惨败的关键原因是缺乏一个明确的绩效目标。威尔士人林·戴维斯曾在 1964 年的跳远比赛中获得金牌。在 1968 年的比赛中，苏联的伊格·特欧文斯扬和美国的冠军罗夫·波士顿被看作其竞争对手。同时有一个非常冷门的美国人鲍勃·比门，在第一轮中跳出了超过世界纪录 0.61 米的成绩。考虑到从 1936 年以来，世界纪录仅仅被提升了 0.15 米，这真是一个壮举。戴维斯、波士顿和特欧文斯扬都非常沮丧，虽然波士顿得到了铜牌，苏联人获得第四，但二者都比他们的最佳成绩少了 0.15 米。戴维斯则低于他的最佳成绩 0.31 米，他事后承认他只是关注金牌，如果他能够给他自己设定一个绩效目标，比如 8.23 米或是一个个人最佳成绩并坚持的话，他可能会得到银牌。我不知道 40 年后在北京的奥运会上，当迈克尔·菲尔普斯在每个项目中都获得金牌，最终累计 11 枚金牌总数时，其他男子游泳选手会怎样士气低落。

从鼓舞到行动

有时候我们需要在终极目标和绩效目标的上下两端加入另外两个目标，或者最起码称它们为两个要素（见图 10）。以第一个登上珠穆朗玛峰的英国女性瑞贝卡·斯蒂文森为例。她在企业和学校中就她的伟大成就进行讲演。毋庸置疑，听完她激动人心的演讲后，许多学生跑回家乞求父母带他们去攀岩或是至少到附近有攀岩设施的体育馆尝试攀岩。"我要去爬珠穆朗玛峰"可能是一种孩子气的宣言，但它也是一个人的梦想，一个点燃行动的愿景。我们可以把那个梦想称作**梦想目标**。在拥有丰富的攀岩经验后，瑞贝卡·斯蒂文森达到了很高的能力层级，当攀爬珠穆朗玛峰能够被认为是可能的时，攀登珠穆朗玛峰就成为一个很合理的终极目标。然而，她仍然有大量的工作要做，准备训练，适应环境。如果她没有强烈的意愿把自己完全投入到该过程中，珠穆朗玛峰还会在那里，仅仅是个梦想。"你希望在该过程中投入多少？"这是我经常在教练的目标设定阶段针对所有行动问的问题。我称之为"过程目标"或是"工作目标"。

	渴望，鼓舞	初衷，承诺
梦想目标 **目的和意义** 期望的未来或愿景 为什么存在？	**"那个远大的画面是怎样的？"** 建立真正服务于多元化社区的"未来银行"	• 我将通过将金融科技企业和创新手段与我们庞大的客户群体和关系进行整合，睿智地将我的组织转型为现代化的创新银行，为社区服务
终极目标 **一个清晰的目标** 梦想的具体表现 怎么存在？	**"你想达成什么？"** 在未来5年内利用新技术、创新和金融科技商业模式的潜力和力量实现我们的银行业务的转型，并在整个高管层级推行教练型领导风格，来为这一目标助力	• 我承诺在5年内将董事会批准的愿景变为现实，并将通过开发和提供金融服务和技术，将我们银行今日之庞大的线下客户转变为网上交易，实现银行的成功转型
绩效目标 **有形的里程碑节点** 服务于梦想目标和终极目标 99%由你掌控	**"你会交付什么？"** 通过在银行业务中提供优质的数字化客户体验和员工体验来建立忠诚度	• 到2020年年底，我要将我们的数字银行业务简单化及自动化，通过整合财务、风控及合规体系降低成本和复杂性，同时提升创新产品和服务的销售利润，以符合我们的董事会战略目标
过程目标 **SMART步骤** 达到绩效目标所需的工作 服务于上述所有目标 100%由你掌控	**"你将会采取什么行动？"** • 我将使财务流程实现自动化的实时分析，并将其职能转化为对整个组织提供前瞻性的业务洞察。 **行动**：在6个月内建立分析事业部；相应地设置分析管理团队并制定其职责（8周）；制定沟通策略（内部和外部）（8周） • 我将与我们的变革团队密切合作并定期开展工作，支持他们快速决策及与我们的所有员工沟通畅通，确保所有人尽职尽责。 **行动**：每两周举行一次变革管理会议，以了解工作进展……	

图 10　目标设定：从鼓舞到行动

目标的自主权

虽然公司的高管们可以自由地设定他们的目标，但大多数情况下他们以命令且不容置疑的方式向下级传达目标。这么做剥夺了那些被期望达成这些目标的人的自主权力，而他们的绩效也多半会受到影响。明智的高管们在试图激励他们的经理时会努力和他们自身的目标保持一个健康的距离，并总会在可能的情况下鼓励下属制定属于他们自己的挑战性目标。就算不能这么做、工作被严格界定时，事情仍有转机，因为领导者至少可以给他的员工在应该如何做、谁来做、何时做以及做什么这些方面提供一定的选择和自主权。

通过教练增强主人翁责任感

即使面对一个势在必行的特定目标，也可以就主人翁意识进行教练。我曾经和一个国家警察部门讨论过枪械训练。"如何让受训者接受不容置疑的、硬性的枪械安全规则？"他们问我。我建议与其在开始向他们讲述这些规则，不如运用教练方式组织讨论，受训者在讨论中创造他们自己同意的一套安全规则。很有可能它们会与规章中的要求非常接近。当它们存在差异时，差异的原因可以通过教练的方式由受训者找出，教练则尽可能少介入。在这种方式下，受训者会在更大程度上认可、理解并掌握规定的枪械安全条例。

谁的目标

永远不要低估自主选择和责任感对自我激励的价值。例如，如果销售团队的成员提出的销售目标低于领导者的期望，那么领导者在否定团队成员的数字，将自己的目标值强加给他的团队成员之前应该非常仔细地考虑后果。团队领导最好是放下骄傲并接受团队的数字。即使领导者的目标高于他们的目标，坚持领导者的目标很可能会降低团队的表现。无论他们是否认为领导者的数字是令人气馁和不切实际的，他们几乎一定会因为自己缺少选择权而士气低落。

当然，如果领导者确实有理有据，他们还有一个选择，就是以团队的数字开始，通过教练帮助他们破除障碍，来实现更高的目标。之后团队将会对最终达成一致的数字承担责任。

在工作场合，所有相关方需要就目标达成一致：领导要设立目标，销售经理和团队成员必须完成工作的目标。如果没有达成一致，对销售团队至关重要的自主权和责任感就会丧失，他们的业绩也会相应受损。作为一名教练型领导，需要意识到你要跟教练对象并肩而站，而不是站在前面"拉"他们或站在后面"推"他们。这样，教练对象总是能够保有对目标的自主权。

除此之外，可能还需要做出一些努力来确保所有目标都被清晰地理解，往往不准确的假设可能会误导一些人的看法，甚至对他们参与创建的目标有所曲解。

一个好目标具备的品质

尽快实现终极目标不在你的掌控中，但绩效目标和过程目标却可以，这些目标的设定需要遵守 SMART 原则：

- 具体的（Specific）
- 可衡量的（Measurable）
- 一致同意的（Agreed）
- 现实的（Realistic）
- 有时限的（Timeframed）

还要遵守 PURE 原则：

- 正向的陈述（Positively stated）
- 能被理解的（Understood）
- 相关的（Relevant）
- 道德的（Ethical）

以及遵守 CLEAR 原则：

- 挑战性的（Challenging）
- 合法的（Legal）
- 环保的（Environmentally sound）
- 适宜的（Appropriate）
- 被记录的（Recorded）

一个拥有上述大多数特征的目标是不言而喻且无须进一步阐释的，但有几点观察可能会有所帮助。

SMART 框架是为领导者制定团队目标而创建的。因为目标来自领导者，所以他们必须确保目标明确或"具体"，而并不太关注它有多么令人兴奋或激动人心。领导者们也必须小心，不要让目标太难，要"现实"一些。如果一个目标不**现实**，它就没有希望；而如果一个目标不具备**挑战性**也就没有动力。因此所有的目标都需要在难易中寻找平衡。

鼓舞人心的目标

在遵循 GROW 模型的"G"阶段，一开始就需要花费大量的时间，确保教练对象能制定出一个鼓舞他们、激励他们的目标，这个目标会使他们充满激情，兴奋不已。一个正向构建的励志目标将从一开始就能量满满，充满动力。在公司目标的框架下自主制定的目标会截然不同。

当你为自己设定目标时，因为恐惧限制了你的想象，你可能倾向于设置较低的目标值。所以要鼓励教练对象看向高远，这会使他们竭尽全力达到最佳状态。在一个充满支持的环境中，一个鼓舞人心又富有挑战性的目标将会迎来成功，这样的目标会提升自信和信心，并带来更高的绩效表现。

> 你关注什么就会得到什么。如果你害怕失败，你就会关注失败，然后你就会失败。

正向聚焦

正向地陈述目标是非常重要的。如果一个目标被负向表达会发生什么呢？举例来说："我们不能在区域销售联盟中垫底儿。"注意力聚焦在哪里呢？当然是在联盟的尾部！如果我对你说"不要去想红气球"，你的脑中会想什么？或者我对一个小孩说"不要把杯子打碎，把水洒了，不要犯错误"，又会怎样？用一个足球罚点球的例子，如果一个球员在射门前反复在对自己说"不要射偏出门框"，那么他很可能会射偏或者是射得过正被守门员扑住。消极的目标可以很容易地被转换成正向的目标，例如"我们要在联赛中争取前四名的成绩！"或是"我要用低平球用力把球射进左下角"。

道德准则

建议目标应该是**合法的**、**道德的**和**环保的**，也许这看起来有点像说教，但每个人对这些要求都有他们自己的标准，唯一能够保证他们完全一致的就是遵从最高标准。年轻的员工倾向于比他们年长的经理拥有更高的道德标准，而后者常常感到惊讶并找到常用的借口"我们一直那样做的"。除此以外，关于企业和全社会对责任感的呼吁，以及检举者或是消费者监督员的曝光所产生的效果，确实压制了无道德的短期收益。在体育精英赛中，大卫·赫默里引用迈克尔·爱德华兹爵士的话说：

> 如果你没有最高标准的商业道德，就不会有优秀的人和你一起工作。如果你投机取巧赚了 1 000 英镑，你对好人的伤害所引发的损失是 20 000 英镑。

奥运目标

据我所知，最著名的、成功的目标设定的例子来自奥林匹克的游泳项目，在迈克尔·菲尔普斯出生前 10 年，一名美国大学新生约翰·内伯看到马克·斯皮茨在 1972 年慕尼黑奥林匹克游泳项目上赢得了 7 块金牌。约翰决定他将要在 1976 年赢得 100 米仰泳的金牌。虽然当时他已经是国家青年运动会的冠军，但仍然比赢得奥运金牌所需的速度慢了 5 秒——以他的年纪、加之如此短的距离，这是一个相当大的差距。

他决定变不可能为可能，首先要给自己设定一个新世界纪录的绩效目标，然后通过把差距的 5 秒分解到在 4 年中尽可能达成的最多的训练小时数。他算出来他需要在每个训练小时中将成绩提升每一眨眼所需时间的 1/5，他觉得如果他能聪明并勤奋地努力，他就有可能做到。最终他做到了。

到 1976 年，约翰的进步之大使得他被推举为蒙特利尔奥运会美国游泳队的队长，他也赢得了 100 米和 200 米仰泳的金牌，第一个破了世界纪录，第二个破了奥运会纪录。多么出色的目标设定啊！约翰·内伯被清晰定义的终极目标所激励，而终极目标则被一个他自己可以掌控的绩效目标支撑着。他一步步实现了他的目标，最终站在了冠军奖台。

> 那些想要成功的，赢得很多。
> 那些害怕失败的，失去很多。

商业中的奥运表现

那么奥运表现如何体现在商业运作中？ 40 多年来，豪尔赫·保罗·雷曼（Jorge Paulo Lemann）一直是巴西经济发展的主要人物。1971 年，雷曼成立了加兰蒂亚投行（Banco de Investimentos Garantia），他很快招募了卡洛斯·斯库彼拉（Carlos Sicupira）和马塞尔·特列斯（Marcel Telles）加入，被许多人认为是巴西的高盛。由于他们获得了多元化的资产，三位一体改变了巴西经济，向外部投资者开放，同时为国内的投资者创造了稳定性。通过他们的私募股权公司 3G Capital，他们现在拥有或参股知名品牌诸如汉堡王、百威英博和卡夫亨氏等公司。

他们通过激励员工来开展业务。克里斯蒂娜·柯利娅在她的《3G 资本帝国》（*Dream Big*）一书中说到，他们希望吸引并留住杰出人才，而这些人才绝非仅用金钱就可以打动。雷曼介绍了他们的准则如下：

> 创造一个远大梦想。这个梦想简单、易于理解并可衡量。吸引"对"的人一起工作。保持衡量标准的一致性。你可以用这个准则来创建、运行或改进任何东西。
>
> （哈佛商学院，2009 年）

弗朗西斯科·奥梅姆·德·梅洛在《赋能式投资：3G 资本的投资并购与投后管理之道》（*The 3G Way*）一书中将他们的领导风格概括为"梦想＋人＋文化"。他们吸引了一群杰出的人才一起工作，他们创造了一种文化，在这里人们能够茁壮成长，并分享远大梦想的回报。这种方法使得他们从投行业务转到投资啤酒和汉堡包，从巴西到拉丁美洲，再扩张到欧洲和美国。

那么，它是怎样实现的呢？首先，这个远大梦想是一个共同的梦想，成为整个公司的指明灯，持续保持活力。用目标金字塔的语言表达（见图 10），如果他们的梦想目标是改变巴西经济并以稳定的方式开放市场，他们的终极目标就可能是通过成为世界上最大的啤酒公司来实现这个梦想。从梦想目标和终极目标出发，公司分解整个公司的年度目标（绩效目标），然后以 CEO 目标、副总裁目标、总监目标的形式分解处理目标，一直到工厂员工的目标，所有这些人的目标都源于公司的梦想目标。每一个梦想目标都经过几年的艰苦奋斗得以实现，然后公司再设立另一个梦想目标，同样的远大。

他们的方法得到了许多管理评论人士和权威专家的推崇，其中包括吉姆·柯林斯，他创造了"宏伟、艰难和大胆的目标"（Big Hairy Audacious Goals，BHAG）这个词，雷曼、斯库彼拉和特列斯的梦想正符合这一类。如雷曼所言：

"为实现一个远大梦想所做的工作与实现一个小梦想所做的工作一样多。"

教练对话示例

在阐述实用技能的章节中，我将以山姆与他的经理米歇尔之间发生的虚拟教练对话为例进行阐释。山姆是一家跨国电信公司的项目经理。他最近接受了一个涉及整个公司的项目管理高峰会的任务，这将要求他进一步发展自己的人员管理技能，影响那些在项目团队中不直接向他汇报的人员。作为一个实施者，山姆一直在疲于应对项目中出现的许多问题，这让他感到很疲惫，不堪重负，对项目团队的一些成员也感到沮丧不已。让我们来看看米歇尔是如何专注于目标的，以便让山姆能够通过这个对话重回正轨。

教练清楚地陈述谈话的目的，并询问教练对象想要做什么。

米歇尔：我想谈一谈峰会项目，特别是想听听你管理项目团队的一些想法。现在合适吗？（山姆点头）你希望从我们的讨论中获得些什么呢？

山　姆：我很愿意跟你讨论我当下遇到的问题，有些团队成员不尽责，这导致我们没有足够的资源在截止期前完成任务。

米歇尔：好的，听起来你现在要应付很多事情啊。我想重点关注下你的人员管理技能，因为你承担的项目管理的角色需要发展这些技能。当然，基于你刚才所言，我想知道此刻对你而言我们探讨些什么或解决什么对你最有帮助。

山　姆：再有 5 个人参与，这个项目会好很多，但我打赌你会说没预算了。

米歇尔：你说得对，我们没有预算，无法添加人手。我听到人力资源是目前你心中最重要的事情。你认为当前最麻烦的问题是什么？

山　姆：老实说，是约翰和凯瑟琳，他们不出活儿啊。他们说他们会做某事，然后却不做，我根本指望不上他们。当我跟他们当面对质时，他们或者很不开心，或者开始抱怨我。这简直就像是一场噩梦，因为他们，我们快要错过第一个交付日期了。

米歇尔：你如何应对这一切？

山　姆：这让我很紧张。我已经听够了他们的借口。我不知道如何告诉客户我们无法按期交付。

将注意力从问题/关切转移到对教练对象有意义的目标上

米歇尔：我始终支持你，我相信你能够完成这项工作。关于这些问题的讨论你希望会有怎样的好的成果？

山　姆：让约翰和凯瑟琳努力，做他们该做的事情。

米歇尔：那你想要什么？

山　姆：少一点压力，有更多时间做我想要做的事情，让项目回到正轨。

对期望的结果/目标具体化

米歇尔：我感觉按时交付你来说很重要。按时交付这个项目对你来说意味着什么？

山　姆：尽可能做到最好，让客户满意是最重要的事情。

对如何实现这一绩效目标，以支持实现终极/梦想目标感到好奇

米歇尔：让我们退后一步，着眼全局，这个目标对你最重要的意义是什么呢？

山　姆：在这个项目上的成功能够带给我经验和业绩记录，这对我实现我的最终目标，即加入区域销售团队有

帮助。

米歇尔：好极啦！在这里取得成功意味着你离你的最终目标更近了一步。那么回到这个项目上，你认为你的总体目标是什么？

山　姆：项目团队中的每个人都团结起来为客户提供服务，而不仅仅是我们中的几个人。

米歇尔：我听到你对一些团队成员的失望。你理想中和他们的关系应该是怎样的？

山　姆：我希望他们为自己的工作承担责任，并对他们的工作感到自豪。我也希望他们尊重我。

米歇尔：听上去你有两个目标：①让项目回到正轨并让客户满意；②改善你与约翰和凯瑟琳的关系。实现这两个目标会有帮助吗？

山　姆：是的，当然。

总结两个绩效目标，邀请教练对象接下来就过程目标进行探讨

　　米歇尔在与山姆的讨论中有她自己的议程，她在谈话一开始时就明确地指出了这一点。然而，她并没有强制实行这个计划，而是邀请山姆说出他想讨论的内容。在接下来的谈话中，米歇尔确认了山姆的担忧，并将讨论从解决问题转变为对期望的结果和目标的设定。在这个简短的对话中注意不同层次的目标：这次谈话的目标——山姆想要通过这次谈话得到什么，他更大的目标是什么，他的目的是什么，这有什么意义。这让山姆在面临被压垮、疲惫不堪和沮丧失落之时又燃起了继续前进的动力，当他确定了理想的结果并亲自制定了终极目标时，他拥有了对这个目标的自主权，比起米歇尔告诉他应该做什么，他更愿意承诺并付诸实践。

目标设置和绩效曲线

　　山姆发现他正在被与约翰和凯瑟琳的关系困扰。他始终没有从他们那里得到他想要的东西，这表明他关于目标缺乏与团队成员的沟通，也缺乏信任，团队成员会基于这种感受而回应他。缺乏清晰的目标会导致太多干扰和低绩效表现。如果没有明确的目标，人们就没法做到最好的自己，因为对期望的结果存在困惑。如果山姆不能诚实地面对约翰和凯瑟琳，表达与他们修复关系、重建信任与尊重的强烈愿望，那么他们之间的信任也没有机会建构。

　　如果我们回顾第 2 章关于"绩效曲线"的介绍，山姆和他的部分团队成员就处于最低绩效水平阶段——"冲动任性"。请注意，山姆似乎倾向于"依赖他人"阶段（中低绩效表现），因为它有点"他们应该按我说的做"的味道。相反地，米歇尔是在"相互依赖"阶段（高绩效表现）工作的，她相信通过与山姆一起工作，他们能够对此刻的混乱局面进行重建。米歇尔知道山姆不善于领导他人，因而非常困扰，她支持他，帮助他发展这些技能。她思路清晰，致力于支持山姆达到他的终极目标。通过这次谈话，米歇尔已经意识到发生了什么，这将是她的首要任务，因为这会影响到整个项目的业绩表现。米歇尔通过她的教练辅导给予山姆在职领导力发展的支持，这是无价之举。

　　探讨完目标，现在是时候看看现状了。

R：现状是什么

当现状变得清晰，目标就会更加清晰。

当我们定义了各种目标后，就需要澄清现状了。有观点认为只有清晰地知晓和理解了现状，才可以确立目标，因此应该从**现状**开始谈起。我反对这种观点，因为任何讨论都需要先赋予其价值和方向，这至关重要。即使在看清具体现状前目标仅能够被宽泛地定义，它依然需要被先行确定。然后，当现状更清晰的时候，目标可以更加准确的聚焦，或者如果发现情况与当初想得有些不同时再行调整。

客观性

检查现状最重要的一个标准就是客观性。客观性易被观察者的观点、判断、期望、偏见、担忧、希望和恐惧等影响而扭曲。觉察是看待事情如它本来那样；自我觉察是认知到扭曲自己对现状感知的内部因素。大多数人认为他们是客观的，但绝对的客观并不存在。我们能追求的只有客观的程度，我们越接近客观越好。

抽离

为了接近现状，教练和教练对象潜在的扭曲意识必须被消除。这需要教练方拥有一个高度抽离的状态，并有能力以提问的方式使教练对象给出符合实际的答案。"什么因素影响了你的决定？"会带来一个比"你为什么那么做？"更加准确的回答。后者会让教练对象给出他认为教练希望听到的答案或是一个防御性的辩解。

描述而不评判

教练应该使用，并尽可能地鼓励教练对象使用描述性的词语，而不是评判性的词语。这有助于保持一种抽离和客观的状态，减少扭曲的、起反作用的自我批判。图 11 说明了这一点。

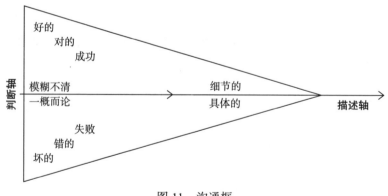

图 11　沟通框

在通常的谈话中所用的词语，以及许多管理层的互动，通常会落在图 11 的左端。在教练过程中，我们试图向右移动。我们的语汇越是具体和富有描述性，带有的批判可能就越少，教练也会越起作用。

当教练对象对自己提问时，能提供对于现状进行自我评估最直接的方法。但无论如何应用，对现状提出强有力的问题的技巧都是最重要的。

更深入的觉察

如果一个教练仅仅在普通的、有意识觉察的层面提出问题和接收答案，他可以帮助教练对象结构化其思想，但并没有到新的或是更深层级的觉察。当教练对象不得不经过仔细思考才能做出回应时，这提升了他们的视野，也提升了他们的觉察。教练对象不得不深入到他意识中的新的深度来调取信息。这就好像他在探究他自己内部的文件箱来寻找答案。一旦找到，这一新的觉察就会变得有意识，而教练对象也会因此被赋能。

> 对于觉察到的事物，我们对其拥有主动权；而没有觉察到的事物
> 却对我们有着主动权。

跟随教练对象

跟随教练对象的兴趣或是思路，同时密切关注它们在整体上与主题的关联，被称为跟随教练对象的议程。这是最基本的教练技能之一。当教练对象将问题的每个方面都讨论过并准备转换话题的时候，教练才会提出他认为被忽略的内容。如果教练对象看起来跑了题，提个问题诸如"这与你的问题有何关联？"会将他带回来或是得以揭示一个正当的理由。在任何一种情况下，都要允许教练对象继续引导进程。这使得他们能够充分发掘自己内部未被开发的潜力，并找到自己的资源应对挑战。

在同级之间直接沟通

在商业环境中应用这种方法时，领导者可能需要做一些调整。例如，一位高级经理艾莉森，希望调查并调整一个在彼得所在的部门存在的明显问

题。如果她一开始就指出问题，彼得会感到受到了威胁并开始防御。如果那样的话，彼得对于已经发生的事件的描述就会被扭曲，从而美化事实。但是，如果艾莉森让彼得来引导谈话，话题是否会落到她所希望谈论的方向呢？

因此，艾莉森需要把重点放在目标上，并确保她不会对她所认为的问题做出判断。当然，这需要很好的自我管理——你可以看到在领导力品质关键要素中情商比技能重要。艾莉森的谈话可能会这样开始：

艾莉森：我想我们一起来探讨下我们两个部门的一些问题。可以吗？（彼得点头。）我很希望我们各部门之间能够无缝协作。我注意到某些问题总是不断发生。你对此有什么看法？

在这里，艾莉森采取了建设性的方式，没有批评，她管理了自己的评判，为她和彼得合作解决这个重要问题创造了条件。

当员工开始将对方视为支持而不是威胁时，他们会更乐意探讨问题。这种情况下，就可以开诚布公地对话，从而也能早日解决问题。在大多数的职场中依然盛行的批评文化与此相反，因为它导致了"假的事实症状"或是"我会告诉你我认为你想要听的或是会让我远离麻烦的话"。任何对于现状非客观的描述都会导致一个假的现状。聪明的教练会以一个更加一般化的调查开启对话并跟随教练对象的话题展开讨论。教练可能会从另一个难度较小的问题开始支持教练对象，建立信任，而不是威胁。这一方法更容易引向从根源解决问题的方案，而不是它开始被看到的症状。如果要一劳永逸地解决问题，就必须解决问题背后的问题。

运用感官

如果教练对象在学习一种新的技能，比如操作一台新买的工具，无论是铁路发动机还是一个网球球拍，教练过程都要同时关注到感官，即触觉、听觉和视觉。

肢体觉察会带来自发的自我调整。如果这一开始看起来有点不容易理解，那就请闭上眼睛，并把你的内在注意力集中在面部肌肉上。你可能会注意到皱着的眉头或是紧绷的下巴。几乎伴随这一觉察的同时你会体验到一种释放，随后眉头或是下巴会全然放松。同样的原理适用于一个复杂的物理运动。如果内在注意力聚焦于运动部位，损耗效率的紧张感会被感觉到并被自动释放，行为表现自然会得到提升。这是通过教练来提升运动技能这种新型方式的基础。

内在觉察提升机体效能，从而提升技能。这是由内及外释放的技巧，而不是从外部施加的。更进一步说，这是由被关注的机体自我拥有的、整合的、独特的技能，而不是其他人的关于好技巧的想法强加于你的躯体上。哪个更可能导致最佳的表现呢？

努力尝试或试图改变导致身体紧张和不协调的行动，最终往往导致失败。

当教练对象正在学习使用新的行为模式时，如学习有影响力的沟通以提高自身演讲的效果，其身体和内部意识也是相关的。在这个例子中，需要让教练对象注意到他们自己在描述最近一次演讲时他们的状态，可以这样提问：

- 站在观众面前是什么感觉？
- 你注意到你的节奏是怎样的？
- 当你开始说话时你感受到怎样的情绪？
- 如果用 1～10 分打分，你觉得你的自信度有几分？
- 你的呼吸是怎样的？
- 在你说第一句话之前，什么想法占主导地位？
- 你是怎样站着的？

- 怎样可以让你感觉很强大？
- 你的身体语言是怎样的？

让他们有机会说出他们的感受——不断提问并倾听，让静默承担重任。

评估态度和人类倾向

我们同时也需要将自我觉察运用到当下的想法、态度和倾向性，还有我们通常不会有意识觉察的那些事物。我们每个人都带着（有时是从我们的童年时代就形成的）持久的信念和观念，它们会对我们的知觉和与他人的关系渲染色彩。如果我们不能认知它们的存在并弥补它们的影响，我们对现状的感知就会被它们所扭曲。

身体和心态是相互关联的。大多数的想法都伴随有一种情绪；所有的情绪都会在身体上体现；身体的感知经常会引发思考。因此，各种忧虑、障碍和约束都可以从心态、身体或是情绪上解决，而且只要理出其中之一，其他两者通常也可以得到解决，虽然并不总是如此。例如，持续的精神压力，可以通过辨识身体的紧张，通过激发对导致过度劳累的情感的觉察，或通过发现精神态度，比如完美主义倾向等来调减。也可能有必要分别从三方面着手探讨。我想在此提示你高威的观点：内心博弈中的选手是通过找到和去除抑制外部表现的内部障碍来提升成绩的。

限制深度

现在是提醒小心的时候了，教练可能会意识到对教练对象的隐藏驱动力和动机的深入探究超出预期。这是唤醒蜕变的教练方式的本质：它针对原因，而非表征。教练方式比在工作场景中通过颁布政策来掩盖人际关系间的裂痕的要求更高，但是它的成果也更丰厚。然而，如果你没有受过良好的教练训练，或是缺乏勇气，那就要离得远些！如果你怀疑一个员工关系问题有深入的渊源，那么最好是找一个有必备技能的专业人士来。教练和心理咨询之间一个最主要的区别就是，教练主要是积极主动地看将来，而心理咨询通常是被动的，考虑过去。

现状问题

现状问题特别需要遵循第7章提到的"盯住球"原则。以下我们用与之前略有不同的词汇来重复一下这一问题，它们是：

- 对答案的要求对于**迫使教练对象思考**、检查、观看、感受和参与至关重要。

- 这些提出的问题要求有**高度的专注**，才能获得高质量的细节输入。

- 寻求的现状答案**应该是描述性的而不是评判性的**，以确保诚实和精确。

- 给予的答案必须有足够的品质以及完备性，能提供给教练一个**反馈回路**。

在教练进程中探索现状阶段，问题通常由询问性的"什么""何时""哪里""谁"和"多少"的问题开始。正如前面讨论过的，"如何"和"为什么"应该偶尔穿插着使用，或者在没有其他更合适的词语的情况下使用。这两个词会引发分析和带出观点，但同时也能引起防御，而询问性语句则会探究事实。在教练进程的现状阶段事实非常重要，就如同警察调查一样，在弄清所有的事实之前的分析可能导致后期的数据偏差。教练需要特别地警觉、倾听和观察来选择所有显示提问方向的所有线索。必须在此强调的是这里的目的是要提升教练对象的觉察。教练通常不需要了解所有情况的历史背景，仅需确认教练对象自己对于现状有清楚的了解。这样教练不需要耗时了解所有事实以寻求最佳答案。

一个很少失败的有价值的现状问题是"到目前为止你已经采取了哪些行

动?"以及"那个行动的结果怎样?"这样的问题能够强调行动的价值,以及行动与思考的差异。人们经常会想问题想得很久,但仅仅当被问及他们做了什么的时候才意识到他们实际没有采取任何行动。

在商业教练情境中,现状包括提高教练对象对外部现状(组织战略、政策和流程、政治版图、行为规范、文化、不成文规则、权力动态等)以及教练对象内在现状(内心思想、感受、信仰、价值观和态度等)的觉察。在一个组织中工作的任何人都要在一个包含其他人和事情的系统中共存,这可能有助于教练对象实现他们的目标,也可能阻碍他前进。我们最好用一个例子来说明。

让我们想象一下,佩特拉的目标是在她的组织中成功实施一个新的销售流程。在探索现状时,佩特拉的教练帮她提升了对于外部现状中与她的目标相关的所有相关方面的觉察。这些方面包括诸如理解销售团队受新流程影响之后的态度和行为;确定谁在销售部门有权力或影响力,谁可以阻止或支持新流程的实施;处理可能影响销售使用新流程的不成文规则;或该组织如何处理流程变更的行为准则等。佩特拉的教练也会提升她对与她的目标有关的内在现状的所有相关方面的意识,例如她的动机、她对影响关键利益相关者能力的信念、她应对抵制者的信心以及成功对她意味着什么等。

早期问题解决

令人惊奇的是,很多情况下通过对现状的全面调查就会找到答案,甚至无须进行教练第三、第四阶段的探索。通常,在现状阶段甚至有时在目标阶段就浮现的行动方案经常伴随着"我知道了!"的惊呼,和一种特别的要开始采取行动来完成任务的冲动。这种价值会要求教练要花费足够长的时间在目标和现状的探索上,抵御那种过早的仓促进入到选择阶段的诱惑。所以,为了避免我们这样做,让我们重温山姆和他的领导米歇尔之间的教练辅导对话吧。

帮助教练对象客观地看待事物	**米歇尔**：你的目标之一是让项目回到正轨。当前的现状距离你的这个目标有多远？
	山　姆：哦，实际上只有服务交付还有问题，它几乎还没开始。其他工作几乎都在按计划进行。
帮助教练对象认识到并庆祝自己做得好的地方	**米歇尔**：那就让我们一起来看一下服务交付的要素吧。你刚才说其他的工作几乎都在按计划进行着。这太棒了，干得漂亮！是什么帮助你确保其他的工作按部就班进行的呢？
	山　姆：业务分析师非常努力地工作，并始终认真听取客户的要求。软件开发人员提前发现问题，这意味着我们能够在测试过程中解决那些可能会成为问题的问题。
帮助教练对象提升对他的角色和贡献的觉察，并在过程中更深地了解自己	**米歇尔**：你是如何做到让业务分析师和开发人员这样工作的？
	山　姆：我确保他们知道我对他们的期待，并且每个团队至少有两个人会参加与客户的会议，这样他们可以听到第一手的信息。
	米歇尔：你还做了什么呢？
	山　姆：我在项目开始时与团队负责人就怎样监控进度和个人表现达成了一致。
	米歇尔：还有什么？
	山　姆：我会直接跟个别同事提出我所关注的事情，我也确保会认可那些加倍努力的人。
帮教练对象将其觉察扩展到其他个体、团队以及教练对象所属的系统	**米歇尔**：你与服务交付团队的合作方式跟其他相比有什么不同？约翰和凯瑟琳就是在这个团队工作吧？
	山　姆：他们比其他人更晚加入项目团队，尽管他们被邀请参加项目团队的会议，但他们从不参加。
	米歇尔：除此之外，还有什么不同呢？

山　姆：我从鲍勃那里听说他们不太可信，所以当我听到他们要加入团队时我很失望。我本来不想挑选他们的。

米歇尔：这怎样影响了你们之间的互动呢？

山　姆：我想我对他们有点冷淡，老实说，我跟他们在一起的时间没有跟其他团队成员在一起的时间长。

米歇尔：如果你站在他们的立场，你想要从项目经理那里得到什么？

山　姆：清晰的方向，然后按自己的方式推进工作，而且不要总是被干扰。

米歇尔：你认为约翰和凯瑟琳会如何评价你在这个项目中管理他们的方式？

山　姆：我确定他们会说我事必躬亲，管得过细。

米歇尔：作为项目经理，你觉得他们现在需要什么？

山　姆：自主权。信任。 希望被看作项目团队中有价值的成员之一。

米歇尔：你需要做些什么来实现这一切呢？

山　姆：哦，我需要一开始就与服务交付团队负责人达成协议，并花更多时间与约翰和凯瑟琳一起工作，让他们感觉自己是这个项目团队的一员。 我一开始就错了！我现在要改变这一切，马上就做。

　　米歇尔通过积极的倾听和强有力的问题帮助山姆更充分地意识到当前的现状。她从山姆做得好的地方开始唤起山姆的觉察，庆祝和强调了他的优势。

　　米歇尔把山姆的注意力聚焦在了外部现状上。行为准则、文化和政治版图这些构成了一个组织的地图。为了让山姆成功前行，必须让他客观地看待公司以及公司里的人，米歇尔不带评判地帮助他做到了这些。

现状的另一方面是山姆的内在现状，其中包括他自己的想法、感受、假设以及他对自己和与他所身处的外部现状之间的关系的期望。

需要注意的是只有当山姆分享了他的想法和观点之后，米歇尔才会提出她的想法。

现状和绩效曲线

米歇尔通过把山姆的注意力放在他对项目团队成员的领导力影响上，提升了山姆对自己领导力影响的觉察。山姆认识到他有点事必躬亲，这意味着他还在"依赖"阶段运作，他对他人尚缺乏信任。这导致了低绩效表现，项目团队的一些成员工作时出现抵触行为，指责他人，且不承担责任。有迹象表明，山姆也会在"独立"阶段工作，因为他觉得他必须自己解决问题，并且工作时间更长、更努力。在"独立"阶段存在一种普遍的心态，即"我是一个高绩效者"，我们也许会谅解这种心态，认为这是一种健康的心态。但是，请注意山姆是如何给自己施加压力来解决问题的，他花费更长的时间努力地工作，这使他陷入了精疲力竭的边缘。如果山姆采用的是"我们一起真正成功"这一普遍心态，并在"相互依赖"阶段工作，他就会鼓励项目团队成员自己预先发现问题并解决问题，因为他们感受到对高绩效表现的自主权，且不愿接受低标准。很显然，山姆渴望走向"相互依赖"的阶段展开领导工作。米歇尔通过她的强有力的问题和积极的倾听，提升了山姆的觉察，帮助他从实践中学习如何领导。

O：你有什么选择

当你确认你没有更多的想法时，再想出一个。

在**选择**阶段的目的不是为了找到"对的"答案，而是要创造出和罗列出尽可能多的可供选择的方案。在此阶段，选项的数量比每个选项的质量和可行性要重要得多。收集所有选项的大脑刺激过程与选项列表本身一样有价值，因为它会激发创造性的活力。在创造可能性的广泛基础之上，具体的行动步骤才会产生。如果在收集过程中表现出偏好、审查、挖苦、障碍或完整性的需求，那么潜在的贡献价值将被忽略，选择将受到局限。

最大化选择

教练会尽他所能来引导教练对象或是他教练的团队罗列选项方案。要实现这一点他需要建立一个让所有参与者感觉足够安全的环境以表达他们的想法和观点，使其不会受到教练或其他人的抑制或不会感到被评判。所有贡献的想法，无论显得多么愚蠢，都要被记录下来，通常是由教练记录。这些提议里面，可能就会包含一个抛砖引玉的小念头，以启发日后更有价值的建议。

负面假设

影响我们对业务和其他问题产生创造性解决方案的因素之一是我们自带的隐含假设。它们中有许多连我们自己都没有察觉。比如：

- 这不可能完成。
- 不能那么做。
- 他们绝不会同意的。
- 这一定会导致成本过高。
- 我们花不起这时间。
- 竞争对手也一定想到了这一点。

诸如此类的假设还有很多。注意这里面都包含了否定和抗拒。一个好的教练会邀请他的教练对象来问他们自己：

- "如果没有这些障碍，你会怎么做？"

如果出现特别的干扰，他们将继续使用"如果……？"提问，

例如：

- 如果你有足够多的预算会怎样？
- 如果你有更多人员会怎样？
- 如果你知道答案？事情会怎样？

通过这一流程，短暂地规避了理性的核查，更多创造性的想法被释放出来，障碍看起来并非像想象中那么不可逾越。也许其他团队成员知道一种克服那个特定困难的方法，如此联合所有人的贡献，大家齐心协力，就会将不可能变成可能。

九点练习

在我们的教练培训工作坊中，我们有时使用著名的九点练习来图像化说明我们都倾向于做的自我限制的假设。对于那些不熟悉这个练习的人，或是曾经做过但记不得答案的人，请看图12。

用四条直线将九点连起来。你的笔不能
离开页面而且不能有重复的路线。

图12　九点练习

你可能想起或意识到必须消除的假设是"你必须待在方框内"。然而，不要太得意哦。你能按同样的规则再做一次，但仅使用三条甚至更少的线再做一遍吗？此刻你在用什么假设来限制你自己？当然，没有人说你必须通过中心点来画线，但我打赌你的假设是这样。如果用两条线或者一条线再做一遍呢？

没有人说你不能把那页纸撕掉，卷成一个圆锥，撕成三条，或是折成一个风琴状。刚才做的打破的是另外一个假设，就是我们只有一个变量的假设，即线条的位置。但谁说你不能移动点呢？认识到所有的可选变量会扩展我们的思考空间和我们的选项的列表。打破这些自我限制的假设让我们能够用新的方法来解决旧的问题。关键是要识别错误的假设；然后解决方法也会更容易找到。

（附录 3 给出了几个九点练习的解决方案。）

拓展创造力

当人们陷入他们熟悉的视角或思维方式时，可以问一个问题，诸如："如果你是领导者，你会怎么做？"或者"想想你最敬佩的领导者，他们会怎么做？"让他们从更具有创造性的自我中思考。你可以让教练对象连接他们的内在优势，让他们想象他们崇拜的**英雄**的品质，提问"超级某某会如何做呢？"或者你可以邀请他们步入（甚至真的让身体移动起来）他们的**潜隐人**的状态（subpersonalities）（我们都有很多，见第 23 章），特别是当他们通常不会在工作中体现出来时，例如超级摩托车手的状态。

揭示选项的另一个强大的方法是让人们为他们想要解决的话题或情境创建一个**比喻**。就这个比喻展开讨论并尽可能在那个画面里延展；不要试图将其映射回现状。看看解决方案是否出现在那个比喻的世界里。

当教练对象穷尽了他们自己的资源时，你可以提出**头脑风暴**的方法，以扩大可能的选择，为他们注入创造力，使他们更加富有创造力和资源。为他们提供想法而不依附于他们，鼓励教练对象提出更多的想法。

给选项排序

收益与成本

一旦生成了一个全面的选项列表，教练在**意愿**阶段要做的就仅仅是在众多方案中选优的简单工作。然而，在面对商业领域中较为常见的复杂问题时，有必要重新检查一下列表，注明每套方案的收益和成本。这应该也在教练进程中进行，在此我们可能会发现，两个或两个以上的想法的结合才是最优的方案。

在这个阶段，我有时会邀请教练对象根据自身对每个选项的喜爱程度，从 1～10 分打分。

教练的输入

当教练对象已经穷尽了他们的选项后，教练可以予以补充。为了推动教练对象的自我发展，这样的补充需要慎重。教练如何在提供他的输入的同时还不破坏教练对象的主人翁责任感？可以很简单地说："我还有一些想法，你想听听看吗？"教练对象可能会请求教练稍候，他们自己要先思考一番。不管教练提供什么样的建议，它们的重要性与其他选项相等。

罗列选项

在罗列选项方案时，如果竖着排列，会存在潜意识中划分的等级（重要的会列在前面）。为了避免这一点，把选项在一张纸上随机地写下来，就好比一个拼字专家解一个字谜一样。

生成方案选择的实践示例

让我们看看米歇尔是如何与山姆探索选项的。

通过头脑风暴和强有力的问题，诸如"还有……呢？"以及"要是……会怎样？"来扩展思维和创造力

米歇尔：让我们一起头脑风暴，讨论一下你可以做些什么来激励项目团队中的每一个人，列出一个行动清单吧。设想如果没有限制，你会做些什么？

山　姆：我会给他们加薪。

米歇尔：还有呢？

山　姆：我会给他们更多的休息时间。但这些事儿是我无法
　　　　掌控的。

米歇尔：在你可控范围内，你能做什么呢？

山　姆：我可以让他们的团队领导知道他们做的工作有多棒，
　　　　这样在年终他们就有可能获得奖金和加薪。

向广度延展　　米歇尔：还有什么？

山　姆：我可以更频繁地表达感谢。

米歇尔：还有什么？

山　姆：我可以做一些让我们感觉像是在一个大团队那样合
　　　　作的事情，但我还不知道具体该做些什么。

米歇尔：如果钱跟时间都不是问题，你会怎么做，才能让每
　　　　个人都觉得自己像是在一个大团队中工作？

山　姆：我会在新办公楼里把项目团队中的每个人都安排在
　　　　一起办公。

米歇尔：如果你是这家公司的首席执行官，你会怎样激励这
　　　　个项目团队中的每一个人？

山　姆：我会让他们知道我有多看重他们所做的工作，他们
　　　　对公司的未来有多重要。

米歇尔：如果你是约翰或凯瑟琳，你会怎样激励项目团队中
　　　　的每一个人？

山　姆：哦，这有点难……我想我会找一个新的项目经理来
　　　　代替我！

米歇尔：如果你能找到一位新的项目经理，他会拥有什么样
　　　　的品质和行为是约翰和凯瑟琳喜欢的呢？

山　姆：耐心。不评判。他们会帮助约翰和凯瑟琳自己寻找解决方案。他们会一起研讨而不是在问题上与他们对抗。

米歇尔：如果你是全球领先的项目管理专家，你会如何激励项目团队中的每一个人呢？

山　姆：我每个月都会与团队的每个成员进行一次项目进度会议，以帮助他们发挥出自己的潜力。

米歇尔：还有什么？

山　姆：我每周都会召开简短而聚焦的小组会议，这样让每个人都会知道未来一周最重要的事情。

米歇尔：还有呢？

山　姆：我会引入一种更简单的方法来跟踪每个人的项目进度。

总结选项并邀请教练对象考虑利弊

米歇尔：我们已经找到了很多个能激励项目团队中每个成员的选项，诸如：加薪，让他们的团队领导知道他们的工作有多棒，更多地表达感谢，把大家安排在一起，定期召集会议，使用更简单的方法跟踪项目进度，寻找一位新的项目经理。现在关于哪些选项你想再多说一点？

山　姆：让所有人在新大楼的同一屋檐下一起工作会产生重大影响。

深入讨论

米歇尔：太好啦！在我们深入讨论之前，我很好奇你此刻的感受。

山　姆：我不知道，我有点不知所措。

米歇尔：我抛出一个想法，可以吗？

山　姆：当然，是什么想法？

米歇尔：当我有很大压力并开始感到不知所措时，我发现去
　　　　健身房锻炼能帮我缓解压力。你会做些什么来化解
　　　　你的压力？

山　姆：我不喜欢健身，所以运动对我没用啊。

米歇尔：那做什么会对你有用呢？

山　姆：外出做园艺或去钓鱼，或者只是散散步呼吸呼吸新
　　　　鲜空气。

　　米歇尔开始扩展山姆对所有可能选择的思考，以帮助他
实现激励项目团队成员的目标。一个简单而强有力的问题
"还有什么？"对于生成超出那些显而易见的山姆已经意识到
的选项，并将其转化为新的想法和可能性的选择非常有用。
请注意米歇尔如何邀请山姆去探究看似不可能的选项，她使
用了"要是……会怎样？"的问题。

　　米歇尔跟踪着不同的想法和选项，然后将其总结出来供
山姆挑选他想要更深入探索的选择。然后她开始逐步深入，
从广度到深度，帮助山姆针对这些选项进行研讨，就他是认
同还是反对以及就选项的可能性等提升他的觉察。

　　在探索选项的最后，米歇尔为山姆提供了一个她自
己面对同样的工作压力困扰时缓解压力的方法。她很直
接地这样做了。当山姆拒绝这个方法时，米歇尔帮助他
将这个想法扩展到更广泛的减压话题并帮他找到适用于他
的方式。

选项与绩效曲线

米歇尔在教练辅导山姆时，一直以相互依赖的心态工作。生成的选项会增强团队精神。帮助山姆确定什么能够减轻他的压力，让他获得更好的工作与生活的平衡。教练的方法和精神内核要求教练真正与教练对象成为伙伴关系。通过提升教练对象的觉察和责任感，鼓励其达成高绩效。

W：你将会做什么

为持续学习创造条件是绩效改进的关键。

在教练流程的最后阶段，教练的目的是将讨论转变成决策。这是一个在基于全面调查现状并最大范围内罗列可选方案的基础上，为了满足已经被清晰定义的需求而构建行动计划的过程。GROW模型中的"W"代表"你将会做什么？"中的"将会"，用于强调意愿、意图和责任感的重要性。没有渴望或意志的力量，就没有真正的行动承诺。一旦你通过询问目标、现状和选择等开启了和教练对象就其他视角和可能性的讨论，就同时需要将他产生的新的洞见与行动关联，让新的想法付诸实践。这个意愿的阶段可以分为两个步骤：

- **第一步：责任担当的设定**。定义行动计划、时间表和衡量任务的完成机制。
- **第二步：跟进与反馈**。回顾任务进展，探讨学习反馈。

埃文斯坦等人（Ewenstein et al.）在《麦肯锡季刊》发表文章称，许多公司，如通用电气（GE）、盖普（Gap）和 Adobe Systems 等 "都希望构建比年度目标更可变和灵活的目标，需要更频繁的反馈讨论而不是一年一次或者半年一次的反馈，要为发展提供前瞻性的教练而不是事后的评级与排名"。这种转变是要通过不同类型的反馈来实现组织的发展和持续学习的。我们的确有这样的经验——像美敦力这样的客户，它目前拥有 88 000 名员工，是全球医疗技术、服务和解决方案的领导者，也是使用教练方式改变绩效对话的开拓者。从 2008 年与我们建立合作伙伴关系开始，这种方法现在已经成为美敦力公司绩效和职业发展流程的核心，旨在帮助领导者就目前正在进行的绩效管理和职业发展进行有意义的、基于教练方式的对话。现在，他们处于持续发展的意愿阶段，人们将要把他们学到的东西应用到工作当中。后面章节我们还会提及美敦力的案例，但现在让我们开始探讨如何"设定责任担当"。

第一步：责任担当的设定

可以说，教练最重要的角色就是维护责任担当（accountability set-up），这与责任感（responsibility）不同。维护责任担当意味着要求教练对象具体定义他们将要做什么，什么时候会做，然后信任他们会那样做。责任担当如此重要是因为它有力量将教练对话转化为行动。我们都需要对自己的发展负责。在这一关键步骤中应用教练方法意味着帮助对方制定适当的实施措施和责任构成，并将其目的、目标和日程整合在一起。这是一项关键的绩效管理技能，将对话转化为在完成目标日期内的具体的决定和行动步骤。它还创造了一致性，一个参加了我们内训工作坊的领导者称："我的团队喜欢我引入责任担当——我怎么知道？什么时候做？这些问题真的能帮助他们思考并让我们保持一致。"

建立责任担当，要问的关键问题是：

- 你将要做什么？
- 什么时候做？
- 我怎么才能知道你做了？

　　当然，你可以添加一些问题的子集来澄清这些问题，我在下面提供了更多示例，但是这 3 个主要问题构成了这个阶段的有效支柱。专制的管理无论表现得如何策略，经常会遭到安静的离职、抵制或是怨恨，它们都被委婉地表达出来了。在下面的米歇尔和山姆的案例中，你将会看到，一个教练能够通过提出强势的问题，但并不引起对方的负面感受，因为教练没有把自己的想法强加给对方，而是激发对方的自主意愿。教练对象自始至终都掌握着选择和自主权，因此，他们也不会感到被挑战性的问题所压迫。他们甚至可能因意识到自己的矛盾心理而感到好笑。如果他们确实感到被强迫，那表明教练无意识地暴露出他认为教练对象**应该**采取某项特定的行动。

　　我们来探讨下列意愿问题示例，这些问题适用于大多数教练情境，看看如何让这些问题成为强有力的问题。

- **你将要做什么？** 这个问题与"你能够做什么？"或者"你打算怎么做？"或者"你更倾向于哪一个？"有很大差异，这几个问题都不包含任何明确的决定。教练一旦以清晰而坚定的口吻提出这个问题，就表明做决定的时刻到了。他可以跟着问一个问题，如"你将要选择哪个行动方案付诸实施"。在大多数的教练议题中，行动计划会整合一个以上的选择或者组合多个选择的某些部分。

这些选择都比较宽泛。现在到了教练通过提问来澄清所选方案的细节的时候了。以下问题尤其重要：

- **什么时候做？** 这是所有问题中最难回答的一个。关于我们要做什么和将要做什么，我们都有很多大的想法，但只有当我们给它一个时间表的时候，它才有可能在现状层面开始落地。仅仅说明年是远远不够的。如果真要做，时间需要特别的具体。

如果需要完成一项行动，所寻求的答案可能是"下个周二，也就是 12 号的上午 10 点"。经常既需要一个起始时间和日期，又需要一个结束的日期。如果这个行动是重复性的，那么时间间隔需要被描述为："我们需要在每个月第

1 个周三的上午 9 点开会。"由教练来牵引教练对象确定确切的时间。教练对象也许会试图摆脱这一限制，但好的教练不会让他逃脱的。

- **这个行动将会怎样服务于你的目标？** 现在我们有了行动计划和时间表，在我们取得任何进展之前需要检查这个教练单元的目标和长期目标的方向是否一致。如果没有再次确认，等未来发现问题时，教练对象可能会发现他已经偏离正确方向很远了。一旦这种情况发生，重要的是不要急于改变行动，而是要根据定义出来的情况来检查是否需要修订目标。

- **在实施过程中，你可能会遇到什么困难？** 预先准备和管理任何可能阻碍行动完成的情况非常重要。外部破坏性的情况可能正在逼近，而内在也可能会出现问题，比如，教练对象的胆怯。有些人会出现对承诺的犹豫不决，盼着出现什么困难让他们找到不能完成的借口。这可以通过教练流程来预先管理。

- **我怎么才能知道？谁需要知道？** 在公司中，计划经常瞬息万变，应该立刻被告知的人很晚才知道或是通过间接渠道获得二手信息，这会对同事间的关系产生非常不好的影响。教练需要确保列出所有相关人员的名单，并制订让他们能被及时告知的计划。

- **你需要什么支持？** 这个问题可能会与前面的问题相关，但支持可以有许多不同的形式。它可以意味着安排引入外部的人员、技能或资源，或者可以简单地表达，例如，告诉同事你的目标，并请他们来提醒你督促你坚持。许多时候仅仅是跟他人分享你计划的行动就可以起到促使你坚持的效果。

- **你打算何时、如何获得这些支持？** 你如果需要某些支持，就必须采取必要的步骤。在这里教练需要坚持到直到教练对象制订出清晰而明确的行动计划。

- **你还有其他什么考虑？** 这是一个必要的、完整性的问题以确保教练对象将来没有借口说当时教练遗漏了什么。确保没有任何遗漏是教练对象的责任。

- **从 1～10 分，你对执行我们达成的行动方案的坚定程度打几分？** 这不是给实际发生的结果的确定性打分，而是请教练对象对于执行他制订的行动计划的意愿打分。任务的完成还取决于达成的协议，或者其他人的行为，那些事项无法打分。

- **什么阻碍了你打 10 分？** 要检查教练对象的改变动力，可以提出这样的问题："如果你给自己的打分低于 8 分，试着降低任务量或是延长期限，看是否可以让你给自己的评分提升到不低于 8 分？"如果你的打分还是低于 8 分，意味着你不太可能完成你的行动计划，那就把这个行动计划删除吧。这不是对行动计划的破坏，虽然行动计划还是有实现的可能，但经验告诉我们，那些打分低于 8 分的人很少能够坚持下来。然而，当面对不得不承认的失败时，教练对象可能会突然找到激发自己的动力。

承诺

我们大多数人都非常熟悉，无论是工作上的还是家务琐事相关的，总有些是在我们的待办事项清单中重复出现的事件。我们的待办清单因此变得如此凌乱和潦草，以致我们不得不重新誊写，而那些相同的项目被再次复制。到了一定时间后我们会感到有些内疚，但事情仍然没有任何进展。"我怎么就没法完成这件事？"我们会自言自语。我们的未完成工作清单成了我们失败的证据。那么，真有必要对此感到糟糕吗？如果你没打算去做这件事，请把它从你的清单上删除吧。如果你想更加成功，不要把任何你不想做的事情放在清单上。

记住：教练的目标是要建立并维持教练对象的自信。因此，为了他们自身也是为他们公司的利益，我们必须帮助他们获得成功。

书面记录

教练和教练对象就协商一致的行动步骤和时间安排清晰、准确地进行书面记录非常重要。你们需要决定谁做笔记，然后分享笔记，以便你们拥有共同的记录。教练对象是行动计划的实施者，所以，如果教练做记录，教练对象必须阅读并确认这是一个真实的记录，这构成了他的计划，他完全理解它，并且打算执行它。当我作为教练时，通常会为教练对象提供进一步的支持，并保证当他们需要时，我会直接支持他们。有时，我会在一段适当的间隔时间后主动联系教练对象，了解事情的进展情况。所有这些都可以让教练对象知道他们不仅在教练环节中面临挑战，在教练环节之后他们也会获得支持。我的目的是让教练对象离开教练环节时会对自己感觉良好，这会激发他们采取行动。如果他们这样做了，目标就会实现。

对教练而言，确保每一方清楚接下来会发生什么，并就在过程中何时以及如何进行进度跟进是确保责任担当的关键。

设定责任担当的实践示例

现在让我们付诸行动吧，来看看米歇尔是如何在 GROW 模型的意愿阶段与山姆进行这个重要的第一步的对话。

一旦"方案选择"被充分探讨，就进入到对"意愿"阶段的探索

米歇尔：我们已经探索了许多可以激励你的团队，并使项目回到正轨的行动方案。接下来，你想选择哪一个来行动呢？

山　姆：当然是那个让我在应对问题的时候，帮助我减轻压力的行动方案，希望这也会让其他人感到轻松。

米歇尔：那么，你将如何应对问题呢？

山　姆：当问题出现时，冷静而自信地应对，并与同事讨论，帮助他们自行解决问题。

提出具体而精准的问题

米歇尔：你将在什么时候开始呢？

山　姆：现在。

米歇尔：你将会做些什么来确保压力减轻，并能进行富有成效的对话？

山　姆：我会深呼吸三次，然后在形成我的意见之前，不带评判地倾听，理解他人的观点。我也会确定我的提问是围绕着什么有效和什么无效来进行，而不是讨论是谁的错。

米歇尔：什么可能会妨碍你保持冷静、自信、讨论而不是对质？

山　姆：如果同时发生太多问题，我可能会不淡定。

米歇尔：那做些什么会对你有帮助？

山　姆：呼吸点清新的空气会让我头脑清醒。

米歇尔：如果下次同时处理太多问题，你会做什么特别的事情让你的头脑保持清醒？

山　姆：我会外出在公园散步 15 分钟。

米歇尔：你还想做些什么来激励项目团队，让工作回到正轨？

山　姆：我想探讨下将项目团队搬迁到新大楼的可能性。

帮助识别和探访不同的资源

米歇尔：你具体会做些什么来探讨这种可能性？

山　姆：我需要弄清楚新大楼的负责人是谁，以及获得批准的流程是什么？

米歇尔：我认识这个负责人，需要我帮你引荐吗？

山　姆：好啊，需要啊。

米歇尔：我还能做些什么来支持你呢？

山　姆：你能找到他们关于搬进新楼的标准吗？

米歇尔：好的，我可以问问。我们来看看约翰和凯瑟琳吧。你想对他们做些什么？

山　姆：这将是与他们和好的好机会。

预先计划和处理潜在的障碍

米歇尔：下次跟他们说话时，你会做些什么特别不同的行为？

山　姆：我会更加耐心和冷静。

米歇尔：在具体的会议中，什么会帮助你保持耐心和冷静？

山　姆：我需要确保有时间全程参加会议，在会议开始时先询问其他人对问题的评估以及他们的解决方案。然后，我会简明扼要地总结我听到的，并不带评判地提出问题，以清晰地描述出现状。

米歇尔：听上去很好。还有呢？

山　姆：我将承认我们的项目开头很不好，我会让他们知道他们对于这个项目的重要性。

米歇尔：你将怎么做才能让他们和其他人轻松地提出问题？

山　姆：我不确定。我需要再思考下。

米歇尔：你什么时候会思考这个问题？

山　姆：今天晚上，在火车上。

建立责任担当，问题："我怎么才能知道？"

米歇尔：你如何让自己对此事负起责任？

山　姆：我会记录下我的想法，并在明天早上与你分享。

米歇尔：我相信你已经准备好放下压力，发挥你的潜能带出最好的团队，并享受你的工作了！

山　姆：谢谢！

跟进检查承诺

米歇尔：让我们回顾一下我们在谈话开始时设定的目标吧。你说你想要让事情重新回到正轨，想要一些关于如何激励项目团队，并与约翰和凯瑟琳建立健康的合作关系的思路。现在进展怎样？

山　姆：我现在感到更加自信和乐观啦，我可以让事情回到正轨。事实上，我觉得我已经回到正轨了，事情并没有我想象的那么糟糕。我也找到了一些切实的行动，我相信这会激励整个团队，包括约翰和凯瑟琳。

确保记录笔记　米歇尔：看上去你已经记下了你所要做的行动。现在还需要简要回顾一下吗？

山　姆：不用啦，我确信我已经记下了一切，我迫不及待要去做啦。

检查承诺度　米歇尔：如果用 1～10 分打分，对于你已经同意的所有行动你的承诺度有几分？

山　姆：9 分。

米歇尔：做些什么可以让分数变成 10 分呢？

山　姆：让项目团队成员也对这些成果达成一致。我想我会和他们中的一些人聊一聊。

米歇尔提出的问题的性质发生了变化，以"什么"（what）开头提出开放性的、广泛性的问题，继而用"何时"（when）"怎样做"（how）等问题将山姆的行动具象化。

米歇尔对山姆步步跟进，挑战他的承诺，不留下任何死角。例如，当山姆说他就如何让团队成员更容易地提出问题需要多一些时间思考时，米歇尔提示他以确认他什么时候会做这样的思考。这完全符合山姆的既定议程，并且不是米歇尔告诉山姆她认为他应当这么做。

米歇尔向山姆展示她是山姆的伙伴，她会提供支持、资源以及帮助山姆达成目标的想法，并通过肯定认可来表达对山姆潜能的信心。

米歇尔与山姆回顾当初设定的目标，以确保他的行动与目标一致，最后用一个简单的 1～10 分的打分工具检查山姆对他所设定的行动计划承诺执行的程度。你可以感受到山姆对采取行动的承诺，因为他提出的行动将使他朝着对他个人有意义和价值的目标前进，同时也服务了项目团队和项目的客户。

这个案例是典型的教练型领导方式，它可以说明教练的大多数主要原则。

第二步：跟进与反馈

在这个阶段，任何预期的差距都会浮现出来，学习和调整也会发生。如果人们要学习、发展和提高绩效，那么创建反馈路径就至关重要。通过建立反馈伙伴关系和运用教练方式，所有这一切都会发生。反馈成为激活每个人自然的内在学习系统的机会。

跟进核对而非督查

在跟进行动时，可能会出现下面三种情况之一：

● 教练对象成功了（或部分成功）。

● 没有成功。

● 没有按照计划去做。

问题包 6 为你提供了在以上每种情况之下可以使用的问题清单。在此请牢记，你正在按照之前约定的时间进度核对发生了什么（而不是督查教练对象）。这样可以保持沟通渠道畅通，确保达成一致。建立在信任教练对象基础上的合作关系将让他们感觉到，他们可以找到你以寻求帮助来重新回到正轨。如果你的教练对象是团队成员，建立你们之间的信任将鼓励他们及时告诉你有关情况，这些情况可能是在截止日期之前发生的变化，或者正在偏离预定的目标。

查验某人的行为和进展的目的是为了发展他。在工作中发展人才已被证明是最有效的学习方式——学习和发展经常引用的 70:20:10 模型表明，对于成功和有效的领导者，大多数学习（70%）是在工作经历中发生的，20%来自向他人学习，只有 10% 来自"正规"的学习，比如，教学指导与课程作业。

运用教练方式来帮助人们迎接挑战并解决日常问题，属于这种最有效的学习形式的范畴。其原因也不言自明：教练让学习即刻付诸实践。所以根据成人学习理论，人们是边做边学的。跟进评估能够促进学习和提升自我觉察，识别可能的障碍，并提供进一步的支持或挑战以实现目标。在这里没有指责或批评，那只会破坏你良好的工作状态。当然，这并不是说你不能坦诚沟通。

探索反馈

你是怎样把反馈转化成学习和发展机会的？要完成意愿阶段，你必须跟进，看看什么进展顺利，什么可以在下一次有不同的做法，探索反馈更多视角而不是给出反馈意见。这意味着教练和教练对象充分分享来自环境的丰富信息，进行充分的探索，而不是教练把他们的意见传达给教练对象。

我们先来看看常用的五个反馈层次。下面按照从最没用的 A 情境到最有效的 E 情境来排列，只有一个是能够大量促进学习和提升绩效的。其他 4 个中最好的情况可能在短期内带来一点改善，最糟的情况会导致业绩和自尊继续下滑。A 到 D 被广泛应用在企业中，乍看起来似乎都是合理的，却禁不起仔细推敲。

A. 教练感叹："**你真没用。**"

这是一种伤害自尊心和自信心的**人身攻击**，摧毁了自尊和自信，必将使教练对象未来的表现更加糟糕。这没有任何帮助。

B. 教练感叹："**这份报告没有用。**"

这个针对报告而非针对该人的**评判性评论**，同样伤害了教练对象的自尊，尽管没那么严重，但它仍然**没有提供任何有用的信息**来帮助教练对象采取行动来完善和提升。

C. 教练的反馈是：**"你的报告内容清晰而简洁，但版面设计和演示的内容对目标读者来说太低端了。"**

这个反馈避免了批评，向教练对象提供了**一些信息**帮助他采取行动，但**没有足够的细节影响对方产生自主权**。

D. 教练的反馈是：**"你觉得这份报告怎么样？"**

现在教练对象拥有自主权，但可能会给出诸如"好"之类的回复，或这"很棒"或"糟糕"等**价值性的判断**，而不是更加有用的描述。

E. 教练的反馈是：**"你最喜欢什么？""如果再做一次，你会做些什么不同的事？""你学到了什么？"**

为了回应这一系列用非评判方式提出来的问题，教练对象对报告和报告背后的思路进行了**详细描述**。

为什么 E 情境中列示的反馈形式会大大加速学习并提高绩效？因为只有 E 情境中教练满足了最佳教练的所有标准。为了回答 E 情境中教练提出的问题，教练对象不得不开动脑筋，参与进来。他们要想准确表达自己的想法，就必须仔细回忆并梳理思路，这就是觉察。它帮助教练对象学会评估自己的工作，从而变得更加自觉独立。通过这种方式，他们"拥有"产生业绩和自我评估的自主权，这就是担责。当这两个因素得到优化时，学习就发生了。相反，如果教练只是给出自己的意见，那么，教练对象大脑的实际参与度可能是最小的；没有自主权，教练就没有办法准确了解对方吸收到了什么。

使用描述性而不是主观判断性的话语，无论是 E 情境中的教练，还是 C 情境中的教练，都避免了激起教练对象的自我保护倾向。自我保护倾向必须要避免的原因在于当它存在时，真相和现状就会被不正确的借口和理由所掩盖，教练和教练对象都会相信这些借口和理由，改善绩效也就没有了基础。然而，在情境 C 中，如同在情境 A 和 B 中一样，教练保有了评估和纠正的所有权，教练对象与教练的关系是一种依赖型的关系，致使未来的学习成效会相应地最小化。情景A～情景D的方式都不够理想，然而它们在商业应用中最为常见。

GROW 反馈框架

我已经介绍了使用GROW模型来构建一个教练对话。反馈本身实际上就是一个教练对话。因此，包括激发意愿在内，我正在分享的是一个成功反馈对话的路线图，我把它称为GROW反馈框架。为了把反馈变成一次学习的机会，需要问的关键问题如下：

- 发生了什么？
- 你从中学到了什么？
- 未来你将怎样应用它？

表4　GROW反馈框架——提示

每一步的黄金法则是先让教练对象分享，然后教练给出自己的看法。			
1. 设定意图	2. 认可	3. 改进	4. 学习
● 目标问题为反馈讨论设定了意图和背景。他们聚焦注意力并提升能量 ● 预先设定背景和目标为有建设性的交谈奠定了基础	● 关注教练对象做得好的方面将会提升能量，觉察自我优势，从而增强自信，加速学习 ● 即使绩效水平比较低，这一步仍然至关重要。当教练对象完成谈话后，你要认可他做得好的方面。即使任务没有完全达标，也要认可他的努力 ● 记住：不做消极的评判和批评	● 不带评判是创建一个能激发创造力并带来投入的安全学习环境的关键 ● 在给教练对象任何自己的建议之前，留出时间让他反思想要做什么样的改变，能够建立自觉独立和担责	● 跟进查验学习收获及将未来会做什么不同的行为，建立一种伙伴关系，能增强信心和期望 ● 在恰当的时候将学习与整体的发展目标相联系 ● 赞同具体的行动。确认你们都已经清楚事情的优先顺序、时间表和承诺度
问题："你/我们想从中得到什么？" 叠加："我想要……"	问题："哪些方面进展良好？" 叠加："我喜欢……"	问题："可以做些什么不一样的呢？" 叠加："如果这么做……会怎样？"	问题："你学习到什么，你/我们会做哪些不一样的事情？" 叠加："我学习到……""我会做……"
G	R	O	W

让我们在 GROW 模型的框架下看看以下这些问题（见图 13），看看当使用教练方式来加速学习和提高绩效时，整个反馈对话会怎样。按照表 4 中列出的黄金法则和提示，运用问题包 7 以便能深入地探索框架中的不同阶段。

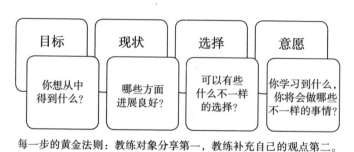

每一步的黄金法则：教练对象分享第一，教练补充自己的观点第二。

图 13　GROW 反馈框架

反馈和员工敬业度

反馈质量是员工敬业度调查中的一个衡量指标，这也是我们的客户——万事达国际组织要求我们关注的，人们希望在拥有高质量反馈的环境中工作。当彭安杰成为万事达首席执行官时，他的经营理念是"竞争取胜"。根据从全球6 700 名员工的年度员工敬业度调查收集的信息，学习与发展团队发现支持这一理念的一个关键发展领域就是改善反馈。他们找到 PCI 帮助他们创建绩效反馈文化。

我们为万事达卡的 1 500 名全球领导者量身设计了一个项目，名为"高影响力教练"，该项目的特色就是以 GROW 反馈框架为基础的。员工调查中有关反馈的调查项目是：

● 我会收到定期反馈。

● 我收到的反馈可以帮助我提高业绩。

带着对这两个问题的思考，你可以看到教练方式和 GROW 反馈框架如何确保获得更多定期反馈和高质量的反馈。一年以后，当下一轮员工敬业度调查完成时，所有全球领导者都已经通过该项目，调查结果显示员工敬业度得到了全面的改善，尤其在反馈方面有明显的提高。

适用于所有人的学习方式

毫无疑问，这不仅有利于教练对象发展，也有利于教练型领导者发展。对于领导者来说，这是一个引发他们好奇的好机会，让他们知道下次可以采取怎样不同的行动来创造更高的业绩。毕竟，正如我之前所讨论的那样，领导者的思维方式和行为是影响绩效的最重要的因素，也是领导者可以完全掌控的。

回顾的实践示例

让我们通过一个实际的案例来看看，几个星期后米歇尔跟进山姆的责任担当进度情况。你会看到当她检查事情的进展情况以及跟进和回顾时，她使用了问题包 6 中的问题。

明确目的　　**米歇尔**：我想跟你一起跟进之前你同意采取的行动。我记得你说对项目会议感到有些不知所措。过去这几个星期进展怎么样？

山　姆：好一些了。但是与约翰和凯瑟琳的关系仍然有问题。

从关注什么做　**米歇尔**：好的，听上去这是我们要谈论的一个话题。你说你得好开始　　　感觉好些了，是什么让你感觉更好了呢？

山　姆：我运用我们讨论过的新方式举行了一个很好的团队会议，每个人都渴望每月进行一次一对一的交流。

米歇尔：太棒了。还有什么？

山　姆：我已经和你引荐的负责新大楼的人谈过了，他会考虑我的请求，把团队搬到新大楼里去——好消息是成本变化不大。当办理手续到达一定阶段时，我需要您的批准，可以吗？

米歇尔：当然没问题。那团队开放提问和共同担责的进展怎样啦？你是打算在这方面做一些改变，是吗？

山　姆：我正在和一些项目组成员讨论这个问题。我正在组建由金领导的小组，评估流程并提出新的想法。珍妮正在推进我们下周的团队会议，要讨论责任担当并制定一些行动规则。

庆祝成功

米歇尔：这听起来像是很棒的一步！我想知道你不全靠自己，是怎么推进到这个程度的。你尝试着采用了一个新的方式。效果怎么样？

山　姆：出乎意料得好。将问题看作人们进步和成长的机会，这有助于我重新去关注人。

米歇尔：重新关注人，你感觉怎么样？

山　姆：总体来说，真的很好。我花了更多时间跟项目组成员聊天，我想我一直在教练他们。

米歇尔：你注意到这对团队成员有什么影响？

山　姆：到目前为止，每个人似乎都比以前更开心，也不那么紧张了。我希望约翰和凯瑟琳也有这种感觉。

米歇尔：对呀，你说你和他们的关系仍有问题。现在，我们可以聊聊这个话题吗？

山　姆：当然。我认为我们已经到了需要进一步升级的阶段。他们仍然没有做到应该做到的，好像还忽略了我所有的电子邮件。

保持不评判，询问发生了什么以及没发生什么，并不让教练对象感觉自己做错了	米歇尔：你是怎么和他们互动的？
	山　姆：我一直很注意我在电子邮件中的措辞，我不会表达可能引发歧义的说法，同时我也尽力保持措辞强势，以让他们继续做事情。
	米歇尔：听起来你好像还没有找机会跟他们谈话。
	山　姆：还没。我已经给他们发了多次邮件，但他们没有回复。
	米歇尔：嗯……他们貌似表现出了一些真的抵触。你还试过其他方法吗？
	山　姆：我尝试重发电子邮件，但依然没有任何回复。
教练表达自己的感觉，让教练对象确认哪些对他而言是真实的 语言表达意在帮助教练对象创造觉察，对情绪进行反馈	米歇尔：我感觉到这里还有更多的东西。你对此有何看法？
	山　姆：我认为他们这是故意的，我不会屈服于他们的想法。现在是时候向别人证明他们是只拿高薪不干活的人了。
	米歇尔：我注意到你说起他们时，用的词语不一样，我也听出了你语气中的挫败感。你注意到了什么？
	山　姆：我很生气。他们认为自己可以侥幸逃脱，这很荒谬。
	米歇尔：你是否愿意听一些可能逆耳的反馈？
	山　姆：可以啊。
不评判的反馈，并确认教练对象是否同意	米歇尔：听上去你的做法有点好斗——我听到你的用词是"我们"和"他们"。你怎么看？这是一个恰当的表述吗？
	山　姆：可是他们并没有做出任何努力加入到团队中来。
	米歇尔：你做了什么让他们感觉到自己是团队中的一员呢？
	山　姆：我邀请他们参加团队会议，可他们没来。
积极地面对教练对象没有采取商定行动的事实	米歇尔：我们最后一次谈话时谈到了这一点，你承认事情开局不利，希望跟他们达成和解，而且你计划让他们知道他们对项目很重要，你希望重建信任和尊重以重新开始。有关这些后来发生了什么？

山　姆：什么都没发生。

米歇尔：哦？怎么还没发生呢？

山　姆：我刚才说过了，他们没有回复我的电子邮件。

感觉到阻力，命
名它，并将它摆
到桌面上讨论

米歇尔：山姆，看上去我们在这个问题上一直在兜圈子。你使
用电子邮件跟与你有冲突的人沟通，这种沟通方式
让我很担心，特别是当你打算让他们感觉自己是团
队中不可或缺的一部分时。我感觉你一直在推迟跟
约翰和凯瑟琳进行这场艰难的对话。发生了什么？

山　姆：我并不期待这场对话。可如果他们不回复我的电子
邮件，这也不是我的错啊。

米歇尔：你说得对，你无法让他们回复你的电子邮件。但是，
我想知道为了开始这场对话，你还能做些什么跟之
前不一样的事？

山　姆：我想我可以给他们打电话。但他们可能看到是我的
电话，就不接听了。

与教练对象成
为伙伴，共同
创建达成成功
的方式或衡量
标准

米歇尔：如果你用你以往乐于尝试的态度来对待这个问题，
这是一个让人进步和成长的机会，包括你自己，你
将怎样去跟约翰和凯瑟琳进行互动？

山　姆：我会深吸一口气，走到他们的办公桌前，请他们喝
杯咖啡，这样我们就可以好好聊聊了。

米歇尔：听上去那会是一个好的开始。你还可以做什么呢？

山　姆：我可以在此之前先去外面散散步，让我的头脑保持
清醒，心境平和。

米歇尔：非常好，还可以做什么呢？

山　姆：我还可以写下我想要谈及的关键要点，以免忘了。
事实上，刚才所谈的这些我都会做。

米歇尔：你会怎样记得把这次沟通看作你们所有人进步和成长的机会？

山　姆：我想我会把这句话写在笔记本的首页。

米歇尔：那你会在什么时间进行这场对话，山姆？

山　姆：下周。

提出请求，帮助教练对象突破他的阻抗

米歇尔：山姆，我希望你能把这件事的优先序排在前面，最好在本周内进行这场谈话。我能看到这件事对你有多么重要的影响，我知道你也想这样做出优先安排。你已经成功将面对问题视作一个成长的机会，

喝彩

所以，我相信你能够与他们达成和解，让他们感觉自己是项目团队中不可或缺的成员。你现在有什么想法？

山　姆：我想它确实是最优先需要解决的，我会马上着手安排。

米歇尔：你是想处理它还是解决它？

山　姆：一劳永逸地解决它。

设定新的责任担当，核对教练对象的学习收获

米歇尔：山姆，你会做些什么特别的举动，什么时候做？

山　姆：我会带着两条巧克力作为和解礼物去新办公室，邀请他们喝咖啡。

米歇尔：具体你会说些什么，你从中学到了什么？

山　姆：我会首先说我很抱歉，我一直在用电子邮件追着他们的工作。并且我会说我希望我们齐心协力，建立相互信任和尊重的合作关系，让他们能够为团队做出贡献，这也会让每个人都受益。我从中学到了我不需要和他们对抗，其实，我们都有相同的愿望和立场。

米歇尔：这听起来是一个很好的开始。山姆，在你今晚回家
之前，让我知道你的进展。我很欣赏你愿意尽早安
排对话，这展示了你性格中的真实的力量。

进一步认可以
建立教练对象
的信心和自信

请注意米歇尔是如何提出强有力的问题让山姆思考：发
生了什么事情？产生了什么影响？他从中学到了什么？他将
会采取什么不同的措施？虽然米歇尔可能不得不几次克制自
己告诉山姆去和约翰、凯瑟琳对话，但她还是运用教练对话
让山姆自己得出结论，这样他才更有可能去执行。

米歇尔没有回避山姆展现出来的抗拒，只是简单地指出
来，并不加评判地请他说出事实真相。这使得对话能够向前推
进，并揭示出山姆在一场他感觉是很艰难的对话前踌躇不前，
因此，米歇尔帮助他提出了一个新的令人心安的行动计划，并
在设定新的责任担当之前，请求他即刻执行这个行动计划。

就像这个案例一样，如果把教练融入领导方式之中，它并
不会像一个正式的"教练会谈"那样。不熟悉的人甚至不会
将其当作教练，他们会认为是一个人对另一个人的特别帮助
和体贴，领导很显然是一个好的倾听者。不论形式是否正式，
创建教练对象的觉察和引发担责仍然是基本的教练原则。

意愿与业绩曲线

当米歇尔进入到教练的最后环节的时候，她的目标是激
励山姆采取行动，让他更接近自己的目标。这让对话从一个
好的想法转向承诺和采取行动，以实现更高的目标。通过重
新帮助山姆与最初激励他要去完成的目标建立连接，米歇尔
促使他更多地在相互依赖的层面来领导项目团队，在这个层

面，山姆的激励人心的潜能得到充分释放。米歇尔认识到，领导者保持自身平衡很重要，这样他们才不会重新回到更原始的层面，所以，她积极教练山姆通过自我管理来保持平衡。最后，她向山姆表明自己和他在一起，让山姆知道自己是他的后盾，自己相信他。

创造学习收获

回顾美敦力的案例，通过教导领导者如何以教练的方式进行持续的绩效对话，一种全新的绩效管理方法被创造出来。传统的告诉员工他们是需要调整的反馈方式已经过时了。取而代之地，教练和教练对象的伙伴关系有利于探索工作中哪些方面进展顺利以及成长的机会在哪里。一切聚焦于学习成长。当将教练的真谛应用于建立责任担当的过程中时，我们通过探索哪些方面做得好，哪些方面需要教练对象改进或者做点什么不同的事情，来帮助教练对象实现创造性的学习、自主选择和自我激励。设定目标和责任担当让教练对象与其梦想及目标连接，使得原本看起来枯燥的过程目标变得更加激动人心（见第10章）。因此，通过教练的原则——创建教练对象的觉察和责任感，责任担当彻底远离了其在传统的指挥和控制文化中不受欢迎的角色，成为提高绩效的一个重要工具。

教练激发人的意义和目的

> 重要的不是要成为一名领导者，而是成为你自己，充分地发掘你自己——以你所有的天赋、技能和精力，使你的梦想成真。你无须任何保留。
>
> ——沃伦·本尼斯

现在，我们已经从头到尾按照 GROW 模型的顺序，了解了教练的基本原理和实践，现在可以更深度地来探索究竟，看看教练是如何帮助我们连接生命意义的。我强烈建议你踏上这段旅程，因为这是真正有价值的探索。尽管找寻意义和目的听起来会令人望而生畏，但你的旅程由你掌控。

我在第 1 章中曾经提到，自我实现者寻求意义和目的，并且经常通过为他人、社区或整个社会做出贡献来找到这份意义。越来越多的人表示，他们关心公平性和他人的境遇正如关心自己一样。这些新出现的利他倾向也让他们开始质疑企业的道德理念、价值观以及盈利动机。人类如何成功并可持续地应对外部挑战与我们如何与自己连接直接相关。谷歌将其领导力研究院命名为"向内探索"（Search Inside Yourself）并不是偶然的，而领导力先驱沃伦·本尼斯

（Warren Bennis）也说"这不是关于成为一名领导者，而是关于成为你自己"。

教练型领导与职业教练都在寻求如何释放潜能，以最大限度地提高业绩表现——领导者激发团队的潜能，教练激发教练对象的潜力。看看目前的商业现状吧，这将说明为什么这一切如此迫切。

人才争夺战

《金融时报》一篇文章的总结性标题是："重新连接核心价值观：贪婪并不适合新的商业时代；员工不仅仅是简单的集合体；企业的精神境界：斯蒂芬·奥弗雷尔参与研究终极竞争优势，他发现那些公司正在努力为员工赋予工作的意义和目的。"单靠高薪并不足以留住顶尖人才。

时任瑞银华宝集团副总裁的肯·科斯塔（Ken Costa）说："你可以看到那些离职的人的挫败感。因为对自身的不确定性及缺乏成就感，最终导致人们离开了组织。越来越多的人去到志愿者组织工作……在最近一次的校园招聘中，有相当多的人会问我们：'你们公司关于社会责任的政策是什么？'这在以前从来没有过。"

企业界是否也会像许多个人那样经历同样的存在意义危机？我以为会的，也确实正在经历。还会扩展得更广泛吗？企业界，或者世界本身，是否会面临集体性的意义危机？已经有很多警示信号了。经济和政治指标不再能对目前发生的事情提供明确的信号。环境以及不稳定的经济和政治环境、不断降低的企业伦理给企业带来了迅疾的、前所未有的挑战，企业却正因旧有模式的拖累以及需要对危机做出紧急响应的压力而不知所措，并没能及时做出应对。在很多人看来，现在面临一个更大的危机，但否认这种危机的观念也普遍存在。

一个服务他人的经济

许多人认为，企业界的态度和角色的重大转变是不可避免的，事实上也已经在变化之中，这很大程度上是由于公众的需求而推动的。人们表示他们将不再忍受为经济服务；相反，他们要求经济能够为人服务。当企业学会接受它们的责任、存在的真正意义以及目的时，它们是否会经由一系列管理过程的修正而发生改变？还是它们会继续不惜任何代价追逐财富，直到由于民众更高的要求和渴望而导致企业陷入危机？

一个有远见的公司不仅要与公众的心态同步，更要引领，因为它负有对社会的特别责任。

企业的角色正在转变

我们正在目睹企业角色的转变。英国石油公司前首席执行官约翰·布朗（John Browne）在他的新书《连接》中写道：

> 在一个持续透明的时代，世界对私营经济的需求更大……对于那些选择在尊重、真实和开放方面满足这些新需求，让社会需求成为其商业模式的一部分的公司来说，将会获得巨大的回报。

世界经济论坛的克劳德·斯马亚（Claude Smadja）写道：

> 私营公司必须表现出更广泛和更强烈的企业社会责任感。……非政府组织的兴起也反映了众多机构——政府、企业、国际组织、媒体等公众的觉醒。

《新闻周刊》的迈克尔·赫什（Michael Hirsh）评论说，这场辩论与其说是讨论公共部门"私有化"的，不如说是对私有经济成分的"公众化"讨论。

下一轮演化浪潮

全球化和世界范围内的即时、频繁的交流正在模糊"我们"和"他们"之间的空间和时间差异。因此，外部力量和我们内在的发展共同作用破除了阻碍，说服我们接受和拥抱所有人共同的命运，并共担责任。最终达到马斯洛需求的最高层次，其心智模式就是相互依赖："我们都一起在这段旅程中。"

外部现实反映内在现实

随着我们对内在现实的觉察的日益增强，我们的外在现实也在发生变化。全球范围内对所谓道德基金的投资正在快速增长；过去在许多工作场所中盛行的性别歧视和种族歧视现在遭到广泛谴责；企业社会责任和三重底线报道越来越多地被采用。

这些变化的驱动力来自那些想要在工作中和企业里被赋予更大话语权的普通人。然而，环境变化也给我们所有人，尤其是给企业带来了一些关于我们在全球背景下的价值观、行为和责任的严酷信息。此外，动物、生物燃料和作物遗传改良的集约化农业的潜在后果迫使人们对农业方法进行了严肃的重新评估，这种方法远远超出了"自然爱好者"的范畴。下一个滩头阵地在哪里？它可能会出现在环境领域，但我们不知道它将来自何处，因为大自然的系统控制正在崩溃，我们无法预测其反应。下一站是不归路。最令人担忧的是，它似乎比短期的、完全不适当的政治和公司反应所带来的影响要严重得多。

组织的意义和目的

随着这一切的发生，在组织中一起工作的人越来越多地提出关于意义和目的问题也就不奇怪了，因为他们希望逃离许多人认为的毫无意义的商业世界。教练经常听到教练对象感叹这一点，谈论换工作的话题，要当心变化形式和结构的诱惑——这是必须要改变的意识。

意义与目的之差异

在第 6 章中，我曾谈到通过提高觉察，我们可以更深入地发现并连接我们

149

的目的。意义和目的被紧密连接在一起，但它们的意思并不完全相同，需要加以区分。**意义**是我们事后认定的事件或行为的重要性，而**目的**则是我们打算采取的一系列行动。意义主要是心理学词汇，而目的则是精神层面的概念。更确切地说，我们应该明确意义或目的，或两者兼有。让我们来看两个方面：

- 发现你人生的意义和目的。
- 在日常生活中寻找意义和目的。

揭示你的意义和目的

PCI 的口头禅之一、也是教练方式的核心是"与之同在"（meet people where they are）。一旦你与某人的当下建立了连接，你就可以成为他们的伙伴，陪伴他们想走多远就走多远。这是一个完全的伙伴关系，它尊重意识进化历程中觉察的觉醒。以下是一个你可以探索人生的意义和目的的活动。

┊活动：探索你的意义和目的

请坐在安静的地方，拿一些彩笔和一张白纸。记下你对以下问题的回答。如果想到了一个画面，请画出来。这里重要的不是想得太难，或试图做对的事——你想到什么，就用你喜欢的颜色标注每个答案。

- 你的梦想是什么？
- 你渴望什么？
- 你想为这个世界上带来什么不同的东西？
- 什么对你最重要？
- 在你的内心深处，你真正想要的是什么？
- 想想你已经 80 岁，当你回首自己的一生，那些闪光点是什么？写出或画出你想到的内容。

从你对这些问题的回答中，你将开始了解你生命的意义和目的。这项探索将开始创造一条清晰的路径——你可以追踪的路径，用来寻找你生活的意义和目的。随着想到更多细节的图景，就把它们添加到纸面上。开始这一过程的第一步，就是找到你有无限潜力创造的那部分。

从受害者到创造者

寻找意义和目的的最大一步就是要认识到，你的当下现实就是机会。这意味着你要从命运的受害者变成命运的创造者。教练方式激发教练对象对自己的现状负责，选择如何接纳现状，并采取行动来创造或改变现状，最终创造出更大的意义。

尝试以下这个活动。

> **⋮活动：面对挑战**
>
> 想想你目前面临的挑战，然后回答下列问题：
>
> - 试想，这个挑战包含着你成长需要的完美天赋，那么这个天赋是什么？
> - 你要感激的是什么？
> - 为了迎接挑战，你会成为一个什么样的人？

这个活动在你人生中可能具有重大的挑战。然而，这样的问题会让你完全摆脱受害者的状态，成为命运的创造者，这将有助于创造你生命中每时每刻的意义和目的。

卡尔·荣格说："你抗拒的东西会持续存在。"如果你不希望同样的挑战反复出现在你的工作、生活和爱情中，我鼓励你勇敢地直面生活中的挑战。

揭示工作中的意义和目的

让我们回到前面章节中我们已经讨论过的工作。在第10章开头的教练对话中，我们跟随米歇尔和山姆一起讨论项目的最高层会议。如果米歇尔更深入探索山姆工作的意义和目的会怎么样呢？那将是什么样的呢？

下面就是她可能会问的一些问题：

- 山姆，我注意到约翰和凯瑟琳的某种行为会触发你的强烈反应。你注意到了什么？
- 如果你注意到了，那个触发源是什么？
- 如果你可以选择，你会如何回应？
- 是什么可以让你选择不同的回应？
- 对你来说，选择不同的回应有什么重要的意义？
- 这会对你的生活产生什么影响？

事实上，如果我们透过这个视角，峰会项目就是一个平台，是让山姆展示潜能的平台；他需要做的是认识到这一点，发现其中的内在意义和目的。当然，山姆必须注意到这一点，并使其成为他职业发展的一部分。这一切可以通过米歇尔跟他坐下来一起开始探索如何通过他的个人领导力发展实现工作和生活的目标。然而，请注意：作为一名教练或者作为一名教练型领导，在将你的教练对象引导到这个前沿的领域之前，你应该首先探索自己工作的意义和目的，开始创造自己的命运。另一个教练的重要原则是不要问教练对象一个你自己都不愿意回答的问题——或者你自己还没有回答过的问题。

传授高阶教练技术已经超出了本书探讨的范围，因此我暂时谈到这里，但是作为已经完成高阶教练培训的一名专业教练或领导者，应该能够推进这项探索。

04

第四部分

教练的特定应用

COACHING For
PERFORMANCE

第 15 章 | COACHING For | PERFORMANCE |

正式的一对一教练

根据 ICF 和人力资本协会的调研，87% 的雇主为其员工提供一对一的教练辅导。

这里用单独的篇章介绍内外部教练如何进行"一对一教练"。正式的教练是指在指定的时间周期内进行 1:1 的教练，需要在开始的时候搭建教练框架。无论你是组织内部的教练还是组织外部的教练，以下这些原则可以帮助你最大化成效。

正式教练周期

正式教练，一般也被称作一对一教练或高管教练，超过 6 个月效果最好。在这几个月的过程中，教练对象将和作为支持者的教练一起持续践行新的习惯。教练是一种关注于个体发展和可持续行为改变的伙伴关系，需要足够长的时间去建立。为了让教练对象能够真正获益，我们建议周期为 6 个月，本章也会聚焦于这个时间周期来进行阐述。

此外，还有一种短期的教练方式，叫作"激光教练"，这是通过虚拟的教练技术，每次 60 分钟，总共 3 次，着重于教练对象所面临的某些特定挑战。公司通常会批量购买此类服务，作为员工发展的一种资源。

教练时长

对教练来说，任何合约开始的第一步，都需要挖掘买方真实的需求。这很容易通过确定教练时长、教练具体形式来实现。面对面教练和虚拟教练在成本上有显著差别，这势必会影响总预算。请记住，理想的教练初始周期是 6 个月，可以根据实际情况延长。

形式和单次时长

一旦教练时长确定，第二步需要和教练对象商定具体形式及单次时长。通常有 3 种主要形式，这里需要注意的是，形式和单次时长会因各国情况而不同。比如，在印度，从班加罗尔的一端到另一端开车需要 3 个小时，所以教练一般都通过虚拟形式进行。但在中东，教练一般都是面对面，而且每次近 3 个小时。在绩效教练中，每个教练周期结束后都会有 60 分钟的一对一评估环节（第 19 章中会阐述如何进行）。

三种形式：

- **面对面教练**，例如，为期 6 个月，每月 1 次，共 6 次，每次 120 分钟。
- **电话或虚拟教练**，例如，为期 6 个月，每两周 1 次，共 12 次，每次 60 分钟。
- **混合式教练**，例如，1 次 60 分钟的面对面教练，再加上 12 次每次 45 分钟的电话教练，大约每 2 周一次，最后一次为 60 分钟的面对面教练。

图 14 展示了典型的混合式教练项目，接下来的几小节提供了个人教练和更多的细节。

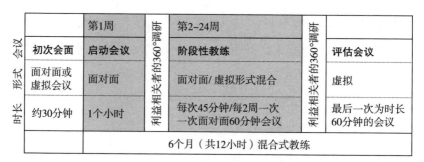

图 14　典型的"混合式"教练合约

初次会面

初次会面是你和教练对象第一次见面，一般不收费。主要是双方看彼此有无好感、有无化学反应，感觉未来能否合作。通常见面以后，大家会告知彼此是否合适。不合适也没关系，有时候，双方确实没感觉。

保密原则

一旦你和教练对象确定合作，很重要的一点是建立伙伴关系和保密原则。保密原则是教练关系的关键，也是在开始之前双方需要定义的边界。教练对象未来需要和你深入探讨与其切身利益相关的很多问题。如果没有保密原则，特别是在公司内部，教练对象会不愿分享敏感信息，而这些信息对教练过程非常重要，没有这些信息，在一定程度上会限制本可以有的积极结果。图 15 展示了保密原则的关键，在教练的过程中，教练对象的直属领导或主办方不会了解过程中的所有细节——椭圆形代表了被称作"防火墙"的部分。

作为教练，你需要清晰了解谁会参与其中、他们和教练对象的关系以及你要对谁负责。你可能会和下列人员建立联系：

- 团队的领导者；
- 人力资源部门中负责协调的人员；

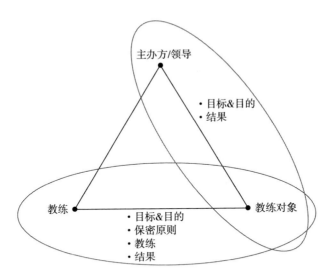

图 15　保密原则是教练关系的关键

- 支持业务部门领导者的人力资源部门的人员。

教练预算提供的主办方和教练对象的领导可能不是同一人。在图 15 中，主办方一词指的是掌握预算的人。主办方，当然可能也是教练对象的领导，他会希望看到教练不仅能达到目标，还能收获结果。因此，你需要和教练对象共同规划以上相关人员未来以何种方式介入教练，以及教练对象如何与他们沟通。

教练关系开始之前，相互沟通目的与目标，期望结果能帮助你强化与教练对象的关系，同时也能够创建教练对象与组织的联结，这是教练中的一个重要环节，也是组织会考虑引入教练的原因。正因如此，你与教练对象的领导、主办方或组织中的其他人沟通，都应该通过教练对象，在整个过程中不断增强教练对象与组织的关系。

在遵守保密原则和赋能教练对象时，可以从以下两方面考虑：

- 帮助教练对象和他的领导、主办方进行有效沟通，有助于其实现目标，达到期望的结果。

- 当教练对象没有全情投入时，要帮助其找到原因，使其能与领导进行真诚对话，确保与教练的初始目标保持一致。

某些情况下，更适合三方共同进行目标设定和评估。即便如此，你的焦点永远都是赋能和支持教练对象，并严格执行保密原则，要记住，你的重心并不是加强你个人与组织的联系。

启动会议

成功的启动会议会帮助你建立成功的教练契约，这值得多花些时间。启动会议不仅是聆听教练对象的需求，也需要告知对方你的需求、期望，只有在双方理解一致的基础上才能建立一段成功的教练关系。

在这个会议中，话题可以涉及很多方面，尽管下面列出了一个清单，但在没有取得正式教练认证的情况下，我不建议你做一对一的教练。

启动会议清单

　　形式和细节——形式（虚拟、面对面或混合式）；时长；频次；地点（对虚拟形式的教练也很重要）。

　　合约——明确权限，澄清各自想法；了解教练对象对支持、挑战的需求；约定双方的责任。

　　"培训"教练对象——什么是教练（不是导师制、顾问或咨询）；教练和教练对象分享教练关系的责任；教练对象需要全情投入。

　　目标——设定鼓舞人心和有激励性的目标（短期和长期）；如果有的话，可以参考最近的绩效考核结果；认可双方达成目标的方式。

　　浓缩的背景——请教练对象提前准备一份"生命中的关键时刻"（非整个人生的故事）；共同确认其行为模式和信念体系。

　　能量来源和价值观——发掘价值观、优势、思维模式和信念的局限性；使用有激励作用的隐喻。

两次会议之间

真实的转变发生在两次见面之间，发生在教练对象有觉察尝试不同的做事方式，并将学到的知识在生活和工作中不断实践的过程中。这就是为什么责任、检查和跟进如此重要。

后续会议

剩余的教练的主要内容如下：

- 检查和跟进上次会议的结果。
- 设置会议的目标。
- 教练。
- 责任设定。

360° 反馈

360° 反馈是非常有用的对比"教练前后"改变的工具。向教练对象领导、直接下属、同事发送调研问卷或进行面谈，从 360° 视角看教练带给教练对象的影响。简单的 360° 调研问卷可以从 www.coachingperformance.com 下载。在教练开始之前进行调研，能够给你一个初始点去探索未来教练对象需要专注的、待提升的领域。在教练结束时再做一次，会看到教练对象提升的程度。如果是长期的教练契约，例如 12 个月，可以在进行到一半的时候做 360° 评估。

评估

衡量教练对个人和组织的影响，计算 ROI 的回报率会在第 19 章详细阐述。

第 16 章 | COACHING For | PERFORMANCE |

团队绩效教练

> 教练通过培养团队成员的身份认同和创新精神，来发掘他们的潜能。

打造一个教练文化的团队，需要培养开放的心态和好奇心，同时也需要培养教练对话技能。团队领导可以通过授权、影响来培养这种心态和技能，我会在本章着重讲述团队领导如何进行教练辅导。教练辅导需要全情关注，满怀好奇心，相信团队成员有足够的智慧、开放的心态去探索不同的方式。为了充分调动团队的潜能，教练需要了解以下内容。

- 每个团队是一个实体，拥有可以深度挖掘的智慧。
- 教练可以通过激发团队的活力来挖掘团队的智慧和潜能，而不是简单的指导或纠正。
- 教练辅导的目的是创造集体觉察，在团队内部产生共同的责任和协调一致。

理解团队如何形成和发展对教练团队发挥潜能，并了解其在绩效曲线上的表现非常重要。我们首先来探讨团队如何形成及发展的。ICF 和人力资本协会的研究表明，教练可以提高团队的专业能力和合作能力。本章后面内容将阐述教练团队与教练个人之间的细微差别，以及如何成功打造团队的独特身份感和集体智慧。此外还会提供关于团队的性格、特征、活力和演变的背景理论，帮助大家理解如何在团队发展的不同阶段提升绩效。

团队是组织的重要组成部分，它们执行的任务相互关联，这种模式对于个人来说太耗时，对于平行工作的群体来说又太复杂。团队的表现能力不仅取决于团队成员的个人才能和技能，更取决于成员之间的合作方式及共享目标、价值观、目的和责任的程度。高绩效团队内部存在很强的相互依赖关系。事实上，没有相互依赖，团队只是一个群体。只有团队协同合作，任务才能成功完成。团队的力量和潜能大于其各部分的总和。团队有自己的身份感，这并不等同于其内部团队成员的个人身份。

> 真正的团队①有明确的边界；②为了某种共同的目的而相互依赖；③有稳定的成员关系，给予团队成员足够的时间和机会来学习如何相互合作。
>
> ——Hackman 等

团队发展的阶段

教练角色的一部分就是了解所教练的团队的身份感，并帮助团队加强这种身份感。从某种意义上说，了解一个团队就像了解一个人。需要了解它的"生命"所处阶段，不同发展阶段的团队有着不同的运行规则。同时，每个团队又是独一无二的，有自己的个性、才能和优势。超过 15 人或 20 人的团队可能由项目小组组成，但无论是第一级团队还是次级团队，某些特征是保持不变的。

就像人不能从童年跳到成年一样，团队也不可能在一夜之间成熟。人必须经过婴儿期、童年期和青春期，团队也需要时间发展到相互依赖的阶段。作为教练，需要觉察到这一点并将其视为自然而必要的规律，在这个发展过程中提供恰当的教练。

团队发展的四阶段模式易于理解——包融，主张，合作，共创。前三个阶段遵循威廉·舒茨（William Schutz）关于人际行为的 Firo-B 理论，这个理论在体育界和工作中已得到认可和证实。当然还有更复杂的理论模型，以我的经验，它们的实用性较差。舒茨是加利福尼亚州大苏尔埃萨林研究所"会心团体"疗法的先驱，与亚伯拉罕·马斯洛、弗里茨·珀尔斯和卡尔·罗杰斯等传奇人物并称为人本主义心理学之父。我在 20 世纪 70 年代的时候在埃萨林参加过许多 Firo-B 的活动。

治疗小组的参与者表示，除非他们觉得安全，否则很难向别人坦露脆弱的一面，因此，治疗师有责任尽快创建一个安全的氛围。教练可以通过借助团队发展的原则来帮助实现这一目标。下面让我们依次探讨每个阶段。

包融

第一阶段称为**包融**，人们在这里确定他们是否被视为团队成员。这一阶段焦虑和内向很常见，但这种情绪会被一些掩饰性的假象所掩盖。人们在这个阶段被接受的需要和对被拒绝的恐惧都很强烈。

面对新的社会环境，大脑忙于寻求安全状态，努力让你做一些能被团队所接受的事情。团队成员在这个阶段可能并没有高效的生产力，他们的关注点都放在情感需求和担忧上。

如果团队有领导者，成员会倾向于寻求他们的认可和指导。他们希望自己的行为符合团队的标准，遵守领导的要求。所以，领导者在此阶段设定的基调和榜样很重要，这很快就会成为团队公认的规范。如果领导者表现出坦诚，公开其感受，甚至是弱点，其他人也会效仿。这是一个充满不确定性的阶段，好的领导者会努力解决问题，打消成员顾虑，使得整个团体得以前进。

幸运的是，对于很多人来说，这个阶段不会持续太久，偶尔有少数人可能需要几周或几个月才能融入。在童年期已培养出强烈自我安全感的人，以及已处于领导岗位的人对于融入较慢的人要给予足够的耐心和支持。

主张

一旦大多数团队成员感受到被包融，另一种力量就出现了，即个人**主张**。舒茨将这一阶段描述为控制的需要，这是表达权力和扩张边界的时候。动物亦如此：它们标出自己的领地，让任何胆敢进入的对手大吃苦头。这也是尊卑地位建立的时期，用商业术语讲是建立角色和功能阶段。此时，团队内部的竞争非常激烈，能看到出色的个人表现，尽管是以牺牲他人为代价。人们尝试发现自己的优势，生产效率提高，但团队凝聚力明显不足。

这是一个重要而有价值的阶段，但对一些领导者来说比较艰难，领导层会面临很多挑战。团队成员必须觉察到，他们可以选择不同意领导的意见。他们需要在内部锻炼自己的意志，以便在外部能更好地运用。好的领导鼓励团队成员承担责任，满足他们表达个人主张的需要。领导者应对挑战的能力至关重要，但不幸的是，许多领导者感觉受到威胁，为了控制工作进度而坚持自己的权威。领导者在这二者之间必须找到一个平衡点，才能有效带领团队进入下一个阶段。

如前文所述，这个阶段的团队会有很高的生产力，但这一现象反过来也会阻碍对其更大潜能的发掘。现实中，大多数商业或体育界团队很少超越"主张"阶段。想要超越这一点就必须打破并超越常态，如果运用教练方式，改变也并非难事。

合作

舒茨的第三个团队发展阶段是情感范畴，一些企业领导者对于在此时提及情感感到茫然，所以，我称之为**合作**，但这不意味着甜蜜和轻松。合作阶段的潜在危险是过分强调团队整体发展，不允许出现异议。最有生产力的团队是高度合作，但同时保持一定的动态张力的团队。教练必须有这个觉察。

如果团队处于合作阶段，当有成员遇到困难的时候，其他人将团结起来支持他。如果团队处于主张阶段，其他人可能会偷偷庆祝竞争对手的倒下。如果处于包融阶段，很少有人会注意到或关心他。处于合作阶段时，如果团队成员有了个人胜利，其他人将共同庆祝。处于主张阶段，其他人可能会嫉妒。处于包融阶段，其他团队成员甚至会感到威胁。

共创

过去的经验证明，团队发展的第四个阶段是超越合作的，是**共同创造**、转型、个人和组织共同进化的阶段。这个阶段的团队会觉察到团队大于各个成员的总和，团队为组织潜能的发挥提供了可能性。

在每个阶段，重要的是要在活动中创建团队动态的觉察，确定需要做什么以实现更高的绩效。教练为团队成员创造一个安全的空间表达恐惧、不适和需要，这有助于培养团队的韧性、力量、自我照顾能力和共同责任。教练需要让团队觉察到其所处阶段，觉察到他们必须对自身的发展负责。

马斯洛的需求层次和绩效曲线

团队需要经历共同发展方能到达合作和共创阶段，这正是教练可以提供帮助之处。这不一定是一个线性过程，可能经历进步、停滞、飞跃、倒退、发展的交替上升过程。

在第 1 章中，我们谈到马斯洛的需求层次结构。团队发展水平与马斯洛个人发展的最高需求相平行。寻求**自我实现**的人会在相互依赖的阶段迅速达到共创的高峰，取得出色的成果。寻求**自尊**的人业绩会很好，但倾向于"做他们自己的事"，适合独立表现的舞台。寻求**尊重**的人会激烈地相互竞争，带来高绩效和一些失败者。寻求**归属感**的团队会遵守规则并且特别乐于助人，但这种乐于助人的状态，口头上的成分大于实际行为。

表 5 展现的是马斯洛的需求层次结构，括号内是布鲁斯·塔克曼的团队发展标签：组建期—动荡期—规范期—执行期，按照团队发展顺序和绩效曲线的三个阶段展示。它突出了团队发展每个阶段的主要特征。各阶段之间的界限是互相渗透、重叠的，当成员变动时，团队的定位和状态就会产生波动。

表 5　团队发展阶段

团队发展阶段	文化	特征	马斯洛的需求层次
共创（执行期）	相互依赖	能量指向共同的价值观和外部世界	自我实现
合作（规范期）	独立	能量指向外部共同目标	自尊 从他人处获得的尊重
主张（动荡期）		能量聚焦于内部竞争	
包融（组建期）	依赖	能量指向团队成员之间	归属感

高绩效团队的教练

要想从一个团队中获得最好的成绩并不容易，原因如下：

- 全球人才流动带来的多样性要求更高的敏捷性。
- 人们不再固定在特定的群体中，而是不断地组建和变换团队。
- 团队形式越发趋于多样化，可以是基于项目的、功能性的、矩阵式的、运营式的、虚拟的、自发的。
- 有些团队分散在不同区域，联系很少，这带来一定的问题，有些团队甚至完全虚拟化。
- 吸引团队成员、组建团队和完成任务，面对挑战的时间周期比以往任何时候都短。
- 业务挑战本身的复杂性增加。

教练在帮助人们建立良好合作方面发挥着非常重要的作用，他能帮助人们确定是否需要、何时需要加入一个团队。

教练在帮助团队领导者方面也起着重要作用。一般来说，领导者只有两个职能：一是完成任务，二是发展人才。多数时候，领导者忙于第一个，无暇顾及第二个。而且第一个和第二个有时看起来相互冲突。做好工作的愿望造就了"检查文化"——我们相信，通过量化和衡量每件事，完全可以控制结果（无论是个人、团队还是组织）。然而，"发展"关乎潜能，关乎未来、愿景、创新、创造力和成长。鉴于完成工作和培养员工之间的博弈，很多组织试图通过分离管理和领导来解决这个问题。正如阿尔玛·哈里斯所说：

> 领导力在于共同学习，共同构建意义，这就意味着一起创造想法，根据共同信念和新信息不断反思和理解工作的意义，并在此基础上，创建出一系列新的行为。

管理关注运营，完成工作、关注过程和现状，而领导力则侧重于发展、愿景和未来。在当今快速发展而复杂的世界中，管理和领导之间的界限变得模糊，特别是当涉及日常工作时。

教练可以让管理和领导之间的紧张关系变得平衡，相互接纳。教练可以支持团队在管理文化、"规范工作"与领导文化、"冒险前进"之间找到正确的平衡，创建了一个让学习、创新、觉察觉醒以及行为和责任同时发生的环境。

项目绩效

教练的方法非常有助于挖掘集体智慧。很多团队领导者认为在新项目开始和项目结束检查的时候使用教练的方法比较好。在项目的这两个阶段教练可以帮助团队创造一个共同思考、共同学习、探索共同的环境。

这种教练对话可能会是什么样子？设想一个团队正准备接手一个新项目。

教练需要思考的一些重要问题是：

- 针对这个特定的项目，我如何提高团队对他们自己的丰富资源在特定项目中的觉察？（重点在整个团队，而不是每个单独的成员。）

- 如何使他们有主人翁精神，为整个项目承担责任？（再次强调，不仅仅是个人的角色，而是作为一个团队。）

- 团队如何成为一个做好这个项目强大而又灵活的网？

教练可以遵循 GROW 模型来探究。以下是一些示例问题，实际中具体问题的多少可以视特定的情景来决定。

目标

- 我们的目标是什么？

- 这个目标的重要性是什么？

- 如果项目／任务取得成功，结果会是什么样的？

- 这个将给我们／我们的客户／我们的利益相关者带来什么不同？

- 如果我们以最佳方式一起工作，会是什么样的？

现状

- 作为团队，我们有什么优势可以用来完成这项任务？

- 作为团队，我们可能会面临哪些挑战？（外部的和内部的。）

- 按照 1～10 分来评分，我们处理这些任务的准备度是多少？

- 我们需要哪些方面的帮助？

选择

- 我们还需要为这项任务做什么其他准备？（运用头脑风暴法。）

- 谁可以成为我们的盟友来共同完成这项任务？（列出名单。）

- 我们可以做什么？（头脑风暴想出行动方案。）

意愿

- 作为团队，我们将要做什么？（创建团队行动方案。）
- 作为个人，我们将要做什么？（个人行动方案和责任。）

为了便于使用，这些问题以 GROW 顺序列出，就像所有教练一样，过程很少是线性的。

引导教练对话

引导团队教练对话的流程可以有所不同。教练提出问题，让队员两人或三人一组讨论**目标**和**现状**，然后将他们的结论分享给整个小组。为了激发新的想法，过程中不同职能部门的人可以打乱混合在两人或三人小组里。最后，将整个团队的资源和想法进行整合，并达成一致的行动计划，由小组的共同**意愿**来推动。

另一个可以自然运用教练对话的场景是回顾过去在工作中的表现。如果关注点在于团队学习，那么对话将遵循 GROW 反馈流程，将重点再次放在作为一个整体的团队上：

- 作为团队，我们哪些方面做得好？
- 在项目实施的过程中，团队体现出了哪些优势？
- 作为团队，我们曾面临哪些困难？
- 我们从中学到了什么？
- 下次会有什么不同？

请注意这个过程如何创建自主反馈和前馈循环，它非常全面，包含了各种细节，确保了清晰度，汇集了所有团队成员的想法。这一过程提高了团队的主人翁精神和承诺度，提升了自信和自我激励。

以身作则

真正促进改变的唯一方法是以身作则，首先是通过态度，态度影响行为，其次通过与他人的互动。

对于团队发展，领导者需要了解自己愿意投入多少时间和精力去培养高质量的关系和绩效，他需要使大家认识到打造高质量的关系是一件值得投入的事情。如果领导者仅仅是口头说说，是不会得到期望的效果的。对团队发展过程的投入终将会有所回报，带来丰硕的成果。

如果团队领导希望在团队中建立开放和诚实的氛围，那么他们需要从一开始就开放和诚实。如果希望团队成员信任他们，同时彼此信任，领导者就必须给予信任，同时展现出值得信任的品质。

领导者并不是一个人在创造文化，需要请团队一起参与对话、共同创作。领导者承担一个微妙而强大的角色：既发起又促进，领导而不强加，接纳当下，并清楚地觉察到团队可以做什么，能够做什么。

教练和团队发展

团队的四个发展阶段为在团队管理中应用教练方式奠定了良好的基础。如果领导者觉察到团队在共创阶段表现最佳，他们就会在管理时运用教练方式。比如，如果团队现在处于包容阶段和主张阶段之间，而目标是将它带到合作阶段，有什么好的方法呢？团队成员需要做什么？教练过程本身就是建模转化，利用集体智慧帮助团队进入下一阶段。

处理不确定性

团队需要敏捷性、创造性和创新才能产生绩效。对多数人来说，无论是已发生的还是即将发生的，变化都意味着压力，他们能真切感受到它带来的挑战。大脑不喜欢不确定性，当无法预测或控制时，大脑倾向于在生存模式下运行。工作场所的压力带来的直接后果是我们变得不乐于合作，也不再有创意，效率也有所降低。教练有一个至关重要的角色，需要时刻提醒团队成员哪些事情是可控的，以及团队所拥有的优势是什么。

团队培养教练文化的实用方法

团队，就像家庭或合作伙伴一样，不尽相同，内部的关系中暗藏着能够提高积极性和生产力的方法，如托尔斯泰所说，"幸福的家庭都是一样的；不幸的家庭各有各的不幸"。但我并不完全同意他的说法。每个团队都有自己的生态系统，需要通过好奇心、承诺和创造力去探索发现自我的生存模式。对一个团队有效的方法可能不适用于另一个团队，团队的活力需要持续的关注、探索和呵护才能取得最佳效果。

下面的选项列表是根据团队发展工作坊参与者的建议编制的。每一项都可为使用教练方式的团队所用：领导者可以促进讨论，但是最终结论应该由团队成员自己决定。

1. 建立团队成员都能接受并参与制定的原则与规范

领导者应定期检查团队是否遵守（规则），规则是否需要更新。当规则被忽视或被破坏时，大家应觉察到，这是团队关系需要修复的时候。通过有觉察地创建工作规则，不定期地重新设计，团队将创造牢固的关系、高度的协作和高绩效。

2. 赋予领导者和成员团队发展所需的核心沟通技巧

虽然每个团队都是独一无二的，但仍有一些通用原则可以改善团队的沟通和健康度。保持过程透明并引导团队使用这些技巧，将带来更多的互动和期望的结果。团队成员也需要理解，虽然每个人都对团队的健康度有影响，但团队的活力反过来也会影响每个人的幸福感。虽然每个成员都会影响组织的文化，但团队通过自身的发展，有能力改变整个组织的文化。

3. 讨论并确定团队共同的目标

这一步应在团队内部完成，无论组织是否一开始就定义了团队目标，即便制定了，也会有修改的空间和细化的需要。这个阶段应该邀请每个团队成员参与讨论，添加与团队目标一致的个人目标。

4. 讨论个人和集体的意义、目的

这比探索目标更加需要广泛和深入。意义和目的是驱动人们行为的根源，缺少时会带来迷茫、抑郁。对这样至关重要的事情投入足够的关注，将会极大地提高工作和生活的目的和品质。

5. 给团队发展留出特定的时间，可以与日常会议相结合

在此期间，检查合约履行情况，表达赞赏和抱怨，也包括个人分享，建立开放和信任的氛围。教练主导几次这样的会议之后，一个高绩效团队将能够自行完成这项工作。

6. 建立支持系统，应对可能出现的问题，保持这个系统的保密性

如因地域或其他原因不能规律地进行教练，可以建立伙伴关系，团队中的成员都有一个伙伴，必要时可以相互交流，这可以及时解决小问题，避免浪费宝贵的教练时间。

7. 征求团队成员对于安排社交活动的看法

有些团队通过社交活动来加强彼此之间的关系，团队绩效会随之提升。如果定期举行团队活动，需要考虑到团队成员会有个人安排或陪伴家人的需求。如果不能参加，该成员需要面对因此而产生的疏离感。

8. 在工作之外发展共同的兴趣

有些团队发现运动或共同兴趣、爱好之类的集体活动能够帮助建立融洽的关系。有的团队在发展中国家"收养"了一个孩子，每月会捐少部分钱支付她的学费。大家觉得这个孩子为他们的生命带来了更深的意义，这个意义远大于他们带给她的。

9. 一起学习新技能

有些团队计划学习一门新的技能，如外语，或者参加与工作有关的课程，甚至一起参加教练培训！这会在组织中带来与其他团队之间的良性竞争。

采用一种还是多种方式，必须是民主讨论决定，按照第 13 章中的建议进行具体记录。提高团队绩效的教练方式绝非强加，而是通过提高个人、集体的觉察和责任而达成。

如"绩效曲线"所示，领导者需具备教练心态，用意志力、专注力和高情商培养高绩效团队所需文化。团队教练为学习、调整和发展提供了可能性。

精益绩效教练

> 精益方式和教练方式的结合，创造了无与伦比的绩效改
> 进的良性循环。

精益制造系统目前被许多行业采用，通过消除浪费、减少不一致和稳定工作量来提高流程绩效。它由丰田汽车公司在 20 世纪后半期开发，目前在广泛的商业环境中使用。

引入教练型领导能帮助使用精益原则的组织和团队创造理想的学习环境和最佳绩效。精益的本质在于通过学习来实现持续改进，这就要求人们有意识地不断走出他们惯常所处的"舒适区"，进入更接近他们潜能极限的"学习区"。教练方式挑战教练对象拉伸自己进入学习区，支持他们来学习和发展新的行为和标准，而不是让他们仅仅是对精益方式"走过场"和留在自己的舒适区。美敦力公司高级学习与发展经理卡罗琳·希利（Caroline Healy）表示，教练方式："将同理心、心灵和目的置于精益方式的中心位置，给实践者来类似'涡轮增压'方式的绩效提升。教练方式与精益工作方式相得益彰，使得精益专家和他们的团队感到更被赋能，更有参与感，能够以更少的资源做更多事情。"

有些组织很难完全嵌入精益方式，可能是因为缺乏践行教练方式，它们无法让员工在实施过程中真正得到参与感。本章通过展示成功的精益系统中的核心要素与教练方式的结合，阐明教练与精益方式之间如何相得益彰。

从依赖他人到相互依赖

从生产系统的角度而言，运行良好的精益系统是高绩效、相互依赖、学习型文化的现实体现。它们展示了理解每一步流程的重要性，每个步骤对下一步的影响以及下一步在当前的需求。如果换成是一个团队，请设想一下，每个人都理解自己的行为如何影响团队，能清晰将需求传达给其他人，团队协作将会非常高效。

很多实行精益的组织发现，在第一次实现节约成本或提高效率之后，很难持续改进。一个可能的原因是，在实施精益技术流程改进方面付出了太多努力，但对人的因素的关注太少。这就和仅仅使用 GROW 模型本身并不是教练方式（任何专制者都可以使用 GROW）的道理是一样的，简单地遵从精益方式中的一系列步骤是不会带来可持续的流程改进——如果员工没有投入，领导者还是指令性的管理风格，反过来只会强化依赖性文化并破坏精益流程。

事实上，领导者和团队之间所建立的关系的重要性是精益文化中最成功的案例——丰田生产系统（TPS）的一个不可分割的组成部分，在那里对员工的尊重和团队之间的合作是关键原则。应用教练技巧和原则可以支持精益流程发挥作用，并带来真正的相互依赖关系和高绩效。

从心中的目标开始

在着手建立精益文化时，首先要明确团队想要应对的整体挑战，一般包括消除浪费、降低成本、提高客户满意度等。将这些与第 10 章中的终极目标和梦想目标进行比较，为教练过程提供连贯一致的方向。

通过这种方式识别整体挑战有助于链接到短期的目标和活动（绩效目标和过程目标），从而使团队能够集中精力，高效地实现目标。在精益实践中，经常进行改善性对话能使大家在关注短期目标的同时，觉察到整体挑战的存在，保持二者的关联性。明确方向意味着人们在行动中变得更有意图性——有意图的工作使你更有可能接近努力的方向。

永远没有"足够好了"

"改善"或者"永远没有'足够好了'"是精益文化中众所周知的原则。没有任何过程是完美的，这为持续创新和进化提供了可能性，通过逐步改进和适时突破，朝着挑战迈进。

所有人都拥有比我们展现出来的更多的潜能，这对于保持教练心态和积极寻找存在的潜能是非常重要的。教练们可以帮助教练对象发掘这些潜能来实现绩效的持续改进。

高品质的觉察是关键

发现真实的现状在精益生产和教练中都至关重要。在精益系统中，这意味着工作中的问题需要尽可能地得到清晰展示，以避免问题被隐藏起来。在教练中，这意味着从教练对象的角度出发，而不是根据假设或习惯做出决定。

精益可以是一种将科学思考和学习结合应用于实际场景的有力方式——通过聚焦注意力来衡量**实际**发生的事情，而非简单停留在期望或假设上。在精益和教练方式中，学习的开始都起于通过强有力的问题来对更深层次的细节进行探究并挑战已有的假设。在实践中，这关乎于创建高层次的觉察——这既是提高绩效的起点，也可以从中培养员工的责任感和自我信念。

计划—执行—检查—行动（PDCA）

毫不意外，精益生产这样的持续改进体系在不断发展下，已经成为一种绩效管理的方式——重要的是要定期检查所做的事情是否有效，发现改进机会，对工作方式进行及时调整。

在精益方式中，渐进式改进来自计划—执行—检查—行动（PDCA）周期：

- **计划**——这个过程的目标是什么？下一个改进会带来什么结果？
- **执行**——实施确认的改变／变革。
- **检查**——根据计划评估结果。
- **行动**——现在有什么能在新流程中进行标准化？

遵循这一循环的其中一个好处是它会导致对绩效改进的持续关注——它立足于 Kaizan "改善" 方法，即在已取得成果的基础上始终会有进一步改进的机会。

保持教练心态和运用教练流程很自然地支持这个循环的每个阶段，并创造出更多时间进行教练。

图 16 展示了这个良性循环如何进行。

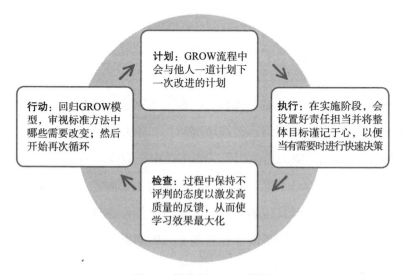

计划：GROW流程中会与他人一道计划下一次改进的计划

执行：在实施阶段，会设置好责任担当并将整体目标谨记于心，以便当有需要时进行快速决策

检查：过程中保持不评判的态度以激发高质量的反馈，从而使学习效果最大化

行动：回归GROW模型，审视标准方法中哪些需要改变；然后开始再次循环

图 16　教练与 PDCA 循环

学习区和人的要素

教练方式如何最大限度地帮助人们从精益方式中获益的决定性的因素可能在于它是如何平衡支持和挑战的关系。当精益方式运转良好时，会要求人们尝试不同的方法。有时会成功，有时会失败。不管哪一种情况，从尝试中得到的学习才是真正重要的。

当个人、团队或组织想要改变时，都需要"学习"这个行为发生，这要求每个人走出"舒适区"、进入"学习区"。你可能会想起以往自己在一个处在"依赖他人"文化阶段的团队或组织中的日子，那里对该做什么或不该做什么有许多的规定。那么走向独立自主工作的第一步需要做什么？领导者面对放下自己的"专家"角色、允许他人自主决策时会有什么反应？

回想第 5 章中弗雷德的例子，可以看到"学习区"有时可能让人不舒服和甚至觉得可怕。从定义就能看出，这里的一部分是未知数——你无法百分之百地确定会遇到什么，同时肯定也会担心失败。

如果教练对象感觉无法进入"学习区"，或者担心犯错所产生的后果，那教练过程能产生的影响就比较有限。教练者的角色是通过平衡人们对进入未知区域所需要的支持和挑战，帮助管理恐惧和焦虑的情绪，来帮助个人、团队和组织在舒适区和学习区之间进行导航。

教练方式的应用

让我们看看领导者如何使用教练方式来解决工作中出现的问题。负责机器操作的部门主管吉姆碰到了他的经理爱丽丝。

<table>
<tr>
<td>计划—执行—
检查—行动阶
段（PDCA）中
的计划阶段</td>
<td>

爱丽丝：吉姆你好，你在想什么？

吉　姆：我们遇到了产能过剩的问题，仓库里的同事说已经没地方放我们的货了。

</td>
</tr>
</table>

确认目标

爱丽丝：好，我们现在有 10 分钟的时间可以谈谈，你希望谈完之后取得什么结果？

吉　姆：我很想知道可以做什么来解决这个问题？

爱丽丝：我了解到解决这个问题是你当下的首要任务。在我们深入细节之前，先了解一下，如果你确实解决了这个问题，它还会对别的方面有帮助吗？

吉　姆：尽可能高效吧。我从不知道从本周到下周的工作量是如何安排的，做员工轮班和加班的计划简直是一场噩梦。

最大的"挑战"

爱丽丝：你心中的长期愿景是一副什么样的画面？

吉　姆：嗯，我想是一致性。

爱丽丝：一致性？

吉　姆：是的。有一个更加可预测的流程，现在要么追赶工期，要么刻意放缓速度，这对团队来说也很难，他们永远不知道什么时候需要加班，因为我也不知道。这同时也影响到了产品的质量——我注意到我们在赶工的同时，很多产成品被退了回来。

下一个目标状况

爱丽丝：你还注意到什么？

吉　姆：嗯，在某个时候，这一定会给公司造成打击。事情并不像我们希望的那样高效，虽然我们总提醒自己说目标是：追求最高效率。

爱丽丝：是的，这确实是长期愿景。为了提高效率，你希望在这个问题上采取什么措施？

178

吉　姆：保持稳定的生产率会是一个良好的开始。

确认现状　爱丽丝：现在情况如何?

吉　姆：我们现在产能过剩。

爱丽丝：过剩多少?

吉　姆：截至昨晚是 20 个单位, 这个太高了, 目标是不超过 2 个单位。

爱丽丝：好, 你尝试过什么方法了吗?

吉　姆：主要是调整生产速度——我已经通知两位顾问, 在本周剩下的时间里不需要他们过来, 另外今晚会让一些员工提前下班。

爱丽丝：你预期对现在的问题会产生什么影响?

吉　姆：按目前的速度, 我们会在本周末之前达到库存平衡。

爱丽丝：发生这种情况的频率如何?

吉　姆：每个月都如此, 要么让大家加班加点, 要么放慢速度。

爱丽丝：从长远讲, 你还需要什么来解决这个问题?

可能的下一步　吉　姆：我需要的是获得未来订单的信息, 比如, 正在处理中的订单需求。

爱丽丝：在哪里能获得这样的信息?

吉　姆：销售部门, 他们负责和客户签合同, 应该有数量和期限等细节信息。

爱丽丝：什么阻碍了你从他们那里获得这些信息?

吉　姆：说真的, 也没什么。

爱丽丝：那下一步, 你会做什么?

共同认可的行动　吉　姆：我会和销售经理马克谈谈。

爱丽丝：你会跟他说什么?

吉　姆：我希望更多地了解销售情况。

爱丽丝： 具体说，你希望了解多少？

挑战尽可能具体　**吉　姆：** 尽可能多的。

爱丽丝： 我明白，但这很难衡量。要不要尝试定下一个时间期间，让我们能够评估是否有效？

吉　姆： 嗯，如果我能提前 2 周知道新订单，肯定会有帮助。

爱丽丝： 好的，2 周，还有那之前提到的订单修改呢？

吉　姆： 如果是有规律的、重复的订单，这没问题。可如果订单发生了改变，最后一刻才通知我，那就麻烦了。

爱丽丝： 在这些情况下你需要什么？

吉　姆： 如果只是小的变化，提前一星期通知就够了，但如果是大的变化，需要提前两周。

爱丽丝： 这个大、小是指什么？

吉　姆： 小于常规订单 10% 的变化属于小变化，大于这个比例都属于大变化。

爱丽丝： 这清楚多了。对马克来说，你的需求是什么？

吉　姆： 新订单和大于 10% 的修订提前 2 周通知，小于 10% 的修订，提前 1 周通知。

爱丽丝： 你怎么判断这办法可行呢？

吉　姆： 理想状态下，我们不用加班就能满足需求。

爱丽丝： 那库存水平呢？

吉　姆： 我们会保持在 2 个单位之内。

爱丽丝： 好，听上去找马克聊聊是第一步，你打算什么时候去找他？

吉　姆： 我这周会去找他。

爱丽丝： 这周？具体什么时候？

吉　姆：今天下午晚些时候我要和马克讨论客户的事情，我那个时候和他说。

爱丽丝：那我们什么时候来检查进展？

吉　姆：会议结束后，我会让你知道和马克谈话的内容。我想需要几个星期才能看到这个改变带来的影响。

爱丽丝：好，今天下班之前我们决定下次碰面的时间。

跟进

帮助吉姆理清责任担当的好处是建立期望和目标之间的一致性。爱丽丝希望与他一起检查进度，不是从评判的角度来审视，而是在最初的行动中建立学习，而后也作为 PDCA 循环中"检查"环节的一部分。检查进度和跟进是通过支持人们进入学习区来创建学习型的文化的一些方式方法。

让我们看一下初步的检查阶段。

PDCA 执行阶段　　爱丽丝：吉姆，我希望了解一下你和马克的谈话，你现在有时间吗？

吉　姆：有时间，没问题。我们谈的很顺利。

爱丽丝：发生了什么？

吉　姆：我和他说了一直以来面临的库存过剩的问题，他认为确实需要解决。

爱丽丝：你们决定下一步做什么？

吉　姆：我告诉他，如果能提前通知我订单的情况会有帮助，他说没问题，他会让我滚动提前 4 周了解订单情况。

爱丽丝：4 周？这比你需要的长，对吧？

181

吉　姆：嗯，是的。他们反正都会生成这些信息，也不需要做新的报告。我会用最近两周的订单信息来做生产计划。

爱丽丝：什么时候开始？

学到了什么？　　吉　姆：这周末开始，太棒了。

爱丽丝：你看起来的确很开心。我很高兴看到你已经取得了进展。衡量对现状的影响将会很有趣。你到目前为止学到了什么？

吉　姆：如果能说明现状，大家很愿意帮忙。

爱丽丝：很好，你还学到了什么？

吉　姆：我们可以通过与其他部门更密切地合作来改善自己的工作。

爱丽丝：例如？

吉　姆：我还没有和仓库团队谈具体细节，但相信他们会有更多的想法。

爱丽丝：那在这事上，你打算下一步做什么？

下一步？　　吉　姆：如果安排一个我、销售和仓库团队的三方会议如何呢？

爱丽丝：完全可以。咱们可以在下次一对一会议中谈谈细节，你觉得如何？

吉　姆：好，听上去不错。

爱丽丝：在这次会议开始之前，我可以给你留个问题去思考吗？

吉　姆：当然，请讲。

为相互依赖的　　爱丽丝：谢谢吉姆。我想听听你的想法，如果能让每个部门
土壤播撒种子　　　　　知道需要做什么让其他部门同事的工作更容易，那么又会带来什么变化？

吉　姆：对，这是个好问题，需要好好考虑一下。下周见面的时候我告诉你我的想法。

PDCA 的检查和行动阶段

在接下来的 4~8 周内,爱丽丝将与吉姆紧密合作,监控剩余库存水平,评估改变带来的影响。通过定期的跟进和反馈(例如第 2 次对话中确定的三方会议),确定进一步需要改进的地方。每次改变都会通过后续谈话创建一个"小型"PDCA 循环,其目的是鼓励尝试,同时更好地了解当下状况。

8 周后,可以进行最终评估,并将对流程和系统进行永久性的改变达成一致。GROW 模型的顺序可以作为谈话的结构,同时提出下一个改进点——PDCA 周期将重新开始。这是精益用户采取一种更加"教练"的方式获得成功的一个例子。

第 18 章 | COACHING For | PERFORMANCE |

安全绩效教练

教练创造了相互依赖和高安全绩效的文化。

正如第 2 章所提到的,在追求安全的环境里教授使用教练方式能够从根本上提升安全绩效——举例而言,安全绩效在林德工程提高了 73%。原因很明显:研究表明相互依赖的文化拥有最高的安全绩效。通过教练,领导者和主管乐意创建这种文化,更多地在安全绩效上赋能员工并使其更有参与感。除了创建一个整体的安全环境外,教练方式可应用的情景还包括工作场所检查、安全对话、事件调查、工具箱会议和风险评估。

教练创造相互依赖的文化

让我们思考两种不同的学习方式:培养依赖他人文化的指导方式和培养相互依赖文化的教练方式。

公平而言,两者都可以使绩效有所提高,但实现的方式完全不同,而后者所创建的绩效远远超过前者。为什么呢?指导方式存在不少的局限性,因为通常是围绕着跟随他人的做事方式,而不是建立自己的方式。结果这会造成对他人的依赖。例如，短时间我们可能会有需要记下过多的信息，所以再下次重新执行这个任务时，有可能我们已经忘记了其中一部分，需要找回培训者来再一次提醒我们。

教练则是采用探索的方式来进行。它帮助你找寻到对自己最有效的完成任务的方式。这使得我们去探寻潜能和可能性，而不是固守着现有的方法。在此过程中，教练方式能帮助增强自信：当找到属于自己的方式并看到进步时，自信会悄然而生。这也是一种更加有愉悦感的学习方式，也意味着会更容易来复制已有的表现。

有一个美国总统造访美国国家航空航天局（NASA）的故事至今仍在流传。故事发生在 20 世纪 60 年代初，当时美国正准备将宇航员送入太空。那天，约翰·肯尼迪总统看到一名清洁工正在走廊干活，总统停下来问他："你在做什么？""总统先生，"清洁工回答说，"我正在帮助把一个人送上月球。"这是个特别好的例子，展现了人们真正理解自己的工作尽管贡献可能很小，但如果没有这微小的贡献，总目标将很难实现。能想象到每个个体的工作对他人的影响是建立相互依赖的团队的关键因素。

在追求安全的环境中，设想一个严重依赖领导者的团队。那里和可能会有大量"要做"和"不要做"的安全规范，领导者会花很多时间强调这些规则，确保大家遵守，避免犯错误。团队成员可能并不真正理解为什么有这些规则，但如果领导盯着，他们会遵守。如果领导不在，他们就会更有可能玩忽职守或偷工减料。这么做的风险在于事故发生的可能性会大幅增加。而当事故确实发生时，在依赖他人的文化环境中，大家的反应更多是责备、评判和惩罚，在这种情况下团队很难得到学习以吸取教训，导致未来事故复发率还会大大增加。

处于绩效曲线的相互依赖阶段的团队与其他阶段的团队有以下一些不同点：

- 相互依赖的团队认识到合作的价值和潜能，成员更乐于制定雄心勃勃的目标，能看到更多的可能性。

- 正在进行的活动更有可能是聚焦专注的。
- 工作有更多的乐趣，因为与他人一起工作比独自工作更有趣。
- 存在非常多的反馈，不仅仅是单向而是多维度，在团队的内部和外部均会发生，因为大量反馈会创造学习改进。
- 团队拥有高度的信任水平和开放态度。
- 如果发现问题对实现更高的绩效有帮助，团队成员乐于进行具有挑战性的对话。
- 团队中有共同认可的责任担当机制，使成员更有可能对工作做得好或者不好的同事给予反馈。
- 成员对团队以及其他成员的状态有更高程度的觉察，更能认识到何时需要相互挑战，何时需要相互支持。
- 持续强调回顾和学习，促使持续提升绩效。

在实践中创造相互依赖的关系

让我们看看教练方式如何在追求安全的环境下创造一种相互依赖的文化。

如果有人在工作场合做出威胁到自身或者是其他同事的行为，你看到了肯定会立即制止，告诉他们如何安全地进行操作。但是，如果人们不了解其所做的事情是"为何"如此危险，或者想不出其他更安全的方式，那么下次遇到这种情况时，他们会重复这个错误——而你可能不在现场去阻止他们了。

让我们用一个涉及叉车司机的安全事件来更深入地探索这种场景，看看采用两种截然不同的处理方式所带来的影响。

不提倡的方式

经理： 我真不敢相信，你正在超速……我的意思是，超速！（铲车的）叉子抬得太高了！

司机：是的，但是我正在……

经理：叉子快翻过去了。

司机：这附近没有人。

经理：你从驾驶室里出来，你以为我没看见吗？这太不安全了，你的三点接触点在哪里？

司机：我只是想把工作做完。

经理：等等，我好像没看到你系安全带。你系安全带了吗？

司机：可是周围没人啊。

经理：你的眼睛在看哪里？你开得太靠前了……

司机：我要走了，我还有工作要做……

经理：哪里都不能去，这事不能就这么完了，我们必须谈谈。我觉得你还不明白原因所在，你平常就是这么开车的吗？

司机：可是周围没有人，这应该不是个问题吧？

经理：我不想听你的借口。今天下午我们必须谈谈，这是件很严肃的事。如果我不在，你很可能一直这样。

司机：我只是想把工作做完，真的。

经理：当然，你是正在努力完成工作，但不是用安全的方式。工作不是这么做的，我们下午谈谈，就这样吧。

　　你可以清楚地看到经理的行为如何创造一种依赖他人的文化。下面看看用教练的方式如何来进行。

应该这样做

及时制止不安全的行为

经理：我让你停下来，是因为看到你从仓库里开车出来的方式，我很担心。你注意到什么问题了吗？

187

司机：我的叉子举得太高了。

提出开放性问题
检查其觉察

经理：有一点高，还有别的吗？

司机：开得有点前倾。

经理：是的……

司机：速度可能有点快。

经理：是的！所以前倾，速度快，叉子稍微高一点……

进入更深的觉
察层面，并给
予思考和回应
的时间

司机：我只是着急把工作做完。

经理：确实着急，我看得出来。

司机：我刚从仓库出来，正要去装货站。

经理：当你跳出驾驶室时，你是否松开了安全带？

司机：没有，我没系安全带。

询问封闭的问
题以明确具体
的行为

经理：记得三点接触……1，2，3。

司机：这一切都是为了赶紧完成工作。

允许时间思考，
强调对安全行
为的潜在干预

经理：你是一位经验丰富的司机，也在这里工作一段时间了。
请告诉我，当你以这样的速度前进时，以车身的重量，
叉具又举得那么高，会发生什么？

司机：叉车会翻，货物会撒出来。

认可驾驶员的
优点，检查其
对风险的认识

经理：货物会撒，这是物品损失，还有人的损伤呢？我们怎
么能保证这类事情不再发生？

司机：我必须按照以前学的方式驾驶，如果视线不清，就从
仓库里倒出来，降低速度。必须减速。

开放式问题询
问未来可能的
变化，以避免
错误重复

经理：我听到你说"必须"这么做。能否改为"我将会"这
么做？

司机：我确保从现在开始，把叉举在正确的高度上，开车速
度适中。我可以做到这点。

检查个人责任——独立（我将）而不是依赖（我必须）检查是否了解安全驾驶标准——不要直接告诉他

经理：相信从今以后，你会安全驾驶，所以你再从仓库出来时，我就不用担心了。

司机：我会按照培训时所教的正确方式来做。

经理：好，所以，你会倒车出来，叉具放在低位，速度适中。

司机：是的。

第 2 个例子展示了前几章探讨的一些教练的技巧，比如：

● 不评判——观察到的行为低于标准要求，但可以通过共同创造学习型文化来探索。

● 渴望学习——无论观察到的行为是高于或低于预期，总会有可以学习的地方。

● 教练心态——选择看待对方是有能力、足智多谋、充满潜能。

● 好奇心——对对方遇到的挑战以及如何克服这些挑战始终充满好奇心。

● 寻找潜能和干预——更有效的方式是在已有优势的基础上来提升，关注在他最有投入感的地方，而不是弱点。

教练对话创造了一种学习文化，让大家觉察到为什么这个工人所做的事情如此危险，更重要的是培养了在未来如何更安全地完成工作的主人翁精神。

通过这种方式，学习的程度可以得到加深，领导者的信心和信任度得到增强，行为模式得到长效改进的可能性得到提升。采用给予指令的方式可能会顺利对某种状况做出反应，纠正不安全行为的表面症状，但是教练则更有可能从根本上解决问题。

释放教练的潜能

COACHING For
PERFORMANCE

第 19 章 | COACHING For PERFORMANCE

衡量教练的收益和投资回报

衡量财务结果能够判断投资的合理性。一旦你可以证
明实际的影响，这将打开一个完全不同的局面。

——艾伦·巴顿奥雅纳工程顾问公司董事

教练这种方式对于领导者、被领导者、教练和教练对象有什么
益处？组织采用教练文化有什么益处，如何衡量教练的投资回报
（ROI）？衡量教练的影响是一个终极梦想，稍后会详细介绍，首先，
让我们来看看教练所带来的一系列收益。

提升绩效和生产力

这方面的改进一定是第一重要的，否则，人们就没有动力去采
用教练方式。教练方式能激发出个人和团队以做到最好，而这靠命
令是永远无法实现的。

改善职业发展

培养员工并不意味着每年一次或两次的短期培训。在工作中培
养员工会创造学习型文化并在同时提高满意度和人才保留率。你的

领导方式是培养人才，还是阻碍他们发展？这取决于你。

改善关系和敬业度

教练方式尊重和重视个体，能够改善人际关系，提高工作敬业度，向员工发问的方式本身就体现了对他们和他们的答案的重视。如果只是说教，没有信息交换，就没有任何增值的产生。你可能还不如干脆就是对着一堆砖头来说教。我曾经问一个特别沉默但很有前途的少年网球选手，他认为自己的正手如何。他笑着说："我不知道，以前从来没有人问过我的意见。"这告诉了我需要知道的一切。

提高工作满意度和员工保留率

工作氛围将会变得更好，因为采取更加协同合作的方式带来更高的满意度。使用教练型领导方式，人们反映，他们自己的工作满意度以及所带领的团队的工作满意度和员工保留率都得到了提升。

领导者拥有更多的时间

团队成员得到教练后乐于承担更多责任，并不需要被时刻监督和跟进。领导者们反映感到自己肩上的任务减少，能够摆脱日常运营的琐事，压力减轻，有更多时间退后一步，思考战略。

更多的创新

领导们表示，教练方式和教练环境鼓励所有成员提出创造性建议，人们不再担心会被嘲笑或被解雇的情况下加速创新。一个创意往往能够激发更多的创意。

更好地利用员工和知识

在开始教练方式之前，领导者很多时候不知道团队中有哪些隐藏的资源是能够被他们利用的。教练方式能够让领导者拥有挖掘员工的优势和素质的心态和技巧。通过这种方式他们可以发现团队中未发现的人才、解决问题的方法，而这些方法通常只有具备长期实际工作经验和专业知识的人才才能发现。

人们愿意付出额外的努力

在重视人的氛围中，员工不约而同地愿意付出额外的努力，很多时候甚至不需要被问到就会开始行动。有太多的组织不重视员工，在那里员工只会按照所指示的去做，而且尽可能少做点。

更好的敏捷性和适应性

教练心态全都是有关改变、及时响应和担当责任。在未来，由于市场竞争加剧、技术创新、即时全球通信、经济不确定性和社会不稳定性，对灵活性的需求将会增加而非减少。只有有灵活性和抗压性的人才会蓬勃发展。

高绩效的文化

教练原则是催生许多企业领导者和组织梦寐以求的高绩效文化的基础。更重要的是，这些原则能帮领导者带领团队一起出发，而不是简单命令，然后期望大家能追随他。

生活的技能

教练方式既是一种态度，也是一种行为，在工作内外都有多种应用。即使是想尽快更换工作的人也会发现它是一种宝贵的技能。领导者们对组织投资于那些对他们人生产生积极影响的生活技能深表感激。有报道称，教练方式用在问题青少年身上，同样收效甚好。

高绩效教练的投资回报率

那么如何衡量这些益处呢？全球只有极少数人或组织能做到真正衡量结果，我认为这阻碍了教练行业的进一步发展。除非行为改变和随之带来的收益，包括那些对财务业绩的贡献能够得到跟踪，否则教练方式将一直是个黑匣子。

10 多年前，PCI 开发了一种名为"高绩效教练投资回报"的评估方法，用于衡量行为改变对业绩盈亏的影响。当我们与客户分享它时，我们不断地听到一声如释重负的感叹，因为他们以前从未见过这样的方法。我们持续能够显示出教练和领导力发展项目的平均投资回报率为 800%。我们的使命之一是使教练行业专业化——为在组织中的应用教练创造卓越和建立标准。

该方法基于成人学习理论：与你的教练对象一起做这个评估将帮助他们更加自觉，从而更加自主和持续他们的自我发展。这一方法完全是引导式的和符合保密原则的，而且完全符合教练原则。

我们可以看看一个负责 180 人团队的年轻运营经理的评估案例。他叫肯，开始教练时，他的长期目标是在 3 年内成为总监。他并没有告诉上级这是他的目标，但通过教练，他和上级对其职业发展达成了一致。前面章节已经讨论过目标一致对于个人敬业度和公司成功的重要性。

在教练开始阶段，肯的上级在评估他当上总监这个目标上，仅仅给了 1 分（满分为 10 分）。3 个月后，当教练结束后，上级给了他 9 分。这些数字呈指数级增长。事实上，他在 6 个月内实现了自己的目标，这表明一对一教练是一个能快速提升、量身定制的领导力发展项目。高绩效教练投资回报方法论打开了神秘黑匣子的盖子，使教练项目的赞助者能看到投资对组织产生的影响。

为了衡量教练的收益，记录在第 13 章中描述的 3 件事情至关重要。

- **目的和目标**——教练对象希望达成的目的。
- **持续的行动**——教练对象和教练都需要记录信息，以便可以回顾相关的行动。
- **记录发生了什么**——教练对象和教练都应记录所取得的进展，以供将来参考，包括来自平级同事的反馈意见。

行动和进展的记录需要记录在一个共享的文件里。如果没有记录下来，就不能很好使用和参照。太多教练懒得做这件事。但是，公司既然支付你可观的教练服务费用，你最好能开始记录、存档相关信息，以免自己的付出和教练对象的进步没有机会得到认可，而这可能只是因为你们无法证明起点、努力的过程以及取得了的成绩是怎么样的。

下面是肯设定的目标。

目的和目标：6 个月

- 更多关注业务战略层面的事情（60% 的时间），而非琐事。
- 改善授权。
- 重组团队。
- 招募一位高级领导者。
- 直接下属减至 5 个以下。
- 发展自己的领导风格。
- 培养直接下属。

目的和目标：长期

- 35 岁前成为一名总监。

请注意，这里行为目标、组织的或者技术的目标是混合在一起的。在这个例子中，3 个月后对教练效果进行了评估，以确定教练方式是否有益并是否应该继续。

首先来看教练的定性影响——行为和态度的改变以及这些改变带来的影响。这是一个从教练对象的视角来探索其主观行为对领导、团队成员和平级同事的影响。表 6 是这部分报告的摘录。你可以看到前两个工作领域与目标中的前两个一致。

表 6　教练评估——定性

工作区域	技能的初始 & 当前水平	行为改变	对业务的影响
更加关注战略性重点工作在实践中	初始为 1，当前为 7	每天花一部分时间考虑企业整体，关注未来，以更宽广的角度看待当下发生的问题	发现了一些潜在问题，视野更有前瞻性，更多的时间被用在管理团队的员工发展上
放权给团队更多的放权	初始为 3，当前为 8	用放权替代凡事亲力亲为，我每天都把项目和任务交给我的团队	团队的热情和成长显著提升，生产力提高。成本控制的关键点也找到。有更多时间花在新项目上

注：**工作领域**：概念建立，简短描述。

初始时的技能水平与当前的水平：1~10 级，10 级是你希望在工作中践行这一概念的理想水平。

行为改变：你已经注意到的态度和行为的变化。

对业务的影响：态度和行为的变化对业务产生的无形或有形的影响。

现在进入下一个阶段，在可能的情况下，将定量影响追踪到财务盈亏表现上，计算投资回报率。必须强调的是，评估投资回报率是一门艺术，而不是一门科学，当教练对象具备精密的思维时，比如工程师，这个尤其需要强调。表7 展示了相同的两个工作领域。

表 7 教练评估——定量

工作区域	财务影响	计算方式	自信水平	3 个月的回报（英镑）
更加关注战略性重点作用在业务整体之上 / 作用于业务之中	市场营销问题确认，每月节省 6 400 英镑	每周降低成本 1 600 英镑	100	6 400×3×100%=19 200
在实践中	重新规划分销渠道，节省 5 000~10 000 英镑	重新规划渠道，回顾过往，并寻找新的解决方案	60	7 500×60%=4 500
放权给团队更多的放权	团队确认每月物流开支可节省 1 000~2 000 英镑	每月平均降低成本 1 500 英镑	60	1 500×60%=900
总回报				24 600

注：**工作领域**：概念建立，简短描述。
　　财务影响：在适当时，使用你自己的计算方法对业务影响进行量化。
　　信心水平：你在财务影响评估中的信心水平。

一旦收集到定性影响，下一步就可以使用以下公式计算投资回报率：

$$\frac{汇总（财务影响 \times 自信水平）}{教练项目成本} \times 100\%$$

该公式是从完整报告里摘录，其中的预测在允许的情况下均得到第三方验证或由补充调查数据证实。3 个月内，由教练对象估算的总投资回报率实际上是 78 000 英镑。评估结束后，为了尊重保密性，该报告应由教练对象与组织分享。教练对象很高兴能够展示其工作对业务的影响。对肯的教练评估的效果是，他在 3 个月后成为一名总监，比计划提前了 3 年。

我们在 PCI 的使命之一是改变人们对人力资本投资的思考方式——确保投资员工发展不再被视为成本中心，而是被认为是利润中心并且是战略不可分割的组成部分。建议所有在组织中进行教练的人都使用"高绩效教练投资回报"计算方法,共同帮助组织开发那座巨大的、未开发的潜能宝库——人。

衡量文化和绩效

第 2 章介绍了绩效曲线。与高绩效教练投资回报类似,绩效曲线测量用来衡量教练对整个组织文化的影响。利用工业心理学领域已有知识,衡量文化的集体主流心态和该心态所形成的产生绩效的条件和环境,最终将文化映射到绩效曲线上的某一节点。

第 6 章谈到觉察和责任感是教练过程的基础。与个人一样,一旦组织了解其文化主要处于哪个节点,就明确了需要改变哪些行为来提高绩效。绩效曲线调研旨在创建觉察和集体对后续行动的责任感。组织和在其中的个人都有责任为高绩效创造条件。

调研结果展示了组织目前在 4 个绩效阶段中的哪一个阶段运行,以及下一步的绩效重点是什么。这个调查不仅适用于组织——任何一个团队甚至是有兴趣的个人都可以参与。你可以在 www.coachingperformance.com 上参与调研。

如何影响文化变革

唯一能够限制你的是目光短浅和自我设限！

在企业正面临着令人不安的变革浪潮的时代里，高绩效教练所产生的那种相互依赖的高绩效的文化是为企业带来适应和蓬勃发展的最佳机会。这些企业会采取这种支持性的、以人为本的文化，而教练方式的应用在企业中则成为常态——向下、平级同事间甚至向上。通过这种方式，员工的需求得到认可，明确了自己的方向，同时教练型领导对团队成员的愿望有了深入的了解。如果领导者能真正听取员工的意见，做到知行合一，赋能团队，员工会更快乐，表现会更好，流失率会下降。相反，如果领导者对教练方式只是嘴上说得好听，他们会激起员工的期望随后亲手粉碎这种期望，反而会让事情变得更糟。

除了被要求领导风格发生改变，在当今的环境中，公司还会被公平要求遵守它们在使命宣言中所倡导的原则和道德标准。否则，他们会被员工和客户质疑、批评，甚至越来越有可能被两者抛弃。那些通过其产品和服务为社会做出实际贡献的公司，从本质上讲是提供了有意义的工作机会。而那些提供有问题甚至是有害的产品和服务的公司则会被追求意义和目的的人们所唾弃。

在这个维度上，很少有公司是全黑的或者全白的，大多数是某种程度的灰色。聪明的公司可以通过各种方式弥补在外部看来的缺陷，例如，为当地社区做出贡献或者将员工临时借调给某些社会项目。

因此，教练方式既是终极目的（未来的高绩效文化），也是如何实现这一目标的关键原料。基于价值观的未来不可能由外部机构规定。当员工、股东、董事甚至客户都分享同样的价值观时，一定能获得最佳绩效，但在此之前，员工需要被鼓励来认知自己的价值观。

那么，我们要从哪里开始实施文化变革——人还是组织？答案是必须二者同时开始。强加民主和强求合作的做法本身就是不可接受的悖论。这里有一些指导原则：

- 如果我们过于激进或者过快地重新设计公司架构，员工可能会跟不上。
- 如果我们对人员进行单方面的重新规划，就很可能会遭到大家的反对，哪怕出发点其实是为了他们的利益。
- 领导者和高管从一开始就应该以身作则，真实有效地塑造他们所期望见到的态度和行为。
- 人们不能被强迫去改变，需要给他们机会**选择**如何改变。
- 我们必须帮助员工发展，并且通过教练方式去尝试体验所期望在新组织中引入的一些态度和行为。
- 如果没有员工共同参与创建的集体愿景，变革就不会成功，但如果没有顶层的远见，它甚至不会开始。
- 你必须准备好对组织的整个生命系统进行改革。如果没有协同一致的流程、组织和奖励体系等，大规模行为的改变是不可能持续下去的。

生命系统

改变组织的文化需要高情商的方法，去寻求组织"生命系统"中所有元素的一致和平衡。这包括两大部分，一个部分是"流程""系统"和"架构"等"硬件"的技术要素，另一个部分是人员、社交和行为等"软件"要素，而领导力则是系统的核心部分（参见图 17）。只有解决所有这些问题，组织才能发生转变。

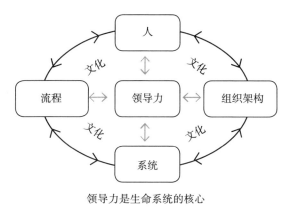

领导力是生命系统的核心

图 17　生命系统

　　组织往往会犯下仅仅专注于某一个单一要素的错误。我称其为交易型（和不成功的）方法。它们可能会陷入两个阵营之一。它们可能只是试图通过引入新系统或改变组织架构来提高绩效，而忽略了文化变革的必要性。如果不专注于新系统所需的新行为和支持环境，所期望的绩效转变是不会实现的。或者有的组织意识到文化需要改变，于是将关注力完全放在了行为和人员上，却没有采纳对应的系统和流程来支持、奖励新的行为，也没有提供新文化可以蓬勃发展的环境。前一种交易型变革方式通常会交由某个业绩提升职能来推行，而后者则会"外包"给人力资源职能。

　　如果你是一名教练，正在与一家希望通过变革来提高绩效的公司的领导层合作，那么第一步就是帮助客户梳理清楚他们自己希望从变革中获得什么，以及变革到底包含什么内容。你还需要确保他们会全心投入以做到有始有终。这很可能会涉及时间上的投入，而董事会成员经常因为短期压力而不愿意进行这样的投入。然而，如果没有董事会的承诺和支持，持久和有效的变革只是一个白日梦。将变革完成的决心是避免员工因为宏伟计划不能完成而梦想破灭的关键所在。

为了帮助领导层澄清他们所希望达成目标的核心要素，教练可以鼓励领导层问自己以下的问题。

为什么？

- 我们为什么要做这个变革？
- 内部和外部驱动因素各是什么？

是什么？

- 我们要变成什么样？
- 需要改变什么，需要保留什么？

如何做？

- 我们将如何设计和实行变革？
- 谁来负责？

一旦他们理解并接受现在所处的状态，你就可以与他们共同设计方法来解决他们组织里的整个生命系统中的相关变化。

在人员和行为方面，领导力发展项目有助于培养高绩效文化所需的领导技能、行为和心态思维方式。下一章会将重点转向领导力的基础，在保持变革效果上，因为教练方式和领导力对实现长效的变革都扮演着至关重要的角色。

领导的品质

　　未来的领导者需要拥有清晰的价值观和愿景，需要真
实和敏捷、内在一致并且目的明确。

　　在我看来，未来领导者必须通过努力的自我发展来赢得领导者
的称谓。我们生活在一个寻找、甚至期待"速成"的世界，但是，
领导品质的培养既不可能是速成的，也不可能是容易的。

　　本章强调了所有具有责任感的领导者都很可能具备的基本品质，
其中一些对当前这个时代至关重要。第一个是价值观，这里我是指
个人而不是公司价值观。

价值观

　　很多人，特别是信仰宗教的人相信，价值观来源于宗教，没有
宗教就没有价值观。这种观点是错误的，因为有很多没有宗教信仰
背景的人，他们可能是不可知论者，或者无神论者，但他们依然拥
有卓越的价值观。事实上，我们真正的价值观藏于内心，这些价值
观在最深的层面上都是通用的。

在个人发展的初级阶段（很不幸，目前大部分人还处于这个阶段），人们仅仅是模糊地感触到他们内心的价值观。只有在面对危机时，这些价值观才可能突然显现出来。其他时间，这些价值观被掩盖在来自父母的、社会的、文化的种种成见之下。

现实中存在的公司罪恶和贪婪，证明许多有权势的人缺乏足够的成熟度和心理成长，以致无法觉察他们内心深层次的价值观，更不用说在这些价值观引导下的生活。当下的商业风气就算不是迫使人们把关注点放在财务而不是社会或者环境状况上，至少也在鼓励人们去随大流而行，这使得情况变得更糟。股东，尤其是机构股东期望和要求财务回报，而不是那些从人的角度来衡量的回报。

对于越来越多更加成熟、更受价值观驱动的人来说，这是一种陈旧的游戏和心态，是不可持续或者说不能被接受的。这些人是未来的领导者。如果我们在乎子孙的未来的话，他们是唯一值得我们接受或者选择的领导者。

一个训练有素的专业教练将能够运用一系列的练习来穿越意识的层次，促使有抱负的领导者触及自己内心的价值观和其他重要的品质。以教练方式探索教练对象过去的行为和激情，可以显示出一种模式，这种模式可以在精确度和范围广度上进一步完善。也许，我的亲身经历可以对此做最好的说明。

个人案例

1970 年，我就开始自己的个人发展旅程，那时我正在加利福尼亚州学习最前沿的心理学。我认识到，在我开始探索自我和自己的价值观，更清楚地探索社会问题之前，我首先必须摆脱来自父母、社会和文化的制约。之后，我的关注点从自己转向他人，我对于自己先前忽视的，而现在看到的世界感到失望。

我开始传播个人发展理念，但并不成功，因为很少有人听过它。之后，我被卷入反越战激进主义，开始关心无处不在的不平等和剥削。很快我就陷入了众多问题。这段时间我很明显是处于价值观驱动的状态，但是我的关注点太分散了。因为那时没有教练，在一位治疗师的帮助下，我发现了我可以有所作为的问题和我最有热情的问题都是和公正有关。我也关心许多其他的事，并总是支持他人去应对它们，但是很明显社会公正是我的人生之路。我开发自己的潜意识，去探索这是否是某种意义上的治疗问题，是否在我遥远的过去，遭受过或者造成过一些不公平的事，所以试图救赎自己。但那里什么都没有，所以，我开始接受我的使命是尽可能地促进公正。

随着时间的推移，这个使命变得明显过于宽泛了，我需要将其更加具体化。所以又一次，这一次在一位教练的帮助下，我回顾了所有我最困惑和最想改变的事情的特点。我发现我所最憎恶的不公平的形式是大大小小各种形式的权力滥用，从虐待孩子到大公司欺负他们的员工、客户和供应商。这使我明白了我有多喜欢以及为什么喜欢大公司的教练和领导力工作。再往大了说，最让我厌恶的是超级大国对小国家的干涉，以及他们的权力精英、他们的领导者。

我希望这个简短的个人故事能够解释，如果我们最初选择成为价值观驱动的人，可以采取什么办法专注于这些价值观，让它们引导我们重启生命之舟的航程。

价值观驱动的领导者

我们需要由价值观驱动的领导者——这里的价值观是集体价值观而非个人自私的，那些拥有具体明确的价值导向的，以使它们能够更好地用在最合适的问题上的领导者。如果一个企业高管突然有了一个警醒，比如内心烦躁，或者是一种无目的的感觉，他也许会想要在教练的帮助下探索他的价值观。这时，他个人的价值观是否与公司价值观（我是说公司所奉行的而不是公司所宣传的）相符这个问题可能会浮现出来。如果二者不相符，他会面临一些艰难的选择：离职；或者承担起责任，改变公司现存的价值观，使之更符合通用的、更高的价值观；又或者，如果他级别没那么高，他就要寻求他们如何在公司内部表达他们自己的价值观，以造福于所有人。

理查德·巴雷特（Richard Barrett）曾在世界银行的人力资源部门工作，设计了一个他称为"公司转型工具"的系统，依据一个类似于马斯洛的模型，用来测试公司里每个人的价值观。所有员工都需要花 15 分钟从网上为公司定制的模板中选择一组他们自己所奉行的价值观，一组他们眼中公司的价值观，还有一组他们希望公司奉行的价值观。经过电脑分析后，公司会给每个人提供他们自己的价值观清单，以及员工如何看待公司和他们希望公司如何发展的清单。后两者之间的差别清楚地展示了哪些工作需要加强。

细分的模块可以准确显示不同的部门，不同薪资等级，不同性别、年龄、职务等的价值观，这样选定范围内存在的弱点就会暴露出来。这个程序提供了很多我无法在这儿描述的有用信息，包括一个专门的领导力部分。不过，所有这些信息都可以在网上或者在理查德的书中找到。这是一个很棒的系统，我推荐所有的公司教练和人力资源专业人士，在董事会或者财务总监不希望内部政策和流程发生改变时，使用这个系统。这些发现是清晰的、显著的、深刻的，在大多数情况下是有说服力的。

然而，如果那些草拟公司使命和价值观声明的高管们，发现他们想往左边走而员工想往右边走，他们会陷入两难的困境。强迫员工改变内心的价值观来与公司的规定保持一致是很危险的。高管们需要考虑他们如何能更好地使公司价值观与员工价值观保持一致。这实际上是责任心的转变。在实践中，人们通常是可以找到或者通过协商获得能够满足所有人需要的价值观表述的。

原则

领导者不仅需要靠价值观驱动，还需要能够将这些价值观转化为原则，作为企业内部员工的工作指南。全系统思维与原则密切相关，任何行为都可能在没有关联的领域带来意想不到的后果。这种可能性往往完全无法预测，"尽力而为"意味着一个人的行为需要在组织的指导原则范围内进行。对于那些在个人发展旅程中走得更远的领导者而言，这也是与领导者的存在目的相一致的。

让我们看个例子。正如澳新银行前任首席执行官约翰·麦克法兰在本书的推荐序中所说，"伟大公司的领导力是基于原则的。"以下是澳新银行在公司网站上对其价值观的介绍：

> 在澳新银行，我们的价值观是"做好正确的事情"。
>
> 我们的价值观是对我们作为一个组织所代表的东西的共同理解（它描述了我们在任何情况下都不愿意妥协的事情）与我们的客户、我们的股东、社区和彼此。
>
> 澳新银行的价值观除了可以帮助我们取得更好的商业成就，还能规范我们的行为准则和道德规范。价值观指导我们的行为，帮助我们在日常工作中做出决策。
>
> 我们的价值观是：
>
> **正直**　　做正确的事
>
> **协作**　　为了客户和股东齐心协力
>
> **负责**　　为自己的行为负责，说到做到
>
> **尊重**　　珍视每一个声音，将客户的观点引入公司
>
> **卓越**　　做最好的自己，帮助人们进步，具备敏锐的商业头脑

我们可以看到，这些价值观已被表述为原则。原则的要点是，它们指导行动和行为，同时又有足够的灵活性来处理突发情况。正如第 2 章所讨论的，原则是相互依赖的高绩效文化的重心。

愿景

宏大而深远的愿景是领导者必须具备的第 2 个基本品质。由于竞争的加剧和不确定性的增加，企业领导者很容易纠结于盈亏平衡问题，他们似乎被数字蒙了眼，无法将视野转移到电脑屏幕之外，更不用说看看窗外的世界。有多少领导者做决策时，考虑过对子孙后代的影响？这些决策是否反应及延续了旧的

方式，造成更多的环境退化或社会不公，还是让事情变得更好？

仅就财务方面而言，要求领导者应该有长远的愿景很容易，但是如果面临财务和愿景的两难选择，并且每次完成财务指标，就会获得一大笔奖金，人们通常还是会根据实现短期财务业绩的能力来选择领导者，而不是根据他们的愿景。长远的愿景作为一种领导者品质被削弱和低估了，这会导致更糟糕的潜在后果。

尽管现实是创新和突破总是在不同的或者更广的视角下产生的，但在过去企业的愿景往往是狭隘和聚焦的。今天世界的各方联系紧密，交流即时迅速，因此，全方位的系统思考已经非常有必要，而且将来它更不可或缺。这自然而然成为进一步个人成长的一个重要产出。

那么，作为领导品质的愿景是什么？它分为两部分。第一部分是"展望"和梦想的能力，即要创造一个清晰而大胆的图景，来展现在不受常规限制和阻碍的情景下，领导者所希望追求的长期未来。这从深度上包含了悠远的时间周期，从广度上看包含了以全系统性思维的方式来建立超越边界的连接。第二部分是"有远见"，以鼓舞人心的方式传达这种图景的能力。通过对愿景的沟通和由此迸发出的激情，追随者才会产生，试问无人追随的领导者又算什么领导呢？

真诚

下一个不可或缺的领导品质是真实：做真实的自己，并且不害怕在他人面前展示真实的自己。做真实的自己是一个无止境的过程。它意味着把我们从父母、社会和文化的成见，以及我们一直附在身上的错误的信仰和假设中解放出来。同时也意味着把我们从对于下列事物的恐惧中解放出来：害怕失败、害怕与众不同、害怕看上去很傻、害怕他人会有什么看法、害怕被拒绝以及许许多多自我中心的害怕。

第 23 章中详细介绍的次级人格模型（subpersonality model）对教练解决真实问题非常有用。个人持续发展的过程中有一个阶段，是在有经验的教练的帮助下学习退后一步，变成一个冷静的观察者。就像乐队中的指挥，他们可以调动任何乐器或者乐团并且管理整个乐章，但是自己不演奏一个音符。这就是我们所说的自我精通的状态，它会带来强大的个人力量和自信。

在心理治疗领域的术语里（见第 23 章），这个地方被称为"我"，有时被描述成我们的真我或者本我。罗伯托·阿萨吉欧利（Roberto Assagioli）定义的"本我"是纯粹的觉察（自我觉察）和纯粹的意志（责任）之内的地方。在大多数时候，这是一个真正的领导者的理想境界。这是一种强大有力、无所畏惧、真诚、始终如一的状态。不经过深入的自我发展，很少有人能够到达这种境界。这相当于吉姆·柯林斯（Jim Collins）在《从优秀到卓越》（*Good to Great*）中所描述的第五级领导者，其中核心的品质包括了谦逊的个性（自我觉察）和职业的意志（集体责任）。

教练在每一次帮助教练对象变得更加具有自我觉察和更有责任感来面对一个挑战时，他同时也在帮助她变得更加善于表达本我的品质；换句话说，她有更多的时间活得更接近她的本我，或者更真诚。

我这里写到的转变不是一夕之间发生的事，也不是上两次教练课就能发生的。它是全力以赴和长期坚持的结果，也许要经历像"灵魂的黑夜"那样的精通危机，但这是为了做到本我，或在大多数时间活得真实而付出的小小的代价。这里是开始领导他人的起点。绝对的真实总是与最好的价值观和愿景密切相关。

敏捷

领导者的另一个关键品质是敏捷。当今世界变幻莫测，因此，领导者必须具备灵活性、变革、创新和放弃过时的心爱项目和过时的目标的能力。现在，在新的条件要求改变时，我们主动迅速改变，这是未来生存的必要手段。必须强调，这并不是在个人价值观或真实的"我"的层面上重塑自我。

敏捷是两方面的个人发展的成果，这一点前面已经详细提到过。一方面是摆脱来自父母、社会和文化的固有成见和旧的信念与假设的束缚；另一方面是消除恐惧，尤其是阻碍人们对改变持开放心态的对未知的恐惧。"未知"包括很多，例如，未知水域、无法预见的其他人的反应和整个系统的意想不到的后果。

"敏捷"一词让人联想到青春和身体。这是一个普遍持有的概念，在某种程度上是现实，变老的时候，我们变得不那么敏捷。如果想要保持柔韧性，身体的每一个肌肉或关节都需要锻炼，思维也是如此。随着年龄的增长，通常从 30 岁开始，我们就会陷入无数的小习惯模式中。相同的休假目的地、相同的酒、相同的购物日、相同的衣服、相同的上班路线、相同的餐厅里相同的菜品、相同的话术、相同的反应——这些都是僵化的例子和原因。请尝试一下下面这个敏捷作业。

> **┋活动：锻炼你的敏捷性**
>
> 　　先尝试一周——小心，它可能会成为一种习惯，每天尽量避免重复之前做的每件事，从最小到最大。列出你仍然习惯性地做的事情并在接下来的一周做出改变。与人坦诚说出事实，而不是表面敷衍，了解出租车司机的兴趣，拜访养老院里的老人，清理篱笆上的垃圾，和街头音乐家或街头乞丐聊天，施舍 5 英镑而不是 50 便士。想象你从来都不会考虑去点的菜，然后去尝试它。

尝试不同的事情可以锻炼心智的敏捷性，你的身体也会受益。做了从未尝试的事情后，你会发现自己扛过来了。毕竟，习惯是避免恐惧的重复行为。打破习惯，开辟了新的途径，使生活更有趣，打开了新发现的大门，认识了新的朋友，甚至带给你喜悦的泪水。

有些人会发现，在工作场所之外尝试改变比较容易，但实际上，同样的原则也适用于工作。

一致性

商业场景中的一致性通常指的是在企业中董事会成员之间必要达成的一致性，或者团队在实现目标或共同的工作方式上的一致性。这些一致性十分重要，但是更重要的是领导者内在的或者心理上的一致性。离开这种一致性，外露的工作场景里的一致性就很难实现。那么什么是内在的一致性呢？

当然，它指的是我们的次级人格的一致性与合作性。如果企业领导者在重大决策上面临内心的冲突，随之而来的后果将可能是非常广泛的。例如，在并购或公司改革的案例中，对于决策者来说，第一个选择可能带来个人利益；第二个选择可能带来较少的个人利益但给企业和客户带来长远利益；第三个选择可能对社区、对社会、对环境更有利。

如果领导者无法消除内心的冲突，他就无法全力以赴兑现自己的选择。他做的决策取决于他最重视什么，或者说他自己的价值观是什么。当自我或者次级人格的不同部分持有不同的价值观时，制定决策的过程就变成了不同价值观争夺主导权的冲突过程。当我们的内心发展时，我们的价值观会出现改变或者拓展，所以这种内心冲突是我们成熟过程的自然结果。

当团队成员有不同的目标时，团队不可能像他们目标一致时那样高效。但是，这一点并非完全不好。团队中存在不同的观点可以产生有益的讨论，最终产生一个经过了多种视角下的深思熟虑的结果。但是，一旦争论结束，每个人都要服从那个达成共识的决定。这是人与人之间的一致性。每个想做领导者的人都需要发展他内心的一致性。如果他不这样做，其他人会认为他多少有点精神分裂，不知道该如何与他相处——他们搞不懂自己到底在和谁相处。

有时候，领导者缺乏一致性的原因和程度并不能为他自己或者他人所清楚地了解。对他们来说，他只是看上去前后不一，不可靠，不可信，或不真诚。看看目前的企业和政治领导者，就可以明白这个问题有多么明显和广泛。这一点也不奇怪，因为我们所有人都或多或少存在这样的问题。这是人类固有问题的一部分，不过如果它们被更广泛地认识和接受，通过家庭教育、学校教育和技能训练是能够减轻的。

未来的领导者

因此，未来的领导者需要有清晰的价值观和愿景，还要真实、敏捷，并且保持一致性。如果再加上自我觉察、责任感以及自信和良好的情商，这是一个强大的组合。所有这些成分都是有机的、家庭种植的、无碳排放的。事实上，它们就在你的内心深处，只等待你去收获。

精通之道

你不必知道如何做某事才能开始去做。没有人教你，你一样学会了走路、跑步、骑自行车、接球。

到目前为止，本书的相当篇幅都是围绕学习这一主题。运动技能的学习提供了许多关于教练过程的例子。但是在运动、工作以及学校里普遍运用的指导方法表明，我们对于人们如何真正学习是多么缺乏了解。问题的部分在于指导者、教师和领导者过分关注短期回报，比如考试及格或者当下就完成任务，而忽视学习或者绩效的质量。这种局面必须改变，因为其结果没有使我们的需求得到很好的满足，也不足以使我们超越竞争对手。我们必须找到更好的方法。

一个普遍的误解是，优秀的领导者是天生的，而不是后天培养的，或者是教练风格是拥有某些天生特质的人的专属。然而，我们的沟通方式是从我们的父母或其他早期的影响源那里学来的。如果在童年时期没有获得教练技能，任何人毫无疑问都可以在以后的生活中有意识地学习这些技能，只要进行大量的练习，就可以培养出教练风格。随着时间的推移，这种教练行为将成为一种无意识的模式。

参与我们的教练工作坊的人们一旦能够摆脱那些他们从未怀疑或质疑的陈旧的、多余的思维模式的束缚，就会惊奇地发现，教练的原则是那么简单明了的基本常识，它们具有无可辩驳的逻辑性。许多人发现，在企业教练培训领域被广泛接受的一种对于学习的认识非常有益。它假定学习有四个阶段。

- **无意识的无能力** = 低绩效，无识别能力和理解力。
- **有意识的无能力** = 低绩效，能认识到自己的缺点和弱项。
- **有意识的有能力** = 绩效提升，有意识的、刻意的努力。
- **无意识的有能力** = 自然的、完整的、自发的更高绩效。

学习阶梯（见图 18）通常会依次带你完成四个阶段。当一个阶段完成后，如果你继续提升，就可以开始下一个阶梯的攀登。

我们是否必须经历这四个阶段呢？是否存在例外或加速吗？小孩子学会走路、说话、接球、跑步、骑车是从**无意识的无能力**直接进入了**无意识的有能力**。青年人学习驾驶时，这四个阶段清晰可辨。驾驶教练的指导集中在**有意**

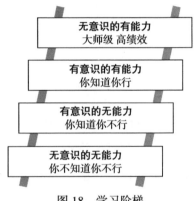

图 18　学习阶梯

识的无能力和**有意识的有能力**阶段。考过驾照之后，学习继续在**有意识的有能力**阶段进行。当驾驶行为与你浑然一体时，你就进入**无意识的有能力**阶段。很快，我们可以一边思考、谈话或听音乐，一边自如地开车。随着经验的增多，你的驾驶技术也在不断提高。

学习也可以通过有意识地加强某些阶段来加速。在这方面，有两种方法，一是聘请资深的驾驶教练带领我们走过第二、第三个阶段，二是通过自我教练的方法。第一种方法假定我们无法断定自己做错了什么以及将来如何改善，把改善的责任交给了另外一个人。

在第二种方法中，我们把责任留给了自己。关掉收音机，排除无关的思绪，以便于我们观察或了解自己驾驶的各方面问题。如果我们有意识地、不带偏见地、诚实地这样做，那么需要改进的地方就会自动暴露出来。比如，可能是生硬的换挡、偶尔对速度和距离的错误判断或胳膊和肩膀紧张造成的过度疲劳。我们现在处于**有意识的无能力**阶段，而且通过有意识的努力，比如更平稳地操作离合器、观察转速表或速度计以及注意保持与前车的距离等，我们很可能会进入下一个阶段。最终，通过有意识地重复，这种改善的行为变成了习惯，于是**无意识的有能力**就开始了。

　　这种自我教练还有一个更为有效的重要变式。那就是不需要努力地改变某些在**有意识的无能力**阶段发现的缺陷，按照以下所述，我们能够以更少的努力获得更好的结果。

不刻意尝试

　　首先，确定你想要的结果，比如换挡的流畅度，不要刻意练习换挡，只要继续观察你的换挡过程是否流畅。为了量化，给自己一个更精确的评估，创建一个 1～10 的流畅度区间，10 代表你根本感觉不到换挡。正常驾驶的情况下，评估每次换挡的流畅度。不需额外的努力，流畅度开始上升，在一个相当短的时间内，可能会升至 9 和 10 之间。

　　无意识的有能力阶段来临，不再需要监测评级，即使在极端的行车条件下或者驾驶不熟悉的车辆时也能平稳地换挡。如果真的出现失误，只要进行一两里路的**有意识的有能力**监测以及评级，就可以恢复平稳。这种费力较少的学习或绩效改善过程进展很快，效果更好。

　　在此过程中，存在一个从**有意识的无能力**直接进入**无意识的有能力**的跃迁，中间省去了**有意识的有能力**的阶段。驾驶教练使我们在**有意识的无能力**和**有意识的有能力**的阶段徘徊，花费不菲的时间和金钱。而他通过批评与指示所提供的意识，都不属于学习者。他越是批评和专断，学习者的自主性就越差。

　　不断地尝试把事情做正确和不加判断地持续监测我们在做的事情，这两者差异极大。后者，一种输入—反馈循环，可以带来高质量的学习和绩效改善——这种方式给你留有余地，而不是步步紧逼。前者充满压力，是一般人最常使用，却也是最无效的。

学习和快乐

许多企业开始认识到，如果想要应对持续的变革和激励员工，就需要创建学习型组织。**绩效**、**学习**和**快乐**是不可分割地交织在一起的。三者都可以被高水平的觉察来助长，而这是教练方式的一个基本目标。虽然短时期内人们可以专注于其中一方面的发展并且取得一定的成功。但当其中一方面被忽略时，其他两方面迟早也会受到影响。在没有学习或没有快乐的地方，绩效就无法维持。

如果我在一本主要讲工作的书中花整整一章来写快乐，可能会引起大家皱眉。它确实是一个值得用单独的章节来讲的话题，但我会克制自己！不同的人用不同的方式来体验愉悦，我会尝试将它的核心简化为几个部分。

第 7 章的 AT&T 案例表明，快乐对精确度至关重要。我们也可以从诺贝尔奖得主丹尼尔·卡尼曼（Daniel Kahneman）和他的同事阿莫斯·特沃斯基（Amos Tversky）那里了解到学习和享受的影响，他们在 20 世纪 60 年代末颠覆了传统经济学，专注于学习和创新的组织能从他们的书中受益匪浅。在他的诺贝尔奖传记中，卡尼曼写道，学习和快乐是他们改变世界的关键所在：

> 这种体验感受很神奇。我以前就很享受协同工作，但这次是不同的。阿莫斯经常被大家描述为是他们认识的最聪明的人，而他也很有趣，肚子里有适合每一种细微场景的笑话。他在的时候，我也变得好玩。结果是，我们可以在连续的欢乐中扎实工作数小时。阿莫斯和我共同拥有一只可以下金蛋的鹅——这是一种比我们独立思考更好的共同思想。统计数据显示，我们在一起共同工作比我们各自单独做的工作更优越，或者最起码说更有影响力。

卡尼曼证实："我们对这个过程的享受给了我们无限的耐心，我们共同创作的感觉就如同每对一个字的斟酌选择就是一个伟大的时刻。"

正如我们所看到的，快乐来自体验自身潜能的充分发挥。当我们每次体验到将自己拉伸至之前从未有过的程度，如在努力、勇气、活动、流畅、机敏和有效程度等方面，我们的感官就达到了新的高度，并因肾上腺素的更多分泌而提高了快感。教练方式直接作用于感官，特别是涉及体力活动的时候。因此，教练因其本质就是提高享受。在实践中，绩效、学习和快乐的边界变得模糊，三者结合的极致便是所谓的巅峰体验。我绝对无意倡导工作中的巅峰体验，但这将涉及一个严肃的话题：了解教练方式如何工作的必要，尤其是高阶的教练方式，这是下一章所讲述的。

高阶教练

> 世界上许多的心理障碍都源于缺乏生活的意义和目的
> 带来的挫折感。

太多的职场教练是事务型，局限于认知心理学，或者受限于人本主义心理学原则，后者认为觉察本身在很大程度上具有治疗性。内心博弈反映了超个人心理学中强调的意志、意图或责任原则。正是基于这种觉察和责任感的理念，教练才得以产生。多年前，我对心理综合法（psychothesis）的深度和包容性产生了很大的兴趣，这是一个全系统的心理学视角，并给予我的教练工作很多的启发。我们称之为蜕变式教练，将其与事务型的教练区别开来。

心理综合法是由罗伯托·阿萨吉欧利（Roberto Assagioli）博士于 1911 年创立，他是弗洛伊德的弟子，也是意大利第一位弗洛伊德派心理分析学者。正如他的朋友兼同学卡尔·荣格那样，他反对弗洛伊德对于人性的病态、兽性本能的描绘。二人都提出人类具有更高级的本性，阿萨吉欧利甚至断言很多心理障碍源自于缺乏生活的意义和目的所带来的挫折或者绝望。

心理综合疗法提供了许多模型，这些模型里的许多元素相互交织为深度教练工作提供了很好的基础。其中之一便是一个关于人的发展的简化模型。和所有的模型一样，它不是真理的，只是一种能够帮助开启与教练或者在自己内心进行对话的一种呈现。这种高阶教练方式邀请教练对象将自己的生活重构成一个成长的旅程，去看到在每个问题当中的创造性潜能，去把障碍当作前进的垫脚石，去想象我们都有人生的目标，为了实现这一目标需要克服各种挑战和障碍。教练的提问会使教练对象对于在每个问题以及自己所采取的行动当中的积极潜能予以认可。

成长的两个维度

我们可以用一个二维图形模型追踪我们自己或其他人的生活经历（见图19），横轴代表物质成功和心理的结合，纵轴代表价值观和精神追求。下面是两种不同的人生的例子，用以说明这两种情况。

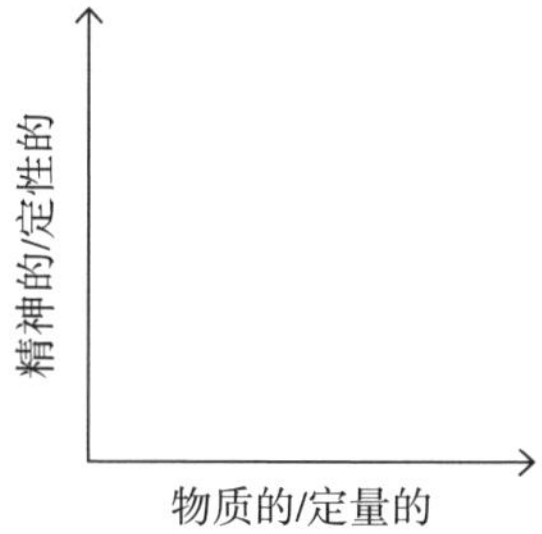

一个商业人士可以专注于自己在物质世界的成就和成功，他尽管可能从没有问过自己任何关于生命意义的问题，也能成为一个面面俱到的人，一位称职的父（母）亲、一个受人尊敬的社会成员。这位商人也许会把另一类人视为懒惰者、无组织纪律者、寄生虫或者纨绔子弟。

图19 成长的两个维度

另一类完全相对的人则过着冥想、苦行类型的生活，但是似乎无法应付日常生活中的现实问题和基本需要。他们的房子、经济状况甚至个性也许处在相对混乱的状态。他们认为商人的追求是毫无意义的，是受利己主义驱使，常常对自己和对他人都具有破坏性。

无可否认的是西方文化一直把自己的能量主要集中在沿图20横轴前进的方向，并且已经取得了良好的

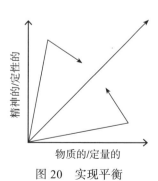

图20 实现平衡

效果，而且人们仍在乐此不疲。西方的影响及其经济规则一直以来是支配全球的力量，但是在东西方仍然有许多人一直在沿着纵轴行进。我们越是沿着一条道路走下去，远离另一条道路，我们就越是远离那种理想的、平衡的道路，由此产生的紧张状态或拉力就会不断增加。

如果社会压力、商业发展或者盲目的决定不顾这种将我们拉回正轨的力量，我们最终很可能会撞到一堵"叫醒墙"。这堵墙就是所谓的关于人生意义的危机（见图 21）。当撞上这堵墙的时候，我们就会在惊恐中被弹回，陷入一时的思想混乱和绩效衰退。但我们最终会被指引向理想的状态，找到更加平衡的道路。我们也许会变得更加善于内省、开始画画或写诗、愿意花更多的时间陪伴孩子。

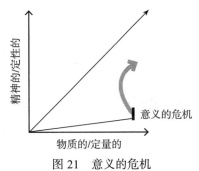

图 21 意义的危机

知识

图 21 的横轴也可以类同为知识，当知识的积累远远超过我们已有的价值观所能够承载的时候，关于人生意义的危机就产生了。在危机中，我们经历了权力的幻觉所带来的虚假的安全感的崩塌，更多知识给予我们的确定性也不复存在。

智慧存在于超越知识的更深的层面。它带给我们预见，却常常自相矛盾，它让从危机中走出的人体验到了一种不同的安全秩序。图中的 45° 线可以说代表了智慧，介于两个极端之间，即无限度地压榨利用知识和无现实基础的精神狂热。纵轴方向的过度也会导致二元危机，理想主义与世俗生活的严酷现实之间出现严重分歧。这些人可能在路上碰到一点点挫折就被拉回现实中来，为了找份合适的工作而放弃自己的价值观。

在以上心理综合图表中，我省略了一个元素，那就是在 45° 的箭头指向的一个闪光之点。它代表了我们的更高的自我或灵魂，可以看作我们的目标和智慧的源头。它施以柔和的拉力，使我们回到正确的轨道，也就是受自己世俗的欲望和野心的影响而时常脱离的轨道。在过去，这一观念常常被科学理性的头脑斥为空想。然而，神经生物学的最新研究表明，我们大脑颞叶中所谓的"上帝之点"（神点）如达纳·佐哈尔（Danah Zohar）所言可能是"我们灵商至关重要的组成部分"。

企业已经认识到，世界上许多系统正从等待别人开处方转向主动选择。教练型领导也一样。人们希望并持续期待着未来有更多的个人选择。当然，危机不是心理 - 精神发展的先决条件。有些人走得很远，既没有危机，也没有教练。另一些人通过一系列小危机取得的进展，不那么戏剧性，方向变化也不那么剧烈。

次级人格

> 有时当我困惑地看着自己性格的各个方面，我觉察到我是由多个
> 自我组成的，而且现在处于优势地位的自我将不可避免地会让位于其
> 他自我。
>
> ——萨默塞特·毛姆

这个高阶教练的模型是针对我们称之为次级人格的概念，也就是自我的各个不同方面，它们可能有各自不同的特点和目标。比如，你曾经经历过的在一个晴朗的早晨一觉醒来，心想："哇，我为什么不起床去海边走走呢？"一瞬间，你又听见内心另一个声音反驳说："不行，就待在床上，这儿是多么温暖和舒服啊！"是谁和谁在讲话？这是你的两个次级人格在对话，你还有好多这样的人格，包括在倾听双方谈话的这个人格。

我们都认识这样的人，他穿上职业装，看着镜子里的自己，试着踱步，挺胸抬头，然后去上班。他和朋友出游、看望祖母或者和孩子在一起时也是这样

走路和谈话吗？也许不是。在不同的场合，我们都具有一些不同的特点或次级人格，这取决于我们如何看待自己或者想要别人怎么看自己。许多次级人格源自于我们童年潜意识地使用一种策略从父（母）那儿得到想要的东西。"请再给我一块巧克力吧——请！"这句恳求伴随着升高的语调、垂下的脑袋和可怜巴巴的样子。如果一种策略不管用，我们会尝试另外一种策略直到成功为止，然后我们又对其加以提炼。我们发现这种策略对其他人也管用，甚至在成年期也是如此，而不仅仅适用于巧克力。大多数次级人格都有其需要，而且很多次级人格也具有一定的天赋——比如，英雄很可能非常勇敢，这是一种有益的天赋，特别是在当有人需要救助的时候。

针对内心冲突的教练

当教练对象内心存在某种冲突时，教练可以问道："哪一部分的你想这样做？"然后接着问"它有什么特点？其他的你想要什么？"提问的目的是帮助教练对象更多地认识、理解他的驱动力以及内心的冲突，以作为解决问题的前奏。当教练对象对你感到自在的时候，你就可以请他列举出一些他次级人格的名称（巧克力上瘾者、英雄、受害者等）。

许多教练提问都是由此演化而来：

- 你发现哪一个自我最具有破坏性？
- 在什么情况下它会出现？
- 请举一个最近发生的例子。
- 当时它想要什么？
- 它得到了吗？如果它如愿以偿，其他自我又如何感想？
- 还有别的什么方法可以使你在其他情况下得到你想要的东西吗？

教练对象的自我觉察通过该过程得以增加，到了一定程度他就能够对于如何表述自我做出选择，而不是因为情景的缘故自动进入某种次级人格。他的自我责任得到加强并向具有更大的自制力迈进。当两个次级人格相互冲突时（比如，去海边散步）可以请教练对象想象在两部分之间展开对话，甚至是谈判（比如，每星期早起散步三次，卧床休息四次）。

你是谁

描述我们的次级人格的方法之一就是认识到我们会通过特定的描绘、角色甚至物体来"区分识别"自己。当你问一个陌生人"你是谁"，他通常会说出他的名字。但是当人们聚集起来试图帮助或者围观一起事故时，警察或者亲属会问一个挤进来的人"你是谁"，在这种情况下，这个人也许会说"我是医生"，因为这样的回答比姓名更加相关。在不同的情形下，人们会把自己看作商人、阿森纳队的支持者、会计师、赛车手、女权主义者、美国人、母亲、学校教师、学者等。任何一个也不能真正代表他们，但却是他们在当时那种情形下对自我的识别。

有些人会强烈受限于一种次级人格因而拒绝其他次级人格的介入，而后者可能更加有趣、有创造性、幽默、恰当等。有些人甚至以物体比如衣服或汽车来识别自己，他们不仅**拥有**，而是已经**成为**这些物体本身。重要的是人们去发现在这些暂时的、表面的识别背后真正的自己。

一个人就好比一个团队，由具有不同的特点、愿望以及期待的成员组成。重要的是团队成员之间保持开放，可以探讨他们的需求和分歧，能够相互协作、相互支持以满足各自的愿望。教练可以帮助一个人更加完备，达到内心的统一以及与他人融洽相处。你会发现这一过程能够创建自我觉察和随后的自我责任感。

在工作场所或者家庭，有大量的冲突来自于一个人的某一种次级人格与另一个人的某一种次级人格之间的角斗，最后变成了无休止的争执。一旦他们觉察到这只是一个人的一部分与另一个人的一部分之间的冲突，不能代表他们的全部，那么冲突就得以化解。彼此开始管理自己的次级人格并采用较之前不同的次级人格，他们甚至发现在以前互不相让的问题上也可以达成一致。

次级人格可以用在很多方面，其表现形式也有很多，甚至团队也被视为具有不同的次级人格。另一个类比是次级人格如同一个交响乐团的成员：各自演奏不同的乐器，却可以组合在一起。当音乐会开始的时候，每个人发出自己的声音，不协调的音符听起来会特别刺耳。然而，就在这时指挥出现了，一瞬间演奏又归于协调。

自制

这就提出了下一个问题："我可以成为自己乐队的指挥吗？"回答是肯定的，你可以选择退后或者与你的次级人格划清界限，做一个观察者。我必须指出的是这需要一定的功底，并非一夜之间就可以实现，但是，作自己乐队的指挥是一种非常平静、有力的状态，我们称之为自制。在心理综合法中，指挥就是指"自我"，它被描绘为纯觉察和纯意志的核心，等同于觉察和责任。因此，你可以看到教练的核心目标就是确立"自我（I）"的特征和存在。并非偶然的是，这也等同于吉姆·柯林斯在其所著的《从优秀到卓越》一书中确定的最高级领导的特征。那就是谦逊（自我觉察的必然伙伴）、意志或热情。

那么，应该遵循什么步骤才能达到这种内心一致的状态呢？

- 第一步就是认可自己具有次级人格，识别你最活跃的次级人格以及它们在何时控制你。这要求诚实的反省。在这方面，教练的辅导将会非常有益。
- 第二步是愿意向他人承认自己存在相互冲突的次级人格，去发现它们何时出现并控制你、它们需要什么、它们如何限制了你，又是如何为你服务的。
- 第三步是使它们相互合作，这是内心一致的起点。比如，回到刚才关于清晨去散步还是留在床上的故事，两种声音可以像角色练习一样进行谈判，做出这样妥协：每星期两次散步，换来三次心安理得地赖在床上。
- 第四步也是最后一个阶段，是为共同的目标以及整体的利益达成真正的整合或协作。虽然这种发展过程可以通过反省、静修、想象等方式在家进行，但这一过程本身需要有以前的经验或教练。因此，最好是在高阶教练的帮助下进行，而且参加以专门为这个目标而设立的培训项目还有其他的好处。

这里介绍了高阶教练，我强烈建议所有感兴趣的教练和领导者正式学习高阶教练技术，在安全的环境中练习，获得反馈。做任何事情都不止一种特定的方法，接下来的内容展示了其中一种形式的高阶教练，你至少可以在初期去尽量模仿追随。

结构化的白日梦或可视化技巧

许多高阶教练方法都在寻求接触到理性、逻辑和受局限的心智层面以下的潜意识层，因为它才真正是一个人的全系统。正如第3章中所示，意象引导可以用于结构化的白日梦或可视化，让教练对象想象自己踏上了征服高山的旅程，这是成长的原型象征；暗示他们在路上遇到某些事情，从礼物到障碍物，从动物到智慧老者；询问想象发生这种情况时他们会怎么办。发生的事件、发现的障碍以及他们在路上遇到的人，这些都是教练对象脑中的象征，这将在随后的教练辅导中逐步去发现。

请试试下面这个练习。当然对于教练来说，这也可以是你和教练对象一起做的事情。当你足够自信时，建议不用准备、自然而然地说出来，因为这样听起来会更真实。

当教练对象完成了这个可视化练习、休息了一会儿后，我会针对个中体验来对他们进行教练，主要专注在遇到的障碍对他们意味着什么？以及他们采用了什么特质去克服了障碍？遇到了什么动物，他们对此有何感受？与动物的谈话是什么，那象征着什么？接下来，收到什么礼物，谁送的？意味着什么？最后，谁是智慧老者，你问了什么问题？收到的答案是什么？重要的是，他们揭示了什么？当然，体验中还可能有许多其他方面的情况值得去另行探索，但以上提供了大致的概要。

⋮活动：结构化的可视化练习

- 安静地、放松地坐一会，做几次深呼吸。
- 现在想象自己在山脚下的平地里，周围被自然包裹。
- 开始慢慢向山上走，登上第一个缓坡。
- 路变得越来越陡峭、崎岖。
- 现在，你在林子里，四周还有岩石。
- 突然，你遇到了一个看起来是无法克服的障碍。
- 你想要继续走下去，于是盘算如何克服这一障碍。
- 也许需要一番挣扎，但最终你成功了，继续你的旅程。
- 你出乎意料地遇到了一只动物，更出乎意料的是它还在对你讲话。
- 你害怕吗？它说了什么？它害怕吗？你说了什么？
- 是继续攀登的时候了，你说了声再见。
- 你来到林子的边缘，清晰的大山在你面前耸立。
- 路上有为你准备的礼物，你捡起来，带在身边。
- 现在，你已靠近山顶，景色非常壮观。
- 在你经过一块岩石时，看到一位智慧的老人坐在那儿。
- 她问候你并表示一直在等你。
- 她让你提 3 个问题并将给予回答。
- 你提了当时想到的问题并得到了回答。
- 你斟酌了一会儿回答，她向你辞行，你开始返程的脚步。
- 下山的路很轻松，却并没有花很久。
- 很快你发现自己回到了你出发的地点。
- 当你准备好了，就慢慢回到房间里，睁开眼睛。

　　现在拿起笔和纸，写下你记得的一切，包括与动物的谈话、问的问题以及从智慧老者那里得到的答案。

　　在可视化练习的时间把控上，上山时应该是缓慢且深思熟虑的，每句话之间间隔足够长，大概 20 秒左右，整个旅程上下需要 15 分钟。无须限制复盘所需要的时间。

　　我希望这能让你足够了解这种类型的技巧的流程，帮助你开始尝试进行实验。非常重要的是你发掘自己的真实风格来进行这种引导。

发现更多

　　拥有 ICF 专业教练证书或类似的专业教练能够毫无压力地使用这些工具。对于那些不打算成为专业教练的领导者，我确实强烈建议参加那些介绍高阶教练技巧的课程，因为这不仅会拓宽你的技能范围，更重要的是能帮助自身发展。随着时间推移和社会的进步，对高阶教练技能的需求将越来越多。

教练词汇汇总

A

accountability　**责任担当**　教练信任教练对象，并通过双方从开始就共同设计的架构和方法，以不带主观臆断和责备的态度，使教练对象在思考、学习或行动的过程中对自己的发展进程和目标负责。教练以"每个人都要对自己的发展负责"的心态来协助教练对象建立起对自己的责任担当系统。建立责任担当的问题包括："你会怎么做？""在什么时候？""我怎么知道？"参见"进展检查"（checking in on progress）。

acknowledge　**肯定认可**　在教练对象采取行动、提升觉察、渴望改善的过程中，教练感知并描述其深层的品质。参见"赞赏"（appreciation）。

action　**行动**　参见责任担当（account-ability）、头脑风暴（brainstorming）、庆祝（celebrating）、设计行动计划（design-ing actions）、行动计划复盘（reviewing actions）。

active listening　**积极倾听**　教练通过倾听来了解教练对象在语言、沉默、语调、肢体语言、情感和能量等沟通形式背后的含义本质；分辨出其潜在的信念、关切、动机、承诺；分辨出教练对象的愿景、价值观、目的和人生目标。教练通过听到的教练对象的信息来理解其言外之意，教练专注于教练对象关注的话题，不评判，不执着；在教练对象思考、创造和学习的基础上进行整合和提升；鼓励、加强教练对象的自我表达和有目的的探索。参见简言（bottom-lining）、教练状态（coaching presence）、直觉（intuition）、释义（para-phrasing）、回顾（reflecting）、总结（summarizing）、宣泄（venting）。

advanced coaching　**高阶教练**　邀请教练对象将生命重新定义为一个发展历程，在当前现实中看到创造的潜能，发现意义、目的和强大的自我觉察。它属于超个人心理学范畴，帮助识别并回应教练对象对超越个人、物质和日常生活的渴望，带来更坚强的意志力、个人责任感，使之服务于比自我更伟大的事物。它是一种蜕变而非简单的改变，强调探索，无条件地接受教练对象的全部——他们的卓越和天赋，以及信念和模式的局限。在整个教练过程中，教练充满信任，敢于提出问题，帮助教练对象和其隐藏的动力、障碍之间建立连接。这是一个赋能的过程，帮助教练对象发现和践行他们的真正内在，也是他们最深刻的价值和品质的源泉——真正的个人力量、创造力的源泉。参见教练（coaching）。

agenda　话题　教练对象自己选择希望教练的话题，教练照此进行，不执着于结果。关注整体的教练计划、目的、期望的结果和行动。在大师级的教练辅导中，教练可能会挑战教练对象，使他们能够更深入地去发现真正的问题、期望和话题。参见伙伴关系（partnering）。

agreement　协议　开始时，教练和教练对象共同制定协议，确定从长远上教练对象期望真正达成的目标，定期回顾，并明确教练对象的需要和教练方法是否有效匹配，明确教练和教练对象各自需要承担的责任。重要的是要确保教练对象了解教练过程的本质，他们该如何去回应教练的问题，决定关系中的尺度，确定具体事宜，如：流程管理、费用和日程安排。参见话题（agenda）、道

德指引（ethical guidelines）、专业标准（professional standards）。

alliance　同盟关系　参见协议（agreement）。

analogy　类比　类比包含比喻或者比较，更进一步说，在说明某个概念和流程时加入推理或解释。通过与熟悉事务进行比较，它可以帮教练对象理解复杂的事情，探寻二者之间的相似性。西格蒙德·弗洛伊德这样描述类比，"它们可以让人们感觉像在家里"。例如，可以帮助教练对象做这样的类比："我希望下一次能够脱颖而出，我们所准备的材料要像钻石般闪闪发光，如水晶般清晰，我会仔细检查，但也要反映出不同买家的想法。"参见澄清（clarifying）。

appreciation　赞赏　教练对教练对象的卓越之处表达真诚的赞赏，这有助于增强他们的信念和自信，帮助他们充分地了解自己。赞赏是一种真诚的认可。

articulate the reality　描述现状　教练说出他们看到的、正在发生的事情，以验证观察是否属实或能否带来更多洞察力。例如，教练对象采取的行动、带来的影响。参见回顾 / 镜像（reflecting/mirroring）、总结（summarizing）。

authenticity　真实　教练首先要对自己足够真实。当教练坦诚表示不知道下一步该如何，或者诉说自己曾挣扎很久的故事时，教练对象能感知到其真实，会更愿意袒露自己的弱点，承认自己的挣

扎、怀疑和失败。

awareness　觉察　通过思想、感觉和情感获得自我意识到的、高品质的相关信息输入。觉察可能关乎自我，也可能是关乎他人、事物或环境。教练方式是为了帮助教练对象获得准确的自我感知能力，提高相关领域的觉察，来提高自身成长和绩效的容量。觉察促进学习、成就和快乐。觉察是责任感、自我信念和自我激励产生的基础。参见情商（emotional intelligence）。

B

body wisdom　身体智慧　对来源于身体活动或情绪波动的身体反应的觉察，引导教练对教练对象身上发生的事情产生好奇心。参见直觉（intuition）。

bottom-lining　简言　教练帮助教练对象快速地抓住沟通的本质，不介入或陷入冗长的描述中。掌握积极倾听这一核心技能，使得教练能够从听到的教练对象的信息中提取核心要义，从而使得教练对话更加清晰，并推进教练对话进程。

brainstorming　头脑风暴　教练与教练对象一起进行头脑风暴，不执着于结果。两人都需要贡献想法。当教练鼓励教练对象提出想法时，就是鼓励教练对象发掘其创造力和智慧。

C

celebrating　庆祝　鼓励并给出时间让教练对象庆祝成功，让他们从身体上真正体验、感受成功以及让他们赞赏自己未

来成长的空间，而不是急于面对一个接一个的挑战。庆祝是消除过劳状态的一剂良药。

challenging　挑战　教练邀请教练对象超越他们的舒适区，挑战已有假设、局限性的信念和观点，激发新的洞察力和可能性。精湛的教练辅导能够在不评判和批评的情况下进行挑战。

championing　喝彩助威　教练看到了教练对象的潜能，相信教练对象有能力、有智慧。教练将自己的想法搁置一旁，悬置判断，更多关注、挑战教练对象的局限性的理念。

checking in on progress　进展检查　教练将教练对象的注意力集中在既定的话题和教练计划上，认可他们所做的事情和取得的成就。积极挑战他们没有做的事情，对调整措施和行动保持开放态度。教练培养了教练对象自我反馈的能力。参见责任担当（accountability）、教练反馈（coaching feedback）、计划（planning）。

clarifying　澄清　教练简洁地表达所说 / 所听到的本质 / 核心内容，并加入通过观察对方情感或语言中的差异、面部或身体的变化获得的信息，为教练对象带来更深的洞察。澄清创建了一个检查环节，确保教练深入了解并理解教练对象的信息背后的含义，例如："听起来……你有什么事？"直觉力很强的教练经常会得到这样的回答："就是这

样!"。参见释义（paraphrasing）、回顾/镜像（reflecting/mirroring）、总结（summarizing）。

clearing 清空 参见宣泄（venting）。

closed questions 封闭式问题 任何可以用简单的"是"或"否"来回答的问题。参见开放式问题（open questions）、强有力的提问（powerful questioning）。

coaching 教练方式 支持人们发展自我和绩效，明确他们的目的和愿景，实现他们的目标，发挥他们的潜能。通过问询、有目的的探索和自我发现来提高觉察和责任感。教练关注的是现在和未来，和教练对象之间是伙伴关系，视教练对象为一个整体（没有打破或修正的需要），有足够的智慧，有能力找到自己的答案。参见高阶教练（advanced coaching）、教练心态（coaching mindset）。

　　教练是通过释放人们的潜能来使人们的绩效达到最大化。教练帮助人们学习，而不是教授他们。

　　ICF（国际教练联合会）对教练方式的定义："与客户在一个发人深省、充满创意的对话过程中合作，最大限度地激发他们个人和职业的潜能。"

coaching feedback 教练反馈 教练引导教练对象得到自我反馈，专注于目标而非障碍，将干扰因素搁置一旁，学习和新的洞察将会产生，潜能逐步浮出水面。有效的反馈，无论是自我反馈还是来自教练的观察，都能帮教练对象找到

重要优势和需要继续学习和成长的主要领域。

coaching mindset 教练心态 教练相信教练对象有能力、足智多谋和充满潜能。相信一个人的潜能会帮他们打造自我信念和自我激励，使他们能够长足发展。有了这种思维，就可以指导教练对象做出自己的选择，并在工作和成功中找到快乐。

coaching presence 教练状态 要想与教练对象建立一种自发而深厚的关系，教练需要保持清醒和灵活性。这就需要对未知、冒险和新的可能性保持开放态度。教练必须能够自信地转换观点，处理激烈的情绪，感知自己的直觉力，用幽默来引入放松和提升能量。与教练对象充分的交流是教练的主要能力。参见活在当下（dancing in the moment）。

code of ethics 职业道德 参见道德准则（ethical guidelines）。

consulting 咨询 提供建议与指导。

contracting 合同 参见协议（agreement）。

counseling 心理咨询 针对个人问题提供支持。

D

dancing in the moment 与当下共舞 教练完全活在当下，并沉浸在教练对象的方向和心流中，关注能量的变化，在教练和教练对象的内心碰撞出觉察的火花。

declaration 声明 教练为教练对象创造

231

了一个空间或环境，在这里他们承诺会采取有效的行动，去实现期望的未来。这比说"是的，我会做的"要更有效。这样的声明比如，"从这一刻起，我宣布，我践行一种新的领导风格，这符合我自己的愿景"。参见见证（witness）。

deepening the learning　深化学习　教练帮助教练对象从先前的行动或从当前的视角总结学到的东西，为新的行动做准备。在一起的时候，教练可以请教练对象"现在就做"，并给予支持；即时庆祝获取的知识和取得的成功。

design actions　设计行动计划　教练帮助教练对象探索与讨论与话题相关的其他想法和解决方案，确定下一步的行动及目标。参见责任担当（accountability）、头脑风暴（brainstorming）、庆祝（celebrating）、行动计划复盘（reviewing actions）。

direct communication　直接沟通　选择适合教练对象学习风格的语言，教练能够有效地与教练对象沟通新观点、想法、直觉和反馈，采用不执着的态度支持其自我觉察和话题。直接交流只有在不引起反感或抵触时才有效。参见类比（analogy）、隐喻（metaphor）、换框重组（reframing）。

disruption　中断　找到一种方法来打破教练对象所希望改变或放弃的模式。这可能是中断某一种行为（对员工大喊大叫），或者是某一种思维方式（"我必须是完美的"）。

E

effective questioning　有效的问题　参见强有力的提问（powerful questioning）。

embody　身体体验　用身体来强化承诺，加深理解和体验，例如，在学习成为强有力演讲者的过程中采用强有力演讲者的站姿，而不是仅仅停留在口头上说。

emotional intelligence　情商　教练是情商在实践中的运用，是丹尼尔·戈尔曼在同名著作中提出的术语，指的是影响我们处理生活需求和压力的情感能力、社会能力和个人能力。它被分解为多个领域的能力，每一项能力对处理任务、活动和交互的方式都会产生影响。教练可以开发我们的情商，所有的改变都是从内部开始，发展和关注情商可以提高自我觉察，帮助我们更好地管理自己、了解他人、增强责任感，从而产生更积极的影响。

engaged listening　专注倾听　参见积极倾听（active listening）。

ethical guidelines　道德准则　教练对教练有道德义务，必须理解、沟通和遵守相关的道德准则，例如 ICF 道德规范和职业标准。参见行为准则（standards of conduct）。

evaluation　评估　从定性（行为变化）和定量（财务影响）两个角度对教练的结果、价值进行评估或测量。

F

feedback　反馈　参见教练反馈（coaching

feedback)。

focus　**聚焦**　参见保持聚焦(hold the focus)。

G

goal setting　**目标设定**　教练和教练对象都认同期望达成的结果,例如,"我希望有一个有效的计划,能让我每天提前半小时完成工作"。目标设定使教练能够在有限的时间内展开有效的对话,用最好的方式为教练对象服务。参见第10章"G:目标设定"。

gremlin　**心魔**　它是那些阻碍了我们前进的信念的人格化形式。教练认为,信念为了保护我们的安全而产生,意识到这一点,我们可以选择它如何影响我们的生活。里克·卡森的书《驯服你的心魔》(*Taming Your Grelin*)可以帮助你清理你信念中的心魔。

gut feeling　**直觉**　参见直觉(intuition)。

H

hold the focus　**把持焦点**　教练帮助教练对象将其精力保持在期望达成的结果上。参见话题(agenda)。

hold the space　**保持空间**　作为一名善于掌控全局的教练,会尊重教练对象的动态空间,允许他们充分表达情感、疑虑、恐惧和局限性的理念,不做判断或也不过度反应。

I

inner game　**内心博弈**　这是20世纪70年代,网球教练蒂莫西·高威提出的概念,推进了教练理念的发展,阐明了理解觉察到内心障碍的重要性(即,我们的思想、感觉和身体反应,这些都是自我创造的)。高威发现了提升觉察对降低限制运动表现的内在干扰的重要性。他阐述到:"我们的绩效(P)等于潜能(p)减去干扰(i)"或 $P=p\text{-}i$。

intuition　**直觉**　直接获取,信任内在的认知,大胆去沟通。参见不附着(non-attachment)。

listen for potential　**倾听对方的潜能**　教练专注于教练对象的能力,相信教练对象是有能力、足智多谋和充满潜能的,而不是把教练对象看成一个问题或有问题的人。

listen with heart　**用心倾听**　教练会倾听非语言的信息,如语调、措辞、面部表情和肢体语言。当我们用心倾听感觉和意义(意图)的时候,我们的肢体语言和面部表情就会表现出这一点,并鼓励说话者敞开心扉。

listening　**倾听**　见积极倾听(active listening)。

M

meet the coachee where they are　**与教练对象同在**　教练对教练对象的处境和所处的位置感同身受并保持尊重,不试图改变他们现在所处的位置,在沟通时教练采用教练对象的术语和表达方式。

mentoring　**导师**　分享专业知识,给予相应的指导。

metaphor 隐喻 引入象征和意象（这不是文字而是修辞）帮助教练对象探索来自之前环境的情绪或者联系（他们知道的东西），用图片或感觉来展示他们正试图用语言表达的内容（他们不知道或不理解）。教练用隐喻时，不仅仅让教练对象把一个事物想象成与另一个相似，而是邀请教练对象在头脑中呈现或感受一个事物成为另一个事物的画面（X＝Y，例如，"演讲时，我是舞台上的熠熠闪光的钻石——我讲的内容信息条理清晰"）。参见类比（analogy）、澄清（clarifying）。

mindset 思维模式 参见教练心态（coaching mindset）。

mirroring 镜像 参见回顾（reflecting）。

moving the coachee forward 推进行动 教练可以在很多方面帮助教练对象前进，包括将关注点拉回到目标，协助创建教练对象的行动计划，向教练对象提出问题等。参见头脑风暴（brainstorming）、挑战（challenging）、目标设定（goal setting）、视角（perspectives）、宣泄（venting）。

N

NLP，neuro-linguistic programming 神经语言程序学 这是一种人际沟通模型，主要关注成功的行为模式与主观体验（特别是思维模式）之间的关系，由理查德·班德勒和约翰·格灵达在20世纪70年代共同创立。

non-attachment 不附着 教练聚焦在教练对象希望讨论的话题上，不试图影响或对结果发表意见。参见伙伴关系（partnering）。

O

open questions 开放式问题 例如："你真正想要的是什么？""你还有其他选择吗？"这样的问题能够清晰问题和唤起洞察力。参见封闭式问题（closed questions）、强有力的提问（powerful questioning）。

P

paraphrasing 释义 教练重复对方的话，但使用不同的词语，不改变内容或意义，通过这种方式确定教练对象所说内容，帮助他们回放。参见澄清（clarifying）、回顾/镜像（reflecting/mirroring）、总结（summarizing）。

partnering 伙伴关系 教练确保教练和教练对象的关系是平等的，在教练辅导过程中教练与教练对象肩并肩前行，而不是走在前面或站在对面。参见话题（agenda）、活在当下（dancing in the moment）、不附着（non-attachment）。

permission 许可 在提出严峻事实或说出直觉感受前，询问教练对象是否乐在敏感、亲密或新领域进行教练辅导，通过这个方式创造一个安全的环境，建立信任，确保教练对象对伙伴关系的投入。

perspectives 视角 教练会沟通不同的

观点，这些观点扩展了教练对象的视角，使他们有机会审视自己的观点，教练鼓励人们尝试有可能带来更好结果的各种机会。参见身体的智慧（body wisdom）、换框重组（reframing）。

planning　**计划**　教练制订有效的教练计划，整合了教练对象的所有需求、想讨论的话题、顾虑、学习和发展的主要领域，设定可衡量、可实现、具有挑战性和时间轴的目标，帮助教练对象达成所期望的目标。参见目标设定（goal setting）。

powerful questioning　**强有力的提问**　教练首先提出广泛的、包容性的问题，用这些问题引起注意，迫使教练对象思考和观察，而后用聚焦的问题来提高关注度、清晰度、细节度和准确性的质量，唤起能帮助他们达成结果的洞察、新的学习、承诺或行动。强有力的提问反映了好奇和积极的倾听，遵循教练对象关注的话题，不执着于结果，挑战他们的假设，建立反馈回路，不评判，不责备，不批评。

presence　**状态**　参见教练状态（coaching presence）。

professional standards　**专业标准**　教练必须以专业的态度、专业的方式进行自我管理，理解并以恰当的专业标准（例如 ICF 道德规范和专业标准）来规范自己的言行。参见道德准则（ethical guidelines）。

psychotherapy　**心理治疗**　治疗性支持，探索心理障碍和过去的影响，特别是情感方面的。教练应该清楚地告知教练对象教练和心理治疗的区别，在需要的时候把教练对象转介给专业的心理治疗师。

purpose　**使命**　更大的目标或行为背后的"为什么"与如何行动或做什么同样重要，是改变背后的整合因素。

Q

questioning　**提问**　参见强有力的提问（powerful questioning）。

R

reflecting/mirroring　**回顾 / 镜像**　教练对听到的内容进行总结，用教练对象的用词来精确表达关键概念。这种"镜像"形式能够使教练检查自己是否理解无误，使教练对象有机会听到他们自己的话语。有必要的话，诠释他们的话，这样他们的意思就能被准确地表达出来。参见澄清（clarifying）、释义（paraphrasing）、总结（summarizing）。

reframing　**换框重组**　教练帮助教练对象从全新的角度去看待事物。一个可能的视角重构的例子可以是，"你认为自己是环境的受害者，如果换一个方式看待这件事情的话……"参见澄清（clarifying）。

reiterating　**重申**　参见回顾 / 镜像（reflecting/mirroring）。

request　**提出请求**　教练邀请教练对

象采取具体的行动,例如:"我希望你在某日期前完成某任务",允许教练对象说"我愿意"和"不,我不愿意",或提出另一个建议。回应教练要求的方式通常在教练协议中会得到提前明确。参见推进行动(moving the coachee forward)。

responsibility 责任感 个人选择及承诺采取行动的自主性。责任感不能强加,必须发自内心。教练的核心是通过创建觉察和责任感来助力成长和绩效提升。责任感的增强会导致潜能的提升、自信和自我激励。它是独特性、自我信念和自主性提升的基础。参见情商(emotional intelligence)。

reviewing actions 行动计划复盘 教练帮助教练对象提高学习成果和觉察,识别可能的障碍,为实现目标提供进一步的支持和挑战。对已采取的行动和结果进行复盘能够带来相应的学习成果。如果结果不是教练和教练对象期望的那样,教练可能会挑战教练对象,以确认他们说的和正在做的是一致的,这并非责备或批评,而是帮助教练对象准确认清当前现实。参见责任担当(accountability)、庆祝(celebrating)、深化学习(deepening the learning)、设计行动计划(designing actions)。

S

standards of conduct 行为准则 参见专业标准(professional standards)。

structured/strategic daydreaming 结构化/战略性的梦想 教练鼓励教练对象创造强大的愿景,激励他们完成自己的使命。参见目标设定(goal setting)。

summarizing 总结 用简练的语言重述教练对象所说内容,不改变内容或意义,表明教练在用心倾听,确认理解无误,帮助教练对象回放内容,当教练对象说的过多或重复内容时教练可以利用总结来中断。参见澄清(clarifying)、释义(paraphrasing)、回顾/镜像(reflecting/mirroring)。

systems coaching 全系统教练 教练识别、考虑并连接系统里的所有元素来为教练对象服务。这可能包括涉及人员的变数、工作流程、组织层级、相关业务部门、因果因素以及系统中存在的整体模式。全系统教练对于在与系统中不受控制因素挣扎的教练对象来说非常有用。参见全系统方法(whole system approach)。

T

trust 信任 教练方式依赖于在教练与教练对象之间深厚的信任关系之上,建立在亲密、相互尊重和对教练对象的利益和未来真正关心的基础之上。教练和教练对象之间建立信任关系需要安全、支持性的环境,清晰的协议,正直、诚实和真诚的品质。参见真实(authenticity)、支持(championing)、许可(permission)。

V

values　价值观　一个人最珍视和愿意为之坚持的原则。识别和理解教练对象的核心价值观是教练关系的基础。教练可以通过申明教练对象的价值观和帮助他们每日践行这些价值观来提升教练对象幸福感、绩效以及全身心健康，比如问他们：“你怎样才能在每天的工作中践行正直的价值观呢？”

venting　宣泄　教练在不判断和不执着的状态下，让教练对象放空自己的情绪，这样他们就能进入下一步。教练不会在教练过程中使用任何被宣泄的信息和材料。教练辅导在教练对象宣泄后从零开始。

visioning　创建愿景　教练帮助教练对象想象他们想要什么（就像已经发生了或者已经得到一样）的过程。创造一个强大的愿景，一个“渴望实现的未来”，是帮助教练对象向前推进、达成期望结果的第一步。

W

whole-system approach　全系统方法　认识到人、过程、组织和社区之间的相互联系，积极参与开发内在系统的潜能。

witness　见证　教练作为一个不带主观臆断、客观反映教练对象的生活的见证人。这种模式为教练对象的创意涌现留出了空间，重新建立了价值观与梦想之间的联系。

附录 2 | COACHING For PERFORMANCE

教练问题工具包

这个工具包将我们 PCI 经常发现的问题集合在一起，按主题分类，使用时根据需要进行相应的探索。金牌法则是简明扼要。有时候，最强有力的问题会导致沉默，所以，如果有长时间的停顿，不要觉得有必要再追问一个问题，沉默是金。这里列出的大多数问题对团队也适用，你可以用"我们"来代替"你"。虽然教练并不全是提问，但对于新手教练来说，这是最重要的技能。因为他就是依靠这种技巧，发掘他人的智慧。每件事都有情境因素，所以，任何问题只要在适当的目的和环境下都是可行的。

随着信心的增长，跟随你的直觉，让强有力的问题流动起来。不要试图解决你的下一个问题，相信你会本能地知道接下来要问什么。

问题包 1：自我教练

当你希望以个人或团队的方式应对特定的挑战时，请使用这些问题。确定你希望达到的目标，希望改进的地方，需要解决的问题。写下每一个问题的答案，用你认为合适的方式诠释它们。问题依照 GROW 的顺序：目标，现状，选择，意愿。

- 你想做什么工作？
- 回答这一系列问题后，你希望获得什么（例如，第一步行动／策略／解决方案）？

- 与此问题相关的你的目标是什么？
- 你打算什么时候去实现它？
- 实现这一目标对你有什么好处？
- 实现这一目标还会让谁受益，以何种方式让他受益？
- 如果实现了你的目标，那将会是什么样的？
- 你将会看到 / 听到 / 感觉到什么？
- 到目前为止，你已经采取了什么行动？
- 是什么让你朝着目标前进？
- 有什么阻碍了你前进？
- 你有什么不同的选择来实现你的目标？
- 你还能做些什么？
- 每个选项的主要优缺点是什么？
- 你会选哪些选项来采取行动？
- 你打算什么时候开始每个行动？
- 其他人能做什么来支持你，你什么时候会寻求帮助？
- 在采取行动方面，1～10 分打分，你的承诺度有几分？
- 如果不是 10 分，做什么会使它达到 10 分？
- 你会承诺做什么？（**注意：**这也是一个选择，可以选择不做任何事情，在后面回复的时候去看。）

问题包 2：有意识的工作协议

按照这个顺序，与个人或团队建立有意识的工作协议，每个人回答一个问题。如果是一个大的团队，团队成员依次做出回应，直到整个团队觉得这个问题已经被解决了。

尝试一段时间之后，你可以选择一些问题，组成自己的问题工具包。

- 我们共同努力的梦想 / 成功是什么样的?
- 噩梦 / 最糟糕的情况是什么?
- 我们一起努力实现梦想的最佳方式是什么?
- 我们需要注意什么来避免糟糕的情况发生?
- 在这个对话中,你和我需要有什么样的态度?
- 你和我需要什么样的允许?
- 你和我有什么假设?
- 当事情变得困难时,我们怎么办?
- 什么是可行 / 不可行?
- 我们需要做出什么改变使这种关系更有成效 / 积极?
- 我们怎样才能承担起这项工作的责任呢?

问题包3:请求许可

这个问题包涵盖了不同的请求方式。如有需要,可深入探讨。

- 关于你刚才所说的我能做些补充吗?
- 我们一起头脑风暴一下如何?
- 如果我用一种教练的方式对话如何?
- 我能问你……?
- 如果我告诉你我所听到的,会有帮助吗?
- 我能提个建议吗?
- 我们需要怎样的允许来进行这场对话?

问题包4:十大强有力的问题

这个问题包涵盖10个最佳的问题——是一个简单而又深刻的问题清单。

1.如果我不在这里,你会怎么做?(我最喜欢的问题,常用来向愤世嫉俗的人证明教练不需要花很多时间,只需要一个强有力的问题!)

2. 如果你知道答案，那会是什么？（这个问题不像听起来那么愚蠢，因为它使教练对象可以超越障碍。）如果对方说，"我不知道"，你可以回应"如果你知道的话，会怎样呢？"

3. 如果没有任何限制，会是什么样？

4. 如果你的朋友处于你此刻的情境，你会给他怎样的建议？

5. 想象一下，你会和你认识的或者想到的最聪明的人对话，他们会告诉你做什么？

6. 还有呢？（在结束时使用这句话能唤起更多的思考。之后，短暂的沉默也可以给教练对象更多的空间去思考。）

7. 下一步你想探索什么？

8. 我不知道下一步该讨论什么，你想讨论哪个方向的话题？

9. 真正的问题是什么？（有时用来帮助教练对象摆脱表面故事，直击事情核心。）

10. 1～10 分，你的承诺度是多少？做什么能使承诺度达到 10 分？

问题包 5：GROW 模型

此处包含了每一个阶段的问题，必要时，可以根据需要适度深入探讨。

1. 目标

（1）对话的目的。

- 在这次对话中，你想要获得什么？
- 这次对话的目的是什么？
- 听起来你有两个目标，你想先集中在哪一个？
- 做什么能让你更好地度过这段时间？
- 在我们对话结束时，你认为最有帮助的事情是什么？
- 我们有半小时的时间，你希望从哪里开始？

- 如果有一根魔杖，对话结束的时候你希望它带你去哪里？

（2）针对问题的目标。

- 你的梦想是什么？
- 你希望成为什么样的人？
- 那看起来会是什么？
- 你会对自己说什么？
- 你能做什么？
- 其他人会对你说些什么？
- 你会拥有什么是现在没有的？
- 想象3个月后，所有的障碍都被扫清，你已经实现了你的目标：

　　——你看到/听到/感觉到什么？

　　——具体是什么样的？

　　——人们对你说了什么？

　　——你感觉如何？

　　——有哪些新的元素？

　　——有哪些不同？

- 你有什么鼓舞人心的目标？
- 你期望获得什么结果？
- 它会给你个人带来什么？
- 你需要什么样的拉伸才能达到这个目标？
- 时间规划是怎样的？
- 可以确定哪些里程碑？关于它们的时间规划又如何？
- 如何将这个目标分解成更小的目标？
- 实现这个目标对你意味着什么？
- 这个过程对你的重要性是什么？
- 你还想要什么？

- 一个好的结果会是什么样?

- 一个成功的结果会是什么样子?

- 成功完成任务后会是什么样子?

- 你现在努力的目标是什么?

- 你什么时候需要达到这个结果?

2. 现状

- 目前正在发生什么?

- 这对你有多重要?

- 在 1～10 分范围内,如果理想的情况是 10 分,你现在的状态是多少?

- 你希望到达几分的状态?

- 你对此感觉如何?

- 这对你有什么影响?

- 你的主要任务是什么?

- 这如何影响你生活中的其他方面?

- 你在做的哪些事情支持你实现自己的目标?

- 你在做的哪些事情阻碍你的目标的达成?

- 有多少……?

- 它还会影响谁?

- 目前的情况如何?

- 现在**到底**发生了什么?

- 你现在的主要关注点是什么?

- 还有谁参与 / 受影响?

- 你个人对结果有多少控制权?

- 到目前为止你采取了什么行动?

- 什么阻止了你做更多的事情?

- 有什么内部阻力阻止你采取行动？

- 你已经拥有哪些资源（技能、时间、热情、支持、金钱等）？

- 还需要其他什么资源？

- 这里**真正的**问题是什么？

- 这里的主要风险是什么？

- 你已经拥有哪些资源？

- 到目前为止，你的计划是什么？

- 在这里你能依靠自己的是什么？

- 你最自信／最不自信的是什么？

3. 选择

- 你能做什么？

- 你有什么想法？

- 你有什么选择？

- 还有别的什么吗？

- 如果还有其他，会是什么？

- 过去的经验证明什么是可行的？

- 你能采取什么措施？

- 在这件事情上，谁能帮你？

- 你能够在哪里找到相关信息？

- 你将如何去做？

- 你可以采用哪些不同的方法来处理此问题？

- 你还能做什么？

- 如果有更多的时间／控制权／金钱，你会怎么做？

- 如果能从头再来，你会怎么做？

- 你知道谁更擅长这个？他们会怎么做？

- 哪些选择会带来最佳结果？
- 哪一种解决方案最吸引你？
- 你能做些什么来避免 / 减少这种风险？
- 你如何改善这种状况？
- 现在，你打算如何做这件事？
- 你是怎么想的？
- 还有什么可行的方案？
- 还有什么觉得可行的想法？
- 什么能帮助你更好地记忆？
- 永久性解决方案会是什么样的？
- 你能做些什么来避免这种情况再次发生？
- 你有什么样的选择？
- 我在这方面有一些经验，如果给点建议会对你有帮助吗？

4. 意愿

（1）阶段 1：责任担当的设定——确定行动、时限和成就的衡量方法。

- 你将做什么？
- 你将如何做？
- 你什么时候去做？
- 你将和谁说这件事？
- 你将去哪里？
- 在那之前你需要做什么吗？
- 对于采取的行动，你的承诺度是怎样的？
- 什么才能使你做出这种承诺？
- 你选择哪个选项？
- 这会在多大程度上达到你的目标？

- 你将如何衡量成功？
- 第一步是什么？
- 你具体打算什么时候开始？
- 是什么阻碍了你早点开始？
- 发生什么事会妨碍你采取行动？
- 有什么个人因素阻止你采取行动？
- 你将如何减少这些阻碍因素？
- 还有谁需要了解你的计划？
- 你需要什么支持？从谁那里能获得支持？
- 你将如何获得这种支持？
- 我能做什么来支持你？
- 你能做些什么来支撑自己？
- 你对采取这项行动的承诺度是多少（在 1～10 的范围内）？
- 谁来采取行动？
- 你下一步要做什么？
- 你什么时候迈出第一步？
- 什么时候能完成？
- 你对这一行动的投入是什么？
- 可能会发生什么事情阻止你采取行动？
- 你还能向谁寻求帮助？
- 你还需要什么？
- 你会采取什么具体行动？
- 你如何知道它可行？
- 我如何知道（你的责任）？
- 最佳的选择是什么？
- 你会做出什么改变？

- 你会做些什么来确保这一切发生？

（2）阶段 2：跟进和反馈——回顾事情的进展，进行反馈并总结学习。

进度检查参见问题包 6；反馈并总结学习参见问题包 7。

问题包 6：后续跟进

这些问题在教练的**意愿**阶段用来检查进展——应用于在设定了目标，目标尚未达成前。

- 这个项目 / 目标进展到什么程度了？
- 我们上次谈过后，发生了什么？
- 进展怎么样？
- 你对现状有何感想？
- 你对自己的进展有什么看法？
- 你已经取得了什么成就？

下面三种情况总会发生一种，对应的问题也进行了分组。适当的时候可以深入探讨。

1. 教练对象取得了成功

- 哪些部分进行得顺利？为什么？
- 你最满意的是什么？
- 你最自豪的是什么？
- 取得了什么成功？
- 是什么带来了这种成功？
- 什么使你能走到今天？
- 你的哪些技能、品质或优势做出了何种贡献？
- 什么行为是最有效的？
- 恭喜你！花一点时间庆祝一下。

- 你最想庆祝什么？
- 你学到了什么？
- 你克服了哪些挑战？如何克服的？
- 你发现了什么新的优势？
- 你培养了什么能力？
- 你接下来要做什么？

2. 教练对象没有成功

- 发生了什么（简短叙述）？
- 你从中学到了什么？
- 有什么进行得不顺利，为什么？
- 你遇到了什么挑战？
- 在应对挑战上，你做得如何？
- 你发现了什么新的优势？
- 你发现了什么需要提升的领域？
- 你想庆祝什么？
- 下一次你想做什么？
- 你打算如何继续推进？
- 在技能、知识或经验方面，你希望缩小哪方面的差距？
- 下一次你会改变什么行为？
- 你希望在哪方面提升？
- 最大的障碍是什么？
- 要克服这个障碍，你能做的最有效的事情是什么？

3. 教练对象没有做

- 发生了什么？
- 什么让你没有去做？

- 这对你意味着什么？

- 你对自己了解多少？

- 你将会怎么做？

以上所有的问题都是关于激发学习的。问题包 7 是关于引起注意力、深化学习的问题。

问题包 7：GROW 反馈框架

必要的话，可以深入探讨下列问题。记住，反馈的金牌规则是，在每一步中，教练对象先分享观点，教练再补充观点。

1. 目标：设定意图

（1）教练对象分享——向教练对象提问，集中注意力，提升能量。

- 你 / 我们想从中得到什么？

- 这对你有什么帮助？

（2）教练分享——补充你的目标。

- 我想要……。

2. 现状：认可

（1）教练对象分享——向教练对象提问，聚焦于积极的事情。

- 哪些事情进行得比较顺利？

- 做的事情 / 方式，你喜欢哪些？

- 完成的事情中，哪些比较顺利？

- 什么行为最有效？

- 你最自豪的是什么？

- 你发挥了哪些特定的优势？

- 什么行为最有效？

- 对你的成功贡献最大的是什么？

（2）教练分享——补充你觉得进行得顺利的因素。

- 我喜欢 / 曾经喜欢……

- 我发现当……的时候，很顺利

- 我觉得你一直超越既定的目标和期望……

- 我看到你投入的努力……即使目标尚未达成

- 我看到的优势包括……

3. 选择：改进

（1）教练对象分享——向教练对象提问，以提高其对绩效的责任感。

- 下次再做，会有什么不同？

- 哪些优势你未来会更多运用？

- 下次你会改变哪些行为？

- 什么让你获得今天的成就？什么阻碍了你取得更高的成就？

- 下次再做，你将如何克服这一点？

- 未来什么能带给你更高的效率 / 一致性 / 品质？

- 在过去一年里，哪些额外的技能或经验对你有帮助？

- 你错过了哪些在未来能给你带来机会的重要技能或经验？

- 如果偏离了轨道，那是发生了什么？你能做些什么来改善这种情况？

（2）教练分享——补充你感觉教练对象需要进一步拉伸的地方。

- 我能提个建议吗？

- 我觉得要实现这个目标，你可以通过……

- 我觉得你可以通过这样的方式探索自己……？

- 如果……会怎样？

- 进一步发挥你的优势的方法是……

- 发展这个区域的重要原因是……

4. 意愿：学习

（1）教练对象分享——向教练对象提问，加强学习效果，并承诺下一步的行动。

- 你在这里学到了什么？
- 你学到了什么可以运用在下一步？
- 你对自己有什么了解？
- 你对别人有什么了解？
- 这个目标 / 项目中有哪些是之前不了解的？
- 我们还能学什么？
- 下次的时候，你 / 我们将会有什么不同的做法？
- 你还会在哪里应用学到的东西？

（2）教练分享——补充你正在学习的内容和你将采取的不同做法。

- 我正在学习……
- 我将要做……

附录 3 | COACHING For PERFORMANCE |

九点练习的解决方案

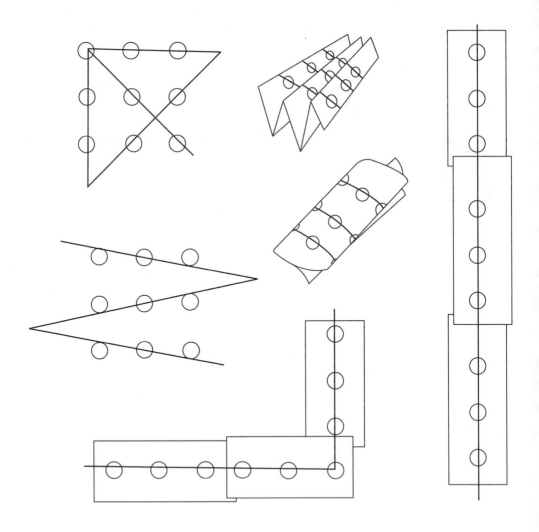

252

参考文献

我坚定地相信，在当今的时代，教练肩负着巨大的责任，他们不仅仅是一个容器、一面镜子或是围着客户日程表的仆人。他们应该见多识广，及时了解全球事态和发展趋势，特别是关于环境和经济衰退、社会正义和社会危机、心理治疗和灵性方面的话题。成为这样的人实属不易，这里我只推荐了几本相关书籍，没有添加任何关于教练方式的新书，因为确实太多了。我希望超越传统的教练边界，扩展教练和领导者的视野。

Barrett, Richard (1998) *Liberating the Corporate Soul*, Butterworth-Heinemann.

Barrett, Richard (2006) *Building a Values-Driven Organization*, Elsevier.

Barrett, Richard (2014) *Evolutionary Coaching*, Lulu.

Bennis, Warren (1989) *On Becoming a Leader*, Addison-Wesley.

Bridges, William (2004) *Transitions*, Da Capo Press.

Browne, John (2016) *Connect*, WH Allen.

Canadian Union of Public Employees (CUPE) (2003) *Enough Workplace Stress*, Canadian Union of Public Employees.

Canfield, Jack (2005) *The Success Principles*, Element.

Carson, Rick (2007) *Taming Your Gremlin*, William Morrow.

Chang, Richard (2001) *The Passion Plan,* Jossey-Bass.

Childre, Doc, Howard Martin, & Donna Beech (2000) *The Heartmath Solution*, HarperCollins.

Collins, Jim (2001) *Good to Great*, Random House Business.

Colvin, Geoff (2008) *Talent Is Overrated*, Nicholas Brealey.

Conference Board (2016) *The Conference Board CEO Challenge® 2016*, Conference Board.

Correa, Cristiane (2014) *Dream Big*, Kindle edition, Primeira Pessoa.

Covey, Stephen (1989) *The Seven Habits of Highly Effective People*, Simon & Schuster.

Day, Laura (1997) *Practical Intuition*, Broadway Books.

Dispenza, Joseph (2009) *Evolve Your Brain,* Health Communications.

DuPont (2015) "The DuPont Bradley Curve infographic," www.dupont.com/products-and-services/consulting-services-process-technologies/articles/bradley-curve-infographic.html.

DuPont Sustainable Solutions (2015) "The DuPont Bradley Curve | DuPont Sustainable Solutions," https://www.youtube.com/watch?v=tMoVi7vxkbo.

Einzig, Hetty (2017) *The Future of Coaching*, Routledge.

Emerald, David (2016) *The Power of TED (The Empowerment Dynamic)*, Polaris.

European Foundation for the Improvement of Living and Working Conditions (Eurofound) and the European Agency for Safety and Health at Work (EU-OSHA) (2014) *Psychosocial Risks in Europe*, Publications Office of the European Union.

Ewenstein, Boris, Bryan Hancock, & Asmus Komm (2016) "Ahead of the curve: The future of performance management," *McKinsey Quarterly*, May.

Ford, Debbie (2004) *The Right Questions*, HarperOne.

Foster, Patrick & Stuart Hoult (2013) "The safety journey: Using a safety maturity model for safety planning and assurance in the UK coal mining industry," *Minerals*, 3: 59–72.

Gallwey, Timothy (1986) *The Inner Game of Golf*, Pan.

Gallwey, Timothy (1986) *The Inner Game of Tennis*, Pan.

Gallwey, Timothy (2000) *The Inner Game of Work*, Texere.

Gladwell, Malcolm (2000) *The Tipping Point*, Little, Brown.

Gladwell, Malcolm (2008) *Outliers*, Little, Brown.

Goleman, Daniel (1996) *Emotional Intelligence*, Bloomsbury.

Goleman, Daniel (1999) *Working with Emotional Intelligence*, Bloomsbury.

Goleman, Daniel (2006) *Social Intelligence*, Random House.

Goleman, Daniel, Richard Boyatzis, & Annie McKee (2002) *Primal Leadership: Learning to Lead with Emotional Intelligence*, Harvard Business School Press.

Goleman, Daniel, Richard Boyatzis, & Annie McKee (2002) *The New Leaders*, Little, Brown.

Hackman, Richard, Ruth Wageman, & Colin Fisher (2009) "Leading teams when the time is right," *Organizational Dynamics*, 38(3): 192–203.

Harris, Alma (2003) "Teacher leadership, heresy, fantasy or possibility?" *School Leadership and Management*, 23(3): 313–324.

Hartmann, Thom (1998) *The Last Hours of Ancient Sunlight*, Three Rivers Press.

Harvard Business School (2009) "Jorge Paulo Lemann, A.B. 1961; Carlos A. Sicupira, OPM 9, 1984; Marcel H. Telles, OPM 10, 1985," *Alumni Stories*, https://www.alumni.hbs.edu/stories/Pages/story-bulletin.aspx?num=1990.

Hawken, Paul (2007) *Blessed Unrest*, Viking.

Hawken, Paul, Amory B. Lovins, & Hunter Lovins (2000) *Natural Capitalism*, Earthscan.

Hay Group (2010) "Growing leaders grows profits," *Developing Leadership Capability Drives Business Performance*, November.

Heifetz, Ronald, & Marty Linsky (2002) *Leadership on the Line*, Harvard Business School Press.

Hemery, David (1991) *Sporting Excellence*, Collins Willow.

Hill, Andrew (2017) "Power to the workers: Michelin's great experiment," *The Financial Times*, 11 May.

Homem de Mello, Francisco S. (2015) *The 3G Way*, 10x Books.

Hopkins, Andrew (2008) *Failure to Learn*, CCH.

International Coach Federation and Human Capital Institute (2014) *Building a Coaching Culture*, Human Capital Institute.

James, Oliver (2008) *The Selfish Capitalist*, Vermilion.

Kahneman, Daniel (2002) "Daniel Kahneman – Biographical," www.nobelprize.org/nobel_prizes/economic-sciences/laureates/2002/kahneman-bio.html.

Katzenbach, Jon, & Douglas Smith (1993) *The Wisdom of Teams*, Harvard Business Press.

Kegan, Robert, & Lisa Laskow Lahey (2009) *Immunity to Change*, Harvard Business School Publishing.

Kegan, Robert, Lisa Laskow Lahey, Matthew L. Miller, & Andy Fleming (2016) *An Everyone Culture*, Harvard Business Review Press.

Kimsey-House, Henry, Karen Kimsey-House, Phillip Sandahl, & Laura Whitworth (2011) *Co-Active Coaching*, Nicholas Brealey.

Kline, Nancy (1998) *Time to Think*, Octopus.

Knight, Sue (2002) *NLP at Work*, Nicholas Brealey.

Laloux, Frederic (2014) *Reinventing Organizations: A Guide to Creating Organizations Inspired by the Next Stage in Human Consciousness*, Nelson Parker.

Landsberg, Max (1997) *The Tao of Coaching*, HarperCollins.

Lee, Graham (2003) *Leadership Coaching*, Chartered Institute of Personnel & Development.

Maslow, Abraham (1943) "A Theory of Human Motivation," *Psychological Review*, 50, 370–396.

Maslow, Abraham (1954) *Motivation and Personality*, Harper.

Mehrabian, Albert (1971) *Silent Messages*, Wadsworth.

Mindell, Arnold (1998) *Dreambody*, Lao Tse Press.

Mitroff, Ian, & Elizabeth A. Denton (1999) *The Spiritual Audit of Corporate America*, Jossey-Bass.

Monbiot, George (2006) *Heat*, Penguin.

Moss, Richard (2007) *The Mandala of Being*, New World Library.

Neill, Michael (2009) *You Can Have What You Want*, Hay House.

Nicholas, Michael (2008) *Being the Effective Leader*, Michael Nicholas.

Peltier, Bruce (2009) *The Psychology of Executive Coaching*, Routledge.

Perkins, John (2007) *The Secret History of the American Empire*, Dutton.

Pilger, John (1998) *Hidden Agendas*, Vintage.

Renton, Jane (2009) *Coaching and Mentoring*, The Economist.

Rock, David, & Linda Page (2009) *Coaching with the Brain in Mind*, John Wiley.

Roddick, Anita (2001) *Business as Unusual,* Thorsons.

Rogers, Jenny (2016) *Coaching Skills,* Open University Press.

Russell, Peter (2007) *The Global Brain,* Floris Books.

Schutz, William, C. (1958) *FIRO: A Three-Dimensional Theory of Inter-Personal Behavior,* Rinehart.

Seligman, Martin (2006) *Learned Optimism,* Vintage Books.

Semler, Ricardo (2001) *Maverick,* Random House.

Senge, Peter (2006) *The Fifth Discipline,* Random House Business Books.

Senge, Peter, C. Otto Scharmer, Joseph Jaworski, & Betty Sue Flowers (2004) *Presence,* Nicholas Brealey.

Sisodia, Raj, David Wolfe, & Jag Sheth (2014) *Firms of Endearment,* Pearson Education.

Spackman, Kerry (2009) *The Winner's Bible,* HarperCollins.

Speth, James (2008) *The Bridge at the Edge of the World,* Yale University Press.

Tolle, Eckhart (2001) *The Power of Now,* Mobius.

Tolle, Eckhart (2005) *A New Earth,* Penguin.

Whitmore, Diana (1999) *Psychosynthesis Counselling in Action,* Sage.

Zohar, Danah, & Ian Marshall (2001) *SQ: Spiritual Intelligence,* Bloomsbury.

致　　谢

任何一本这种类型的书都是作者向他人学习的产物。毫无疑问,《内心博弈》的作者蒂莫西·高威是教练的先驱。他的书的早期版本拥有众多的贡献者和支持者。我就不在这里重复他们的名字,而是在这个版本的准备阶段,让大家注意到两个主要的影响因素。

首先是我们的客户,在绩效咨询(国际)有限公司(PCI)有一个说法:“我们通过客户成长。”通过探索他们的世界,创造出满足他们需求的解决方案,客户伙伴关系使我们能够行走在行业最前沿。我非常感激那些有远见的人,允许我们进入他们的组织,给了我们成功的机会。这些人就像毛虫中的“成虫细胞”,是破茧化蝶的成功诱因。教练寻求一种行为改变,而不是快速解决方案;愿景和长期伙伴关系才能带来组织的成功转型。这里需要提及一些长期合作伙伴。我们与美敦力公司的合作始于 John Collingwood 和 Pamela Siliato 的远见卓识,这项工作后来由 Cheryl Doggett 和 Karen Mathre 负责。作为新建的全球学习和领导力卓越中心的一部分,他们的任务是在整个组织中深化和提升教练辅导的能力。在林德公司,James Thieme 和 Kai Gransee 通过运用教练方式来提升安全绩效。路易威登的 Lena Glenholmes 和 Rodrigo Avelar de Souza 用教练方式改变了全球客户零售体验。

其次是 PCI 的那些杰出人才,他们服务于我们在世界各地的客户。首席执行官 David Brown 比我优秀很多,不断挑战我,并把我推向新的舞台,来到世界上的许多国家。Tiffany Gaskell 和她的团队,为本书贡献了专业知识,使这个版本的书能与时俱进。Tiffany 创建、开发了绩效曲线和评估高绩效教练投资回报率的工具(ROI),她对教练的愿景把组织带到一个全新的高度。Frances

MacDermott 是我们的首席学习官，她具备丰富的出版行业背景，严谨的思路，为我们的工作增加了非凡的深度。Kate Watson 带领全球团队聚焦于最前沿的组织变革——情商的变革管理。Carolyn Dawson 创造了新的对话模式，对工作中的教练风格有了全新的洞察，为整个项目提供了宝贵视角。国际教练联合会的资深认证教练、长期评委 Rebecca Bradley 协助审核教练对话和术语表，保证其更专业并与时俱进。Rebecca Jones 在设计绩效曲线调研表中展示了极大的才华。Sunčica Getter 和 Anne-Marie Gonçalves Desai 在团队教练上的专才使第16 章里的内容变得非常实用。展示了他们高度的专业知识。

而 Adina Bratescu 提供了专业的编辑。Jon Williams 原就职于我们的客户——劳埃德银行，现在和我们一起工作，负责安全绩效和精益绩效的教练辅导，这在第 17 章和第 18 章中都有介绍。Hetty Einzig 是我合作最久的人，也是她那个时代最有才华的课程导师之一，她负责稿件修订，她的心理学的背景确保本书的严谨和深度。最终确保我们每个人都按时交付的是项目总负责人 Tamsin Langrishe，她在管理项目的同时总会适时挑战内容是否最为恰当。

此外，我要感谢在教练生涯中遇到的成千上万的人，多年以来我一直在尝试宣扬教练方式能给所有的组织和个人生活带来重要影响这一理念，在这个过程中他们给我所扮演的角色足够的信任。对于 ICF 的主席奖和东伦敦大学的荣誉博士这些奖项，我深感受之有愧。

最后，特别感谢我的出版商。Nicholas Brealey 第一个有预见地出版了这本书。Sally Osborn 在之前的版本中也和我一起工作，为这一版本做了很大的润色。Holly Bennion、Ben Slight、Caroline Westmore 和 Nicholas Brealey Publishing 的团队一起共创了第 5 版。我相信本次新版反映了自 20 世纪 80 年代初我第一次将教练引入职场以来它的演变，为教练在未来的重要性奠定了基础。

关于作者

约翰·惠特默爵士

约翰·惠特默爵士（Sir John Whitmore）是"职场教练"的先驱，也是绩效咨询（国际）有限公司（Performance Consultants International，PCI）的联合创始人。他在 20 世纪 80 年代初，第一个把教练带入商业组织，也是世界上最常用的教练模型——GROW 模型的联合创始人。国际教练联合会（ICF）授予约翰爵士终身成就奖，赞扬他一生的努力，他对全球的教练和领导力发展的贡献推动了很多组织的变革和转型。通过他的书——《高绩效教练》，工作坊和演讲，他定义了高绩效教练的原则，并催生了这一专业的诞生。《高绩效教练》被广泛认为是教练领域的圣经，在过去四十多年里激励了数百万的经理人、领导者和专业教练，使他们自己获得提升的同时也能够帮助他人做到最好。这本书是约翰爵士 2017 年去世之前完成的，他的同事将继续传承他的卓越工作和伟大精神。

绩效咨询（国际）有限公司（PCI）

绩效咨询（国际）有限公司（PCI）由约翰·惠特默爵士参与创立，在过去的四十多年里，一直通过人和领导力在组织中创造高绩效的文化。他们的使命是改变组织和员工之间的关系。他们的出发点很简单：组织正拥有一个巨大的、尚未开发的潜能群体——他们的员工。他们与全球的组织合作，进行有效的领导力开发、培训和文化转型。作为在自身领域的领先者，PCI 邀请组织通过提升领导者来提升绩效，从而获得人才发展、利润增长和地球健康三方面的收获。他们能够向客户证明教练项目 800% 的平均投资回报率。PCI 的旗舰教育项目是以本书命名的"高绩效教练"，它被视为行业的金牌标准，在超过 40 个国家交付，并被翻译为 20 多种语言。

激活潜能　创建高绩效文化 | **COACHING For PERFORMANCE**

机械工业出版社华章分社凭借其多年在经管图书领域的专业经验，引进出版了《高绩效教练》一书，于2018年12月全新推出《高绩效教练》（原书第5版），并与**绩效咨询（国际）有限公司**（**Performance Consultants International，PCI**）达成战略合作，以强大的理论基础和多年的实践经验为依托，将《高绩效教练》领导力系列课程首次引入国内。以图书为依托，线下工作坊、线上音频辅导课程相结合，将企业教练文化全方位地呈现给中国的广大管理者。

绩效咨询（国际）有限公司是绩效教练、领导力和企业变革的**先驱和领跑者**。

公司帮助个人和企业实现积极变革和发展，激发人们的潜能并帮助企业创造可持续的绩效和资本增值。

PCI的教练技术基于正向心理学，是世界上第一家致力于将教练技术应用到企业变革的公司，在全球范围内已有超过35年的相关经验。

北京普思立德管理咨询有限公司是Performance Consultants International（PCI）的中国子公司，经授权在中国开展相关业务，包括中文版的系列课程，全球首发的在线音频课程，企业内训服务，1对1教练，等等。

🔍 调查与评估

通过调查表"The Performance Curve"深入了解企业文化现状，通过ROI调查表"Evaluate a Return on Investment"评估企业对教练方式的投资和教练方式对企业绩效的回报率。

🏆 工作坊和培训课程

普思立德高绩效教练系列课程是绩效咨询（国际）有限公司经典课程的唯一授权中文版课程。该课程过去10多年在全球范围内已有超过6万人参与，得到广泛的认可和推崇。

💻 全球首发的在线音频课程

针对中国的特点，PCI特推出线上音频课程，每个课件一个主题，时长20分钟左右，可单独购买，也可成套购买，更有免费试听，给广大的管理者更多的选择。

🤝 企业内训服务

可根据企业需要、行业特性和亟待突破的绩效瓶颈等因素定制课程套件，持续提升企业绩效，促进企业文化变革，可在全球范围内提供服务。可包括工作坊、线上课件以及1对1教练。

💬 1对1教练

可针对寻求最大化激发个人领导力潜能的领导者和管理者们，提供定制的1对1的资深教练辅导。全球平均ROI可达800%。

📊 蜕变式领导力提升计划

　　针对企业最高领导人定制完整的领导力提升计划，包括个人工作坊、1对1教练、资深教练跟进和评估。

⬤ICF ICF认证教练培训

　　对希望成为ICF认证职业教练的企业内部和外部的教练，提供专业完整的培训课程体系。

了解更多课程详情和资讯，请关注公众号"普思立德高绩效教练"

普思立德高绩效教练
微信公众号